赢在中国

中国新硅谷创客训练营

[美] 泰德·普林斯 著

新世界出版社
NEW WORLD PRESS

序言

生活总是充满了惊喜。说实话，我没有想过会有这本书的诞生，我从来也没有刻意去写，书就这样自然形成了。这个过程也是蛮有趣的。

从2010年开始，我开始以专栏作者的身份为《投资与合作》（*TopCapital*）杂志写文章。这本杂志专注于创业、创新和私募股权投资，我的稿件大多也是围绕着这些主题来写的。当你只是一个月刊杂志的专栏作者时，你的目标更多是为每一期杂志写出文章，一期结束后就开始想着下一期的主题，一般并没有什么宏大的规划。

多年来，我和杂志编辑左勤程形成了友好的合作关系。有时她会给我一些选题建议,有时我按照自己的想法来撰稿,我们为了每个月的专栏稿件通力合作，沟通很顺畅。

在写了五年多专栏后的一天，我突然有了一个想法：是否这些文章可以集结成一本书呢。在此之前我和左勤程都是忙得不行，确保每个月的文章按时完成就很不错了，从来也没有过这样的设想。不过，得知我的想法后，左勤程也觉得很好，便开始为我寻找合作的出版社，于是便有了这本书。

曾经这些看似散乱的文章，如何形成一本系统的书呢，会不会显得一团糟？事实上，这本书背后有一个宏大的规划，由我和左勤程两个人共同完成。

这个宏大的规划是什么？是我多年来运营各类公司（通常是科技公司）的经验总结。这些经验变成了一条主线，贯穿在整本书中。我运营的这些公司坐落在全球被泛称为硅谷地带的地区，如澳大利亚、英国、美国的波士顿和纽约，当然也包括硅谷本身。在本书中，我详述了我的这些运营经验。我作为专栏作者所写的这些文章，正是全部基于我过往运营公司和科技创业企业的经验而成。所以很自然地，这些文章对于如何建造一个新中国硅谷来说也是很好的经验。而实际上，这也正是曾经的《投资与合作》杂志致力于做的事情。

我曾当过几家公司的 CEO。我清楚地记得第一次履任时因为毫无头绪而惊慌失措的样子。那个年代，没有人会教你怎样做一个 CEO，根本没有这样的课程。我就是在这样毫无经验的情况下第一次当起 CEO，这也是为什么许多第一次当 CEO 的人都失败了。想起我最初当 CEO 时，公司的股东和投资人们都非常开明和通情达理，感觉真是很幸运。

你听说过梦游吗？我们大部分的行动都是无意识，甚至不合理的。但这些无意识做的事情，背后其实都有着目的，这是一种真实的现象。在意识层面，我并不了解梦游时我潜意识里的目的。我依着自己的经验写了一些关于初创科技公司的文章，潜意识里，我的大脑在指挥我去为创业者们提供一些借鉴和经验。他们和曾经的我一样，对于初次担任 CEO 没有任何经验。我希望把我曾经犯下的可怕的错误示范给他们，让他们不再重蹈覆辙。所以，虽然我看似在写一篇篇单独的文章，但每次我会去想象那些创业者最有可能失败在哪里，然后给出一些简单快速的方法帮助他们避免问题。

类似于怎么烘焙蛋糕，怎么修理引擎或怎么建造橱柜，这些文章实际上是一些 CEO 和创业者的操作指南。我希望把我过去的经验总结成一些容易执行的简单步骤，来帮助那些突然要进入这种工作角色的人。此前他们或许没有任何准备，也没想过会学习这些内容，一定很需要这些实战知识和经验。

作为个体的你我，很容易受到外部的深刻影响。作为一个公司的创始人和CEO，要学会的技能之一就是如何将这些影响化为自己可掌控的能力。当然这是另一本书要说的了。

在这里，我要感谢我的编辑左勤程和她的同事廖云峰，她们为我提了不少选题建议，并一直负责翻译和编辑我的稿件，同时还要感谢柳文先生为本书校译作出的贡献。非常感谢新世界出版社的李晨曦主任、严匡正编辑及相关工作人员，他们负责编辑和跟进整个出版流程，非常辛苦。

最后，我希望我们能共同为中国这些最聪明和最具创造力的创业者们打开一扇大门，引导他们去建设有中国特色的新硅谷，相信我们都会在这个合作竞争的过程中受益匪浅。

泰德·普林斯

2017 年 4 月于美国佛罗里达州盖恩斯维尔

目录

第二部分 创建有革新力的公司 >>> 119

第三部分 如何让员工更具创业精神 >>> 167

第四部分 估值策略 >>> 235

>>> 引言

“硅谷”成败皆有由

>>> 我见过的那些“硅谷”

尽管从未刻意规划，但我工作生涯中的很大一部分内容都与硅谷有联系，而且并不局限于我在美国生活的这 30 年里。

20 世纪 80 年代初，我在澳大利亚的社会保障部担任首席信息官（CIO）。这个部门是电脑的使用大户，所以那时我会定期去美国走访电脑及软件公司，评估它们的产品。当时那些公司主要集中在两个地方：旧金山及其附近的硅谷、波士顿的 128 号公路两旁。我经常去的是一些科技热点公司，比如位于硅谷的美国国家半导体公司、阿姆达尔公司，以及波士顿 128 号公路旁的王安电脑和通用数据公司等。对我们来说，当时 128 号公路走廊的地位就相当于后来的硅谷，那时旧金山和圣何塞的科技群还处于发展的起步阶段，波士顿的确是美国高科技产业的起点。

我于 20 世纪 80 年代中期移居美国纽约，那时硅谷还没有有意识地发展高科技产业。我在纽约创办的公司隶属于一家澳大利亚的公司，与一批想打造一个澳大利亚硅谷的人联系很多。当然，那时候高科技产业聚集区的代名词还不是“硅谷”。

在 20 世纪 80 年代中期，澳大利亚维多利亚州的政府决定在墨尔本建设一个美国式的高科技集群，并选择了我所在的公司以及其他几家公司来负责鉴别哪些澳大利亚的创业公司能够构成这个澳大利亚硅谷的核心。因此，我不但要负责纽约那家创业公司的日常工作，还参与了建设澳大利亚硅谷。简而言之，那次尝试以惨败而告终，个中原因会在本章接下来的段落里详述，但总体来说，政府的参与是失败的主要因素。

我本来以为，我扮演的风险投资人角色刚刚上场就随着这次失败而谢幕了，其实不然。20 世纪 80 年代末期，我的公司与英国政府合作，在牛津附近合资创办了一家新的软件公司。在为这家公司找到合适的 CEO 之前，我担起了临时 CEO 的职责。

与其他发达国家一样，英国也有在本国建设硅谷的雄心，牛津大学附近就是它为英国硅谷选择的落脚地之一，这正如美国硅谷位于斯坦福大学附近一样。因此，我在不经意间见证了英国版硅谷的草创时期。

单纯从它自身来看，这个英国版硅谷的建设成效还不错，但与美国的硅谷还是难以相提并论。与维多利亚州硅谷走向失败的情况类似，英国硅谷在发展中也深受产权部分国有这个问题所累。

我与硅谷的联系不多，不过，20 世纪 90 年代早期，我曾应邀担任一家软件公司的董事。那时候我差不多每个月都要飞越美国大陆，从纽约去这家临近硅谷的公司开董事会。因为这个机缘，我看到了硅谷的快速发展，虽然局面还不像如今这么火爆，但已经初步展现了苗头。风险投资开始占据主导地位，创业者们也陆续将自己的公司从波士顿迁往西海岸，脸谱网（Facebook）就是在 2004 年搬到硅谷的。

我以为自己与高科技产业有关的职业生涯即将告一段落，没想到又去波士顿 128 号公路走廊附近管理了一家软件上市公司。那家公司与波士顿地区大批的科技公司和投资者都有合作关系，同时与硅谷的一些公司也有联系。那是 20 世纪 90 年代，波士顿的“硅谷”已经开始走下坡路，而位于旧金山的硅谷正在迅速崛起。

所以说生活将我置于了一条下坡路上，虽然波士顿的这条下坡路对世界其他地方的人来说仍然是条上坡路。它是世界第二大“硅谷”，全世界高科技的领跑者。

这已经足够有趣了吧？但生活又朝我扔来了另一个硅谷。2000 年年初，我到一家总部位于纽约的创业公司做 CEO，这家公司的技术总部设在以色列特拉维夫，确切地说是特拉维夫区的拉玛干市，一个被人称为“以色列硅谷”的地方。

在中东地区，雨后才有水流的干河谷被称为 Wadi，所以人们把“以色列硅谷”称为“Silicon Wadi”。从全世界范围看，只有它的成就与活力能与美国硅谷（Silicon Valley）媲美。如果哪个国家还想在自己的国家复制一个硅谷，“以色列硅谷”的模式是最佳选择。作为一家美国 / 以色列创业公司的 CEO，我饶有兴致地观察了以色列人成功建设自己的硅谷的过程，在本章接下来的文字中我会更多地谈到这个问题。

现在我与美国硅谷还保持着很多联系，而正如你已经看到的，我与世界各地那些硅谷的关联，让我有机会从不同的视角看到这些高科技聚集带是如何发展、进化，以及它们中的大多数是如何走向衰落的。总之，没有什么事是永恒不变的。

>>> 硅谷进化论

我小时候在英国上了文法学校，那时候想当科学家就得学德语，因为 20 世纪 50 年代所有的顶级科学技术都出自德国，所有的顶尖科技期刊也都是用德语出版，不会说德语的话就无法正式跻身科技领域，换句话说，也就不能成为科技创新者。在那个年代，想引领全球技术革新浪潮的话就必须学德语，这和今天必须会英语才能玩转高科技和投资领域是一个道理。

19世纪的硅谷在德国，它建立的基础是德国各个联邦州的那些研究性大学，这与美国硅谷建在斯坦福大学周围是一样的。德国硅谷的发展也少不了那些外来科研人员的贡献，他们来自德国各个州和国外。

大多数人以为美国只有一个硅谷那样的高科技聚集区，这种想法并不正确。位于旧金山地区的硅谷只是一系列高科技聚集区中最新的一个，也是迄今为止最多产、最成功的一个，但还有其他的硅谷，它们在历史上的重要性毫不逊色，比如波士顿的128号公路走廊地区就是20世纪80年代全球高科技产业的领跑者。

王安电脑是那时候波士顿硅谷的佼佼者，该公司的创始人王安是来自中国台湾的移民，说着一口糟糕的英语，我见过他几次。当时波士顿有许多王安电脑这样的公司，大家都在研发具有高度创新性和突破性的产品，很多公司的创始人是外国人。这些公司大多生产小型电脑，今天的个人电脑（PC）就是从那些产品一步一步演变而来的。

从表面上看，如今美国高科技创业的热点地区已从东海岸转移到了西海岸，但事实并不这样非黑即白。波士顿地区仍然是一些全球顶级生物科技公司和人工智能公司的大本营，当地的大学，尤其是麻省理工学院的研究成果有力地支撑着当地高科技领域的创业活动，正如同斯坦福大学对硅谷的支撑。

除此之外，美国还有很多成功的高科技聚集带，主要包括微软和波音的总部所在地西雅图，位于北卡罗来纳州罗利—杜伦城市圈的“三角形研究带”（Research Triangle），德克萨斯州的奥斯汀等。现在看来，奥斯汀正在迅速成长为一个举重轻重的角色，日后它很可能成为旧金山硅谷的真正对手。这还不算，蒙大拿、迈阿密、纽约、芝加哥等地的高科技地带也在快速涌现，还没人知道它们是否能成长为硅谷那样的规模，但这是很有可能的。所以，对于想研究硅谷是如何一步一步取得成功的人来说，其实很有必要全面考察一下所有这些地区都是如何起步的。因为不能把硅谷的成功视为一个孤立的现象，它是很多事物，包括文化、法律、教育系统等等综合作用的最终结果。硅谷只能在一个富饶的生态系统里发展起来，而如果生态系统合适，其他地方也能诞生硅谷。硅谷之间是会互相竞争的，20 世纪中期的领跑者是德国，20 世纪 80 年代变成了 128 号公路走廊，现在是旧金山的硅谷，但它很可能也会在未来的某个时期失去领先地位，再让其他地方的硅谷成为领先者。

在每个时段里，每个硅谷都有一个演化的过程：它可能处于上升期，也可能在走下坡路；它所凭借的大学研发力量可能在不断加强，也可能遭到削弱；与公司注册、税收、移民等有关的法律也在不断变化，它们在有利于一些人的同时也会不利于其他一些人。知识、技术、发明日新月异，要成功地打造一个新硅谷必须考虑到这些不断变化的因素，而不能想当然。

>>> 给硅谷模仿秀打分

每个国家都想拥有自己的硅谷，现在有些模仿者宣称自己已经建成了另一个硅谷，那让我们来检验一下它们的成色吧。

英国伦敦：伦敦东区有大约 3000 家科技公司，数字经济领域的雇员多达 5 万人。在伦敦地区经济复苏的过程中，高科技板块发挥了重要作用，它创造的工作岗位占全部新工作机会的27%。所以伦敦算得上一个真正的高科技玩家，但它仍难以与硅谷比肩，其中部分原因来自年轻人的劳动力成本过高。

伦敦拥有的一个优势在于，英国的劳动法远没有欧洲其他国家那样严格，这对很多欧洲企业家来说很有吸引力。他们在英国尤其是伦敦可以更容易地创办新公司并筹集资金，还能近距离接触世界级的股票市场。

总之，伦敦硅谷是一个很好的尝试，但还无法与美国硅谷形成真正的竞争。

英国牛津：这里的创业公司大多依托牛津大学，这个高科技聚集区大约有1.2万名员工。总体来说，这里的创业公司规模都很小，不具备硅谷那样的独角兽文化。虽然这里也有成熟的公司以及非常棒的创意和产品，但要想与美国的那个大块头平起平坐还有很长的一段路要走。当然，英国的其他地方也有类似的创业聚集区，剑桥大学周边、布里斯托尔市等等。但依然需要重申的是，这些地区在创业创新的规模和效力方面没有一个能比得上美国硅谷。

爱尔兰都柏林：这个城市一直在大力推进硅谷建设，所有大牌科技企业，比如谷歌也都在那里开设了公司，但它们选址都柏林的主要原因是看中了此地12.5%的超低税率。都柏林是个旅游的好地方，有很棒的酒吧，当然，那里也有一些创业公司，但总的来说远远比不上硅谷，基本上只是个大玩具。

瑞典斯德哥尔摩：2014年这座城市的科技企业获得了大约5亿美元的投资，在全市2.2万家科技公司中，目前有6家的估值超过10亿美元。这个表现算得上非常不错，其中有一些很好的游戏公司。但与硅谷相比，这些统计数据的规模还是太小了。

俄罗斯莫斯科：2009年，俄罗斯人宣称他们在莫斯科郊区的斯科尔科沃建立了一个世界级的高科技IT公司孵化器。目前来看，这个项目是完全失败的，那里几乎没有建起任何公司。这个硅谷连起步都谈不上。

印度班加罗尔：这里的IT员工数量与硅谷差不多，但其中很大一部分人做的只是外国公司尤其是美国公司的外包业务，这样的公司其实就是外国公司的后台办公室。班加罗尔也有大量的创业公司，但它们不专业的表现使其无法与美国任何一个科技中心相提并论，同时也缺少美国与科技集群配套的风险投资和金融基础设施。不过它仍在发展的过程中，在未来的10—20年内可能会获得某种腾飞的机遇。

以色列：这个科技聚集区起源于20世纪60年代，它位于特拉维夫与海法之间的海岸地带，穿过耶路撒冷。这是美国以外最成功的一个科技聚集区，涌现出大量非常成功的创业公司，其中很多曾经或至今仍在美国上市。凭借成熟的技术以及当地创业公司的创新力,以色列硅谷成为美国硅谷的有力竞争对手，这里的风险投资基础设施也非常发达。

综上所述，尽管世界各地都有一些好的尝试，但还没有任何一个科技聚集区的发展达到美国硅谷的水平。看起来这种状态还会持续一段时间，接下来让我们分析一下个中原委。

>>> 各国硅谷的成败根由

如你所知，硅谷的主要外国竞争者是以色列硅谷，后者的成功秘诀主要包括以下几点：

· 高水平的移民。他们主要是来自俄罗斯等国家及地区的犹太人，其中包括一些水平很高且具备顶尖创意的技术和IT人才。

· 像美国人那样对失败者报以宽容态度，公司破产的人不必背上耻辱的名声。

· 有当地的大学作为技术支撑，这些大学世界闻名，尤其在IT和尖端科学研究方面很有竞争力。

· 当地政治清明，腐败现象极少，缺乏资金或政府人脉的公司也有机会获得成功。

· 知识产权保护得力。

· 值得信赖的司法系统能够切实保护创业公司，使其不被想要垄断的大公司挤垮。

· 创业社群活力蓬勃，其部分推动力来自从军方剥离出来的科技创业公司。

· 与美国尤其是纽约的犹太社团联系紧密，能够更方便地获得来自美国的包括资金在内的各方面支持。

那么，为何其他发达国家，比如那些欧洲国家，没有出现规模显著的科技集群呢？原因在于：

· 当地社会福利体系很好，年轻人和失业者即便找不到工作，也没有创业的动力。

· 在当地文化中，失败往往意味着耻辱。创办公司可能会遭遇失败，所以人们有畏难情绪。

· 劳动法要求严格，即便公司经营不顺也不能因此解雇员工。对于创业公司来说，进展不顺利是非常常见的事，所以大多数人不想冒这个险。

· 在很多国家，尤其像德国和法国，创办公司的管理条例、批准程序以及用于监管新创公司的税法都非常繁杂。

· 包括德国在内的很多国家，对于某些行业有复杂的法律法规来加以监管，这完全抑制了新竞争者的出现。

· 政府经常干涉公司的运转，这让很多创业者不胜其烦，很多欧洲的创业公司还因此搬到了美国。

所以，虽然欧洲有很多方面条件都非常好，但在吸引和激发创业者的创造力方面的水平仍处于及格线以下，无法促使他们去挑战一些看似激进和不可能完成的任务，也无法让他们在失败之后没有负担地从头再来。

又是什么原因让大多数渴望复制硅谷成功经验的发展中国家无功而返呢？原因如下：

· 严重的腐败现象打消了人们尝试创业的念头。

· 对知识产权保护不足或者根本没有保护，在有些地方甚至连法律也得不到有效的实施，只能靠贿赂开路。

· 司法系统通常不会保护创业公司的专利产品和商标，使其无力与老牌大公司竞争，而且后者很多都是国有。

· 缺乏公路、上下水、电力、互联网等基础设施。

因此对于发展中国家来说，很难建设一个真正的硅谷。有些国家正在为之努力，但它们花费很多年也才仅仅能够到达起步点。

>>> 打造硅谷的秘诀

让我来告诉你一些不得外传的秘辛。

1990年，迈克尔·波特出版了《国家竞争优势》一书，书中谈到产业应当如何进化并在全球范围获得成功。作者认为，“集群化”会随着时间的推进自发形成：

“集群化是某个特定领域内出现的相关公司、组织和机构的地理聚集，它可以出现在一个地区、一个州或者一个国家。公司的生产效率会受到当地资源、周边公司机构及基础设施等因素的影响，而集群的产生可以提高公司的生产效率。”

这就是我们将硅谷称为“科技集群”的原因：那里有一个仍在不断发展的群体，群体成员们提供相似的产品和服务，雇用拥有类似技术的人工作。成为集群一员的一个最大好处在于，便于员工在各公司间跳槽，这样雇主也可以很容易获得需要的技术。尽管看上去公司很容易流失人才，但这也是一个优势，因为你也可以很容易从别处挖来新的人才。这意味着创意、才能和技术在集群中会传播得更快，也意味着它们能比在集群之外更快地形成生产力和竞争力。

一个集群的运转需要哪些条件呢？企业主能在任何必要的时候很快地雇用或解雇员工。如果不能做到这一点，集群就无法正常运转。这就是为什么集群可以在美国运作，却不能在欧洲正常运作，因为欧洲的法律阻碍了创业公司这么做。

同时，科技集群还需要一个能够保护公司知识产权不被员工或竞争对手窃取的法律系统，这也是科技集群在发展中国家得不到发展，而在美国却发展得非常好的一个很大原因。

所以说，硅谷能取得成功的原因之一在于，建立科技集群必需的条件能够得到满足，这是其他大多数国家做不到的。

除了这个经济学解释之外，理查德•佛罗里达在2002年出版的著作《创新阶层》中还给出了一个社会学解释：首先需要创新阶层创建出后工业城市，在这样的城市里才能够发展出硅谷。

创意阶层由两部分人构成：一部分是超级创意核心（super-creative core），包括科学家、工程师、教育学家、计算机编程及研究人员，还包括艺术家、设计师、媒体人等其他领域的人，所有这些人都是新产品和新服务的创造者；另一部分是创意专业人士（creative professionals）。他们是传统的知识型工作者，也包括那些医疗健康、商业、金融、法律及教育部门的工作者。

佛罗里达认为，超级创意核心会受到某种特殊类型城市的吸引。这些城市有如下特点：

- 社会开放
- 有大量专业人才
- 价值精英化、多样性、个性化
- 社会包容度很高，有多样性的社区以及和平共处的精神
- 拥有塑造企业文化所必需的科技基础设施

换句话说，虽然集群本身很重要，但是你还必须有一个社会环境开放的城市，这样才能吸引那些高创新性人才来此创办能够打开新疆界的神奇公司。

创新人才喜欢住在很酷的地方，这种地方的社会环境通常不会很严苛。显然旧金山符合这个条件，波士顿、奥斯汀以及其他美国科技集群所在的城市也是如此。而其他很多首都城市，像伦敦、巴黎、华盛顿，都不符合这一要求，因为这些城市各方面成本都很高，创业者负担不起，或者是存在太多严苛的政府监管规章。

读到这里你能发现，我们已经找到了催生出硅谷的一些解释。本书还将深入分析为了创办具有创新能力的公司，为了发展出旧金山那样能够依靠自身力量正常发展的科技集群，超级创意核心和创意专业人才各自应该做些什么。

>>> 本书的结构

本书有五个主要部分，分别是：

第一部分 发挥创始人的作用

第二部分 创建有革新力的公司

第三部分 如何让员工更具创业精神

第四部分 估值策略

第五部分 打造中国新硅谷

你是否还记得上文说过，后工业城市需要有一个超级创意核心？没错，这个核心就是创始人，这些创新者是创业公司的根基，而创业公司又是推动科技集群建设的力量。

在本书的第一部分，我会在创始人这个话题上着大量笔墨。理由很简单，这是一切的起点，没有创始人就没有创业公司，也就没有硅谷。所以，我们要先对那些疯狂的创始人有所了解。为了吸引这些人到集群中来，必须提供合适的法律和环境，只有这样他们才会觉得这里很酷，很有趣，能找到自己的同类，也会觉得自己是群体中的一员。此时他们会开始分享创意，并从纷繁复杂的创意中导出其他更伟大的创意，而这还会培育出新一批创始人。这就是超级创意核心的价值和作用所在。

本书第二部分说的是如何建立具备变革能力的新公司。让一个具备超级创意能力的创始人去创办一家普通公司显然不是什么好事，这和让他按照书本知识经商或是在一家普通公司工作一样糟糕。

想做出不寻常的事业就得不走寻常路，创始人都不是寻常之辈，他们知道为了创建那种在硅谷经常出现的神奇的公司应当做哪些特别的事。这样一来，集群拥有的就不仅仅是一批超级创意核心人才了，而是拥有了一批超级创意核心企业，这时就真的拥有了改变世界的力量，正如以前经常梦想的那样。

本书第三部分讨论的是企业雇员。光有一家非常棒的公司还不够，创始人还需要将员工打造成非常棒的人。

创始人手下的员工都是理查德•佛罗里达所说的那种创意专业人士，他们是员工，但是也能像企业家和老板那样行事，就看创始人如何引导了。要是你的员工们只像普通企业的员工那样工作，创业企业就会遭遇失败；要是他们把自己当成企业的主人，像企业家和老板那样去工作，你就获得了取得成功的良机。所以，创始人应当知道让员工成为后一种人的方法，其中需要学的东西很多，比如建立员工持股计划，提供补助及其他奖励等等，此外还需要学习鉴别和管理不同类型创新者的方法，学习如何管理员工，让他们自觉保持高昂士气的方法，等等。

在本书的第四部分，我们会来讨论一些有特色的估值策略。这里所说的，是一些能让创业公司发展成独角兽的策略。想达到这一目的就得有独辟蹊径的思路，需要预先做好准备，提前设定目标，做到未思进先思退。这些做法都不是常人能够做到的，但创始人和超级创意核心不是普通人，所以他们必须做到这些，要是思路与平常人一样就不可能取得成功。

最后我们还要谈谈，当你有了一个很好的创意产品的时候，会有人愿意买吗？如果有人买，他愿意花多少钱？当你想卖掉公司的时候，是只会卖出一个平常价格，还是能像硅谷的很多创业者那样，卖出一个逆天的高价呢？

当你把这些内容都消化了，对于如何创办一家新的科技公司并将其推向市场，你就会有一些非常好的想法了。当然，要实现这个目标还需要很多别的东西，尤其需要具备相当的精力、决心、热情和绝对的勇气去克服一路上遇到的各种困难。

但也正是因此，创业者才成了创业者，而我们这些平常人，只是平常人。

>>> 第一部分

发挥创始人的作用

第 1 章　特立独行的创业者们

我有个名叫克里斯蒂安·莱格尼托的朋友，他平时走在街上就是个普通路人，身高大约一米八，棕色头发，典型的美国人外貌。他总开一辆老旧的丰田皮卡，这时候看上去像个水管工或建筑工人；有时他也骑摩托车，又让人觉得是一位越野骑士。他高中时组过乐队，现在在家时也会弹弹吉他。他住在旧金山，有时去海边冲浪，冬天去太浩湖附近的山上滑雪。总体来说，你可能会觉得他就是一个普普通通的美国人，平淡无奇。

不过，如果你对克里斯蒂安的成长经历多些了解的话，可能就会产生更多的好奇。他的父亲参与组建过很多创业公司，当他 8 岁的时候，父亲送给他一台电脑，从那时起他开始学习电脑知识，12 岁时动手制作网站，13 岁时从位于旧金山和硅谷附近的马林县的创业企业那里接活儿，时薪达到 300 美元，即便是现在，对很多人来说这个薪酬水平也比较可观了。所以说，他在进入青春期之前就开始创业了。

这些经历让克里斯蒂安对电脑产生了浓厚兴趣，大学时学了计算机专业。

毕业后他进入苹果公司，走上了编程的职业道路，后来先后跳槽去了开发火狐浏览器的 Mozilla 和脸谱网。虽然外表看上去还是像个水管工，但他做的事显然越来越与众不同。

>>> 从雇员到创始人

2015 年 8 月，克里斯蒂安离开脸谱网创办了自己的公司。这家名为 Pocketship 的公司的主要业务是为安卓环境开发一种新型手机软件，这种软件是供开发商和 OEM 厂家使用的开发工具。这种与新一代手机配套的软件工具适用于美国、亚洲、欧洲、非洲等世界各地，它以前从未出现过，可以说是一款革命性产品。

为什么克里斯蒂安会做出创业这种“疯狂”之举？以他的水平，可以进入全球任何一家一流的科技公司工作并享受优厚待遇，其实那时优步公司（Uber）刚给他提供了一个非常好的工作机会，那为何还要艰苦创业呢？

也许创业是他一直以来的计划，当初学计算机专业就是为了这个？但他的回答是否定的。他说自己那时候从没想过创业这回事，13 岁为那些创业公司开发网站的时候也没想过自己以后也会创业，从没有过这种想法。

那是某家风投主动找到他，愿意投资让他创业？也不是。如果有人愿意投资他可能会接受，但实际上并没有发生这种事。其实他已经想到了在不融资的情况下经营一家公司会遇到什么情况，他说会用自己的积蓄维持公司运转，并让研发的新产品在三个月内上市。既然他本人就是软件工程师，就不必再雇用员工了。所以他从没打算创办一家成规模的创业公司，而是选择了自己单干。

是什么促使克里斯蒂安下决心独自创业的呢？在脸谱网工作的时候，他的很多同事都是被脸谱网收购的移动软件公司的创始人。这些人言出必行，他很喜欢他们思考问题的方式，也被他们的经历、眼界和敢想敢干的精神所激励。当他仔细研究了这些同事的经历和想法之后，觉得自己也完全可以做到。

克里斯蒂安在脸谱网公司从事的是移动软件方面的工作，当他刚开始做这些的时候，移动软件还是个冷门，而他离开公司时，这块业务的营收已经占全公司总营收的 70%。发展势头如此之好，何不自己创办一家公司呢？这也算是箭在弦上，不得不发了。

克里斯蒂安说自己是一个风险厌恶者，为规避创业风险考虑了很多。但在我看来，他并不厌恶风险，只是行事谨慎并善于分析罢了，因为他做的这件事本身非常冒险，尤其是明明可以在一家成功的大公司里安安稳稳地工作，领着丰厚薪水，还有机会享受巨额股票分红之类的待遇。

克里斯蒂安此前从未办过公司，没有融资经验，没有将产品推向市场的经验，也不知道会不会遭遇强劲的竞争对手。在充满未知的情况下就大胆出手，这正是创始人的与众不同之处。

与其他出色的创始人一样，克里斯蒂安大胆、果断、有魄力和进取心，他们跟世上的大多数人不同，他们是硅谷创业者。反过来说，当很多像克里斯蒂安这样的人汇聚到一起，就组成了一个新型的创新社区——硅谷。

如果中国能够聚集起大量像克里斯蒂安这样的人才，就能在中国打造一个真正的硅谷。有志于创建中国版硅谷的人士不妨认真归纳美国同行的经验，从中学习打造硅谷的方法。本书会谈到硅谷做得最好的一些方面，以为中国读者提供借鉴。书中不可避免地会谈到大量与美国有关的事，其实美国的很多风俗习惯并不那么好，但那些成就了硅谷的成功经验完全不在此列，对于这些优点，大家要做的就是学习，学习，再学习。

“向美国企业家学习”这件事没什么大不了的，中国人很聪明，可以向包括美国人在内的任何人学习。我不会在本书中列举美国人创业失败的例子，而会引用很多成功案例，这样中国读者可以从中获得最好的实践经验，以此为基础再结合中国人自己的方法、习俗和创新，就能打造出更好的硅谷。

>>> 硅谷的成功秘籍

硅谷有一个不是每个人都能看透的、非常非常大的秘诀——硅谷成功的基础完全在于那些公司创始人，没有他们就没有硅谷。与这些创始人拥有的特质相比，是不是特别聪明、特别有钱，倒不重要了。

这些创始人都很聪明，但一般来说并没有达到超乎寻常的程度，他们在很多方面都与你我一样，只是个普通人。他们可能是很好的企业管理者，但也经常不是；他们有配偶或伴侣，平时喜欢爬山、打台球、跑步、读书、看电影，这些都跟普通人没什么两样。

从职业角度看，首先，他们不是科技、电脑或者创业方面的专家，这又一次和你我是一样的。不过，他们之前没有创建过公司是因为，他们开发出的东西以前从来没有人想到过。其次，他们并非出自大富之家，拿不出大笔资金，也没有大企业做靠山。所以这方面他们与普通人也是一样的，虽然貌似有所不同。

但在另外一些方面，这些创始人确实与众不同，甚至可能会让你感到惊讶。正是他们的这些不同使得硅谷如此成功。下面就让我们来看一看他们的那些不同之处：

他们思考问题的方式不同，也就是人们所说的“跳出思维定式”。他们会故意用普通人觉得疯狂的方式来思考，不过这也是因为他们中的很多人确实是有点怪怪的，像马克•扎克伯格在哈佛大学读书的时候，就是因为比较古怪才交不到女朋友的。

他们超级有野心。他们考虑的不是工作、职业、专业或与之类似的那些传统的东西。他们的脑子里只想一件事：用自己的公司和产品来改变世界。如果不能在这个层面上考虑问题，就无法成为硅谷企业的创始人。

没有局限。他们能看到自己做的事以及创造的产品上存在的不足，他们的理想是让自己创造的产品和服务影响世界上的每个国家、每个人。

敢于挑战权威。他们敢于凭借标新立异来挑战商业领袖，敢于挑战行业内居于统治地位的领头羊。现在硅谷就有大量的创业公司向谷歌发起了挑战。

眼中没有神圣不可侵犯的领域。优步的出现给拥有上百年发展史的传统出租车行业带来了巨大麻烦，每个地方的出租车行业都跟当地政府有很深的联系，但这并不能阻止优步提供更好的用车服务。

总能获得足够的资金。硅谷创业者展现出的无比自信，有助于他们为自己的发明以及创办的公司找到资金和各种资源。当然，这种自信至少有部分是建立在美国先进的金融基础设施之上的，其中包括大量风投机构和高净值投资者。

不像普通首席执行官（CEO）那样思考问题。硅谷的企业创始人普遍不喜欢因循所谓好的管理制度，他们不像普通 CEO 或职业经理人那样管理企业。当然，公司逐渐做大之后，为了吸引投资，他们有时候也不得不采取某些管理制度。但在创业初期，从本意上说他们并不想听从企业管理专家的意见。

不做计划。传统企业会制订大量计划，而硅谷的创业者大多不会如此，因为他们知道计划赶不上变化，这也是创业企业能够快速发展的原因所在。

不喜欢雇佣关系。硅谷的创业者们想要的是创业伙伴，而不是雇员。他们致力于让员工成为企业的合伙人，而不仅仅是打工者，通过这种方式来释放出他们的潜能。

寻找同类。硅谷的企业创始人总是试图找到与自己一样，有一些甚至称得上非常怪异的人，试图找到思考问题标新立异而且不在意他人评价的人。

放手让大家做事。硅谷创业者喜欢用自己的方式做事，同时也会在掌控大局的情况下让公司同事以每个人习惯的方式做事。因为他们清楚地知道，当一个人做自己想做的事而不是完成老板指派的任务时，才会真正投入热情。

抓大放小。与做一些小事并取得成功相比，硅谷的创业者们宁可选择做大事但遭遇失败。因为他们认为不可能通过做一些成功的小事来改变世界，快速并且轰轰烈烈地失败反倒真有可能改变世界。而且失败了也没关系，可以随即去尝试其他的新方法，看看是否可行。

寻求巨额回报。硅谷创业者们不满足于微薄的固定月薪，他们创业要的是百万美元级别的收入回报。当然，并非一朝一夕之功就能实现这个目标，但与微薄的固定薪酬相比，付出这种等待是值得的。

不看重学历。虽然不是所有创业者都不看重学历，但确实存在这种情况。很多创业者都有退学的经历，因为他们在很年轻的时候就知道自己已经比老师懂得多了。他们清楚，有时候生活本身就是最好的教育渠道，而不是中学或者大学，也不是高考。

大胆。这里谈到的创业者都非常非常大胆，他们敢于面对长辈、领导以及比他们优秀的人提出不同意见。他们通常都很自大，尽管有时候还是应该表现得谦虚一些。他们有巨大的勇气去尝试普通人永远不会冒的风险，在勇气、果敢和决心这几个方面，硅谷的创业者绝不同于常人的。

以上只是对成功的硅谷创业者特点的大致概括，但总体来说算得上真实写照。硅谷创业者不同于普罗大众，不同于一般的职业经理人，也不同于那些单纯在科技或教育方面出类拔萃的专业人士。

如果你是一个想开创大时代的创业者，就要像硅谷创业者那样去思考问题；如果你想取得硅谷创业者那样的成功，必须具备以上列出的部分个性特征。如果没有，你可能适合运作一个很不错的小企业，但无法取得硅谷创业者那种巨大的成功；如果中国想拥有自己的硅谷，也必须找到或培养出硅谷创业者那种类型的人。

你是否具备了成为硅谷创业者所需要的条件？

第 2 章 中美创业者及其所处环境的差异

以前我认识一个在美国开咨询公司的中国人，此人姓王，非常聪明，英语说得很好，虽然口音很重。这家公司的咨询服务质量不错，员工们很聪明，客户也不少，其中大多也是中国人在美国开的公司。虽然王做的所有事都是对的，但他的这家公司运营业绩并不好，而且经常缺钱。

为什么会这样呢？基本上是因为王这个人太中国化了，他从来没有从中式思维里走出来。他的思路不够宽，公司也缺乏足够的发展雄心。中美文化差异使得他从来没有像美国的创业者那样思考问题，所以尽管他人很聪明，但还是没能把公司办好。所以，我们真的需要对文化差异以及由此导致的行为差异加深理解，以便帮助中国创业者更好地像美国创业者那样行事。

美国创业者被认为是全球最具创造性和最具创业者精神的群体。事实上，这里面确实有些真实的成分，但同时也有一些夸大。因此，在这篇文章中我将介绍中美两国创业者之间的区别，同时分析这些区别与如何成功之间的关联和可能性。我将分别分析文化、金融、经济、专业、社会因素对于成功的影响。

>>> 挑战现有的技术、产品与实践

影响企业家地位的一个最重要的因素或许是他对于权威的态度。美国文化对于那些能够挑战现存规则的做事方法有着很强的包容性。事实上，美国文化不止是容忍，甚至鼓励这样做。

在中国的教育系统中，人们提倡尊敬权威和年纪大的人，而且这些人也不太能够接受被别人挑战。中国政府职位的考试系统强烈促进了墨守成规的风气，而不是勇于挑战。因此，美国更多的创业者敢于对现有的做事方法，包括产品和服务提出挑战。通常，美国的创业者不能够容忍现有的做事方法，他们更加敢作敢为，敢于为他们所期望的心愿去争取，勇于挑战他们的老板和那些更为年长的老者。他们能够积极地迎接挑战，即使一件事目前处在初级阶段，他们也勇于尝试。

对于一名美国创业者而言，上一次创业过程中的失败是件好事。事实上，如果有些人在创业过程中失败过多次，在美国人眼中这个人是非常值得钦佩和羡慕的。当然，如果失败的次数过多，他们下次可能就很难获得投资了。

>>> 面对失败的态度大不同

美国人都知道建立一家企业并不是一件容易事，并且大多数人都可能以失败告终，因此，他们钦佩那些一直尝试直至成功的人。亨利•福特在最终成立福特公司前失败了 3 次，史蒂夫•乔布斯在最终引领苹果走向正确的道路前也

失败过 3 次。

在中国以及大多数欧洲国家，创业者遭遇失败时往往会愁眉不展且面露不悦之色，大多数人也会瞧不起失败者。因此相比中国的创业者，美国创业者在成功之前往往有更多反复尝试的机会，即使大多数最后都以失败告终。但同时这也意味着他在创业上有更多的经验。与中国创业者相比，这可能有助于提升他们未来成功的机会。

美国人更喜欢接受挑战，那些没有接受过专业训练的创业者也很有可能在他从未接触过的领域中开创一番事业，特别是在高科技和生物技术领域。

>>> 没有经验或专长

你可能觉得没有接受过专业训练，如生物科技，那么你在该领域中成功创业的机会就很渺茫。然而，美国人往往赞同这样的观念，即门外汉也能够击败专业人士。 举例来说，假设现在美国有数百家初创企业正在从事与合成生物学相关的事业，即使需要非常巨大的知识量，但也有可能最后由一家资金量很小的公司完成。

很多这类初创企业都可能是由那些完全没有接受过生物科技专业训练的人所创立,也有一些人甚至没有接受过任何科学训练。这与中国的情况有很大差异，在中国，这类企业几乎不可能成功，因为在大众的观念中，他们根本不具备创立一家这类公司的专业知识。

再举一个例子，埃隆•马斯克在美国成立了 SpaceX 公司，这是第一家私人火箭公司，公司主要致力于以无可匹敌的低廉价格发射太空飞船，最终目标是在太空与地球之间搭建廉价的捷运快线。马斯克完全没有工程学或者航空科学的专业背景，事实上他的基础学位是商业，尽管他也有一个物理学学位。但是，他却获得了投资，投资人支持他的原因是他们相信马斯克能够成为一个成功的创业家，即使他从未踏足过航空科学和探索的领域。

>>> 注册公司很容易

在美国，你可以在一天之内办完包括取得纳税申报号码在内的所有的公司注册手续，虽然目前中国的公司注册程序已大为简化，但还是做不到这么快。此外，两国还有一个重要的差异：在美国开公司不需要投入很多资金，但在中国就需要投进不菲的资金，这让很多潜在创业者打消了办公司的念头。

显然，美国创业者开办公司要比中国人更容易。

>>> 年纪和资历

我们通常认为创业者应该是年轻人，刚出校门或是仍然在读的学生。但是美国的大多数创业者更加年长，他们拥有更加丰富的经验和更多人脉关系，因此也更容易获得资金。他们有知识和能力去辨别哪些想法确实可行。

中国人的退休年龄比美国人要早，但人们仍然期待早些退休而不是继续工作。在美国，大多数人希望退休之后仍然工作，许多年长者包括已经退休的人从一退休就开始成立自己的公司。

美国有这样一个趋势，越来越多的年长者和退休者开始喜欢锻炼，而中国很多年长的人缺乏这种爱好。相比之下，美国老人更有活力，他们有精力去成立一家新公司。因此，中美创业者之间的另一个差异在于，美国创业者中有许多人是年长甚至退休的人。

>>> 许多创业者是外国人或移民

中美创业者之间还存在一个巨大差异。美国初创企业的创始人中有 40% 是外籍人口，而不是出生在美国本土的人。

这种差异源于美国开放的移民系统。移民更喜欢创建一家属于自己的公司。他们通常比土生土长的美国人更机敏、灵活和具有创业家精神。不仅在美国，在世界其他很多国家也是这样。SpaceX 和 Paypal 的创始人埃隆 • 马斯克就出生在南非。

在中国移民非常少，因此中国无法从中获益。美国西海岸有很大一批来自印度和中国的少数族群创业者，他们经营着高科技企业。而美国东海岸的很大一批创业者是西班牙人，这些创业者带来了庞大的家族网络，家族成员为创业提供了巨大的资金。由于这些创业者有着不同的文化、家庭和教育背景，因此他们为美国的创业环境带来了许多新观点。

>>> 劳动法之差异

最后，美国和中国还有一个巨大的不同，就是劳动法的不同。美国企业解雇员工非常容易，许多美国创业者都曾经被解雇过多次。事实上，一个美国创业者被解雇的次数比中国的创业者要多几倍，这使得他们更希望能够拥有一家属于自己的公司，即使最后他们的公司可能申请破产倒闭，但也不是被他人所解雇的。总的来说，一个国家对雇员的保护越强，这片土地上愿意自己创立公司的人就会越少。这就解释了为什么欧洲的创业者非常少。随着中国劳动系统的改善，中国政府对员工的保护也越来越全面和完善，中国会越来越像欧洲国家，可以预计，未来中国的创业者会越来越少。

>>> 金融和经济环境相关

对于创业者来说，最大的问题是如何融资。在美国，有很多人在谈论创业投资，但绝大多数创业者仅仅是通过他们的信用卡、借债或者用他们的房产作抵押来获得资金。

因此，美国的绝大多数创业者都是通过自我融资的方式来获得资金。中国的大部分创业者可能也是这样融资的，但他们的资金来自于家庭而不是创业者自身，因为在美国贷款要比在中国容易。

美国有非常发达的创业投资网络，但事实上，真正能够获得创业投资的初创企业并不多。然而，他们大多有机会获得天使投资。天使投资人是一些比较有钱的个人，但不属于专业的投资人，他们愿意帮助创业家。他们不一定是创业者的家人或朋友。与中国的创业者相比，美国的创业者更容易从那些与他们无关也不认识的陌生人那里获得资金。

>>> 破产是可以接受的

美国破产法相对比较宽松,无论是个人还是企业进入破产程序都十分简单。但是申请破产多多少少会令人感到有些耻辱。不过，即使你已经破产，你也有可能申请到信用卡，因此虽然一个创业者已经宣布破产，但他还是有可能再开另一家公司，并获得更多的资金。

和中国创业者相比，美国创业者拥有破产经历的人数更多。这是因为美国社会有很高的容忍度，甚至鼓励失败，因为这样才能鼓励人们去尝试那些高风险的事情。

与此同时，美国也不断出现新的融资方式，最有名的是Kickstarter.com，这是一家对初创企业进行投资的网站，它将资本募集程序民众化，给那些规模非常小的企业提供了融资的平台。在Kickstarter网站上潜在的小规模投资者可以给初创企业投资少量的资金。美国政府在法律法规上也放松了对融资的约束，为小型企业融资提供了更多便利。因此目前美国的创业者有很多机会可以从自己完全没有见过的人那里获得资金支持。

>>> 专业背景存差异

美国创业者和中国创业者的专业背景也有较大差异。大多数美国创业者都有过在大型私有企业工作的经历，接受过公司相关的高级培训，创业者可能更了解自己所处的领域，熟知该领域中的专业标准。

中国的创业者来自于大型国企的很少，他们大多数人仅在小型私有企业中工作过，这意味着双方的工作经历完全不同。

总体来看，美国创业者所接受过的高级专业训练要比中国创业者多。

>>> 雇用与升职

在美国大型企业中，个人升职与否纯粹由他的价值来决定，而不是由资历和关系来决定。因此美国创业者更容易相信别人，愿意聘请和雇用那些与他们完全没有关系或是他们完全不认识的人。

由于这些背景，美国创业者比中国创业者具有更开放的雇用理念。即使一个中国创业者来自于国有大企业，在那里接受了更多的专业训练，但由于他的背景，他很可能会缺乏开放的雇用观念。举例来说，有多少中国创业企业会聘请外籍人士担任公司的高管职位？然而在美国，初创企业聘请外籍人士担任公司高管是非常平常的事情，即使他们的英语可能说得并不好，但他们拥有丰富的相关专业背景和技能。

>>> 高科技与知识产权保护

最后，我们探讨一个关于高技术含量和低技术含量的问题。我们发现，中美两国的初创企业绝大多数都处于技术含量较低的领域。

大多数初创企业所做的事情可能就是开一家图片社或者快餐连锁店，而不是试图创立下一个谷歌。尽管如此，美国仍然有许多高科技领域的初创企业。许多初创企业来自于学校，那里的教授利用他们所掌握的高科技知识成立一家公司，这些公司包含了所有的领域，例如工程、IT、生物科技。

美国政府最新通过的法案给予大学教授一些个人权利，允许他们在大学任职期间做一些发明。这一举措加速了美国高科技初创企业的诞生。因此，美国有许多创业者可能是或者曾经是大学的教授或研究人员。在这一领域有许多成功的案例，例如谷歌和雅虎。

最后，美国的专利权系统为初创企业的投资研发提供了强有力的保护，保护了他们的知识产权。因此，与中国创业者相比，美国创业者拥有更多的无形资产——专利。

>>> 政府“帮助”可能会害了创业者

在过去几年中，美国政府以及大学建立了许多孵化器来帮助创业者。这些孵化器能够为创业者提供廉价的办公室以及其他人可能很难接触到的、经验丰富的顾问。

因此，不论过去、现在还是将来，美国创业者几乎都尝试过在孵化器里成长。但是，并没有证据表明孵化器更容易帮助初创企业成功，反而甚至有可能因为创业太容易而害了创业者。美国政府帮助创业者的记录并不是很好，但这并不影响美国政府和各州政府对初创企业的扶持和投资。尽管如此，美国政府并不擅长选择好项目，资金往往进入了那些有政治联系的公司，而不是真正有发展潜力的公司。这并不是说美国政府无法帮助初创企业。它仅仅意味着美国政府不应该试图去选择正确的初创企业。美国政府对初创企业帮助最多的地方在于间接帮助了私人和公共系统的前进，从而帮助了所有企业，而不是仅试图帮助几家特别的初创企业。

>>> 政策当然也有作用

研究员们认为，美国政府对初创企业的鼓励政策有五个方面。

首先，美国国防部的研究工作常常会外包给私营企业，这刺激了在研究供应链上的其他企业。这种做法能够将先进的知识散布给许多小型企业，而这些企业正是能够常常做出创新的企业。

其次，在美国国防部高等研究计划局（the Defense Advanced Research Programs Agency）的项目中，法律鼓励先进的、高科技的研究，并认可那些具有创新和革命性技术的企业。

第三，公开的信息法规。这是推动研发的直接力量，举例来说，美国国家卫生研究院（National Institutes of Health）向私营企业开放他们利用公共基金研发时所取得的所有数据。这意味着美国创业者更有可能成为一个特殊领域的业余爱好者，因为他们可以依靠这些公开信息来弥补他们在这一专业领域所缺乏的专业训练。这些公开的信息给予他们的支持，甚至比在该领域中受过专业训练的专家或经验丰富的人士更多。

第四，劳动系统和法律允许劳动力的更多流动，因此也促进了有经验的雇员在各个公司间快速流动，这使得专业的知识和技能能够分布到美国经济的各个角落。

第五，强大的知识产权保护法可以保护那些自主研发新知识或产品的公司，它们的知识产权在一定时期内会受到保护，因此，它们在获得回报的同时，不必担心研究被抄袭或偷走。

>>> 中美创业者的不同之处在哪里？

我个人的看法是，两国的创业者都具备这样一些素质：聪明，行动力强，有远见，有决断力，有勇气。从过往的事实看，中国的创业者，不论年长的还是年轻的，他们在这些素质上与美国的竞争对手们相比，至少是旗鼓相当的。

但是因为文化、法律和监管规则的不同，美国人创办公司要容易得多，对于他们来说，通往成功的道路上的阻碍也少得多。

随着中国在这些方面的逐步改善，中国创业者将越来越多地成为美国创业者们的有力竞争者。

与此同时，中国的创业者们也需要主动考虑以上因素，并运用自己敏锐的思维以及决断力和行动力去找到解决方法。中国的创业者只有提高自己的思维敏锐度才能取得进一步的成功。

行动起来吧！

第 3 章 中国新创业者面对的机遇和诱惑

我曾在一家由两家公司合并而成的公司的董事会任职。这家新公司的新 CEO 名叫罗杰，他曾在一些大型美国公司工作而且业绩斐然，虽然之前的职位不是 CEO。

尽管罗杰以前曾经非常成功，但他在这家小型软件公司做 CEO 时却遭遇了严重的失败。他的问题很大程度上是因为出身于大公司，离开了大公司各种资源的支持之后，不知道如何在小公司中有效地开展工作。

而更糟糕的是，罗杰还陷入了很多第一次担任 CEO 的人都曾遭遇的困境：掌握大权之后就像突然变了个人。他开始做一些傻事，比如说粗鲁地向身边的人发号施令。感觉不满的员工相继辞职离开，而最终他被解雇了。

其实发生这种事的频率超出你的想象，它还可能发生在任何一个国家的创业者身上，尽管美国有很多成功的创业者，但也免不了出这种事。同样，这事也会发生在中国。

让我们来设想一下：你创立了自己的公司，拿到了风投的钱，把自己家里的钱也投进了公司。你是自己公司的 CEO 了，可以雇用一直都很需要的员工，但却付不起这笔开支。未来还是光明的吗？接下来会发生什么事？

接下来我会介绍一些美国创业者面对的机遇和诱惑，并告诉你他们是如何应对的，你可以借鉴其中最好的一些做法。

>>> 机遇

现在，世界在你手中。你有一个愿景，并有一个去改变世界的机会。公司的产品可能会改变很多中国人甚至全世界人的生活。你对公司的管理将影响到那些相信你并且依赖于你的员工的生活。

同样，你也会对家人和投资人的生活产生影响，尤其是当公司赚了很多钱的时候。即便没有赚到那么多钱，情况也是一样，因为公司通过产品和技术为他们提供了一个新的窗口，甚至是展示了一个他们之前一无所知的崭新世界。

当你既是创业者又是 CEO 时，你对周围的人来说就是一个鲜活的例子，也是一个行为榜样。或许你还没有意识到这点，但周围人都在非常细心地关注着你的每一个行为、动作和决定。

每一个与你共同工作或与你会面的人都将会持续地对你做出评价。你在他们心目中的评级是怎样的？如果你的评级很高，你将建立起不错的信誉，这对你的未来很有帮助。如果相反，你可能再也无法得到另一份工作，至少他们这些人不会再与你共事。

此外，你还有机会赚很多的钱。但另一方面，绝大多数的创业者都很难盈利，而且其中的大多数都失败了。这种情况下你将如何应对？你是否会放眼未来，把这次经历当作是一次很好的学习机会？还是将这个事实隐瞒起来，不仅仅是对其他人也对你自己？

你不应该将赚钱作为唯一的工作重心，因为其实更重要的是更多的学习机会和提高生产力，还有获得更多能够帮助你有效利用其他机会的技能和观点。退一万步来说，这些学习和进步总是在你的掌控之中的，能赚多少钱却是不由你控制的，而且你很有可能根本赚不到钱。

>>> 诱惑

你成为一位 CEO 了，这是你第一次担任如此重要的职位。你从来都没有担任 CEO 的经验。你拥有很大的权力，这也可能是你生命中的第一次。你将如何使用这些权力？会负责任地去使用它吗？

有一句话说得好，当你想看清一个人真正的品质，就把这个人放到一个拥有权力的位置，然后观察他的表现。很多新 CEO 都无法恰当地使用他们的新权力。这种力不从心的表现会以种种迹象显示。

他们或许会忽略其他人或者部门经理的意见而做出武断的决定。他们认为自己懂的比他的所有员工多，因此不需要听取他们的看法。这将导致骄傲自大。

他们可能会不负责任地花钱，例如为自己买很贵的车，因为CEO有一辆很贵的进口车看起来很棒。

他们可能会用公司的钱为自己买昂贵的东西，例如请客吃饭，为自己和他人购买礼物或去国外旅游。他们可能会花很多时间在员工们面前展示领导风范，有可能会在员工繁忙的时候强迫员工聆听他的长篇大论或者是要求员工为他做一些不是很紧要的工作。

他们可能会操纵财务数据，使公司的财务情况看起来比实际情况要好，这或许需要使用一些合法的会计手段来掩盖公司实际运营的情况，或许延迟记录一些应该记录的费用，或记录还未发生的销售收入。

他们可能开始沉溺于这个充满了威信的职位中，可能会花费很长时间建立自己的个人形象，而不是培养员工能力或者增强企业的实力。对许多CEO来说，去向其他人展示自己在一个多么重要的位置上，以及他们是如何的聪明和重要，这几乎是无法抗拒的。

他们或许会说一些让员工们难堪的话来抬高自己。如果一个创业者或CEO感到不自信（不幸的是许多CEO都这样），那么很有可能通过这种方式来向员工展示他是比他们聪明的。他们会采用震慑的方法来管理员工，因为这让他们感到很强大。不幸的是，许多创业者和创始人都这样做。他们或许不会对员工甚至投资人表示出尊重。其表现包括不向员工和投资人请教，也从不向他们寻求建议。他们会雇用自己的朋友，即使这些朋友并不具备胜任该职位的能力，这就会为公司带来潜在的威胁。在这样的情况下，朋友可能会因此感谢他们，从而一直支持他们，即使是在他们犯错的时候。

当然，大多数创业者并没有那样，但是这些情况的确时有发生。一个创业者身处权力高位时，滋生运用这些权力的欲望是很正常的。

>>> 工作将持续多长时间?

一个创业者在他现在的工作或职位中待多长时间是值得考虑的。除非极特别的情况，否则作为创业者或 CEO 的过程迟早会结束，甚至早结束比晚结束要好。大多数创建新公司的人都以失败告终，是因为他们无法从新产品中获利。一旦公司结束，他们就必须寻找一份新的工作，或建立一家新公司。

当他们讨论下一份工作时，新的老板或投资人往往希望知道究竟旧公司发生了什么。为了了解这些人的过去，他们就会询问以前旧公司的雇员和投资者。下面这些问题是他们经常会问的：这个创业者是一个好的管理者吗？他是否值得信任？他是在负责任地使用公司的钱吗？你还会为他工作吗？你还会对他投资吗？目前，因为互联网和社交媒体的广泛应用，想找到合适的人问这些问题很容易。因此你未来的雇主或投资人可能会比你以为的更了解你。

>>> 风险投资的钱何时会用光?

风险投资资本的规模并不稳定。目前在中国，风险投资的资本正在增加，但在未来的某个时候或许会减少。我们无法预测这个时间节点何时会来，或许是 5 年，或许是 10 年，当然也许就是明天。当这些资本用完时，许多 CEO 和创业者都会失去他们的工作，因为如果公司到那时还没能盈利，他们将没有足够的资本来维持企业。

当市场中有很多流动资本的时候，许多根本不具备竞争力的公司也获得了投资。因为市场中的资本太多，而好的项目只有几个，这样投资项目的总体质量就有所下降。这就是目前中国的状况。一旦风险资本干涸，那些质量较低的投资和企业将会因为失去资本支持而停止运营。创业者或 CEO 能否在资金缺乏的情况下获得其他投资，将取决于他上一次做创业者或 CEO 时的表现。

因此，创业者应该时常问自己的一个问题是：他的企业属于高质量的投资对象还是低质量的投资对象？准确来说，大多数投资项目都是低质量的，尽管创业者本人并不愿意承认这点，至少在其他人面前不愿承认，但是他自己必须认清事实，这样才能在投资开始衰退的时候对他的企业是否能够幸存做出正确的评估。一个创业者需要放眼未来。这或许是一个你真的需要朋友的时候，事实上，你以前的雇员或者投资人可能会成为你最好的朋友和支持者。

>>> 对创始人 /CEO 的一些建议

我觉得给出这些建议有些愚蠢，因为它们是如此清晰可见。然而我认为有必要给出这些建议，因为很多创业者和 CEO 都忽视了它们。建议有 7 点：

1. 总是尊重你的员工，这样做的结果会使你赢得他们更多的尊重。

2. 从你的雇员和投资人处寻找建议，确保在他们的眼中你是在认真听取意见的，你寻求他们的建议是因为你尊重他们的观点。他们会认为你是一个英明的领导，在做决定前会广泛地听取各方面的意见。

3. 不要聘请朋友，除非能让其他人觉得你聘请这个人是因为他的才能而不是朋友关系。这可以显示出你是一个公正的人，对自己充满信心。

4. 当你对一些事情不了解的时候，公开地承认，并请求其他人帮助你找出答案或解决方案。这会为你赢得尊敬和力量。

5. 发掘员工的技能和能力，向他们展示你的重视，他们对你来说是一个个值得尊重的个体，而不仅仅是你的雇员。

6. 花些时间去了解你的财务状况，向你的财务人员咨询他们的工作方法和安全性，确保你本人已经在以身作则来保证财务数据的真实和精确。

7. 谦逊但不卑微，这将使人们愿意帮助和支持你。

以上就是硅谷最好的创业者们总结的经验教训，相信你能从中获益。

第 4 章　“快闪”或成创业新常态

美国人把出生于 1984—1995 年之间的人称为“千禧一代”（millennials），他们这代人倾向于在一生中做 15—20 份不同的工作。“从一而终”的职业观就此终结，而员工忠诚度、公司培训这些原有的职场规则也随之而去了。

其实做过多少份工作并不是问题的核心，关键是拥有多少种不同的职业经历。也就是说，同一种职业中的 5 段工作经历与 5 种不同的职业经历是两回事。我经常向同事、朋友提出的一个问题是：你们是否已经为自己的下下个职业做好了准备？当然，他们中的大多数人连眼下的工作都还应付不好，更甭说像有的创业者那样要同时面对几种不同的职业了。

这就是我要说的：一直做同一个类型的工作——不管是不是在同一个行业中——都是要被时代所淘汰的。千禧一代的长处在于他们乐于尝试不同的职业经历，其中的一个可能选择就是创业。

我有一个在脸谱网工作的朋友，他已经在那里工作了几年，是产品开发部门的高级经理。他现在正着手创立一家新公司，已经得到了一些风投支持。他并不满足于小小的冒险，而是有一些很大的计划。在他看来，即便这次创业失败，还能找到另一份工作，然后再去尝试创办新的公司。这就是硅谷人的做事思路。

这是一种“终极职业灵活性”，适时的工作变动适时成就了一位创始人和他的新公司，我们可以将其称为“快闪创业者”。

>>> 职场“快闪”风

美国有一种被称为快闪店（Pop-up Store）的营销新业态。这种商店一般是为迎合某种“其兴也勃，其亡也忽”的时尚潮流而生的，从市场的需要出发，它们可能只营业几周就选择关门大吉。与这类快闪店配套的，自然是快闪店员和快闪经理，以及由此派生出的快闪式企业忠诚度和快闪式同事友情，当然，还会有快闪式创业者。

这些快闪式工作者很容易开始下一段职业生涯，比如做咖啡师，然后自己创业，再去做优步（Uber）专车司机、快餐店员工、英语教师或是健康护理师，然后可能再创一次业。这样下来就会有好几个职业经历，而且重点在于，每段经历也就是一两年。

在“石器时代”……或者说 2008 年以前，人们一般都是先上学，拿到学位之后再去找一份专业对口的工作，这意味着事业起步之前就得先花上好几年时间。过去大家都说学文科能让人得到全面发展，但在当今社会，学文科的人尤其难以找到好工作或是成为一名优秀的公司创始人。

现如今光有职业证书已经不够了，更重要的是你如何努力实现自己的整体职业规划。你无法在学校里学会这个，因为大多数教师一直在象牙塔里教书，除了教你一些文科或理工科知识之外，他们在其他方面实在是爱莫能助。即便理工科课程的应用性要强一些，但如果你的职业与所学专业不对口的话，这些知识在工作中也没什么实际用处。

职业规划师也无力面对这一挑战，面对这样一个新生事物，他们通常与客户一样感觉毫无头绪。事实上，职业规划师本身就是快闪职业中的一个，连他们自己都在琢磨自己的下一个快闪职业应该是什么……

>>> 快闪式创业

创业者或是打算创业的人能从“快闪式职业”这个概念中得到什么启示呢？最基本的一点是，创业不是一次性的事，完全可以在不同的时间里多次创业。

换句话说，当你规划职业生涯的时候，可以从做一份普通工作起步，然后再去创业；万一创业屡战屡败，可以再找一份工作，等存够钱之后再次尝试创业，在第二轮创业中获得成功的机会更大。如果创业又失败了，你还可以按照这个循环继续努力，但要注意的是，此时应当找一份与之前内容不同的工作。

这个计划的诀窍之一在于，穿插在各次创业之间的各份工作，其内容应当有所不同，但又应当属于同一个大主题，比如项目管理。具体来说，一开始你可以找一份与项目管理相关的工作，然后去做项目管理方面的创业者；如果创业不顺利，可以再找一份与项目管理软件开发相关的工作，为自己接下来创办一家项目管理软件公司做准备。

同主题创业的榜样是著名企业家埃隆·马斯克，他在很多领域都有成功的创业经历，包括电商平台 eBay、在线支付平台 Paypal、航天企业 SpaceX 以及电动车制造商特斯拉（Tesla）。这些企业乍看上去没什么关联，但仔细观察就会发现，它们都离不开互联网，连驾驶特斯拉电动车也被人们普遍视为一种数码体验，而不仅仅是开车。

马斯克的创业经历表明，做一名快闪式企业家是可行的，这种职业生涯并非社会常态，但确实令人激动。当然，不是每一次创业冒险都能如人所愿，但另一方面，当你积累了更多的创业经验，就更容易获得成功并赚到很多钱。有志成为快闪式企业家的人需要做好一个心理准备，那就是这类企业家一直在开拓新领域，因此要长期直面挑战以证明自己，这是一种自愿选择的生活方式。

在一些人看来，创业本身比赚钱更重要，对他们来说，成为快闪式创业者是一种理想的生活方式，这远好于在大公司里做一份单调乏味的工作。因为在大公司工作必须按公司规章行事，个人很少或者完全不能发挥影响力，这有碍于个人创造力的发挥和自我价值的实现。

>>> 快闪创业 Q&A

刚刚尝试快闪式创业或是想成为快闪式创业者的人往往有一些共同的疑惑，以下是针对这些问题的解析。

- 我应该成为某一方面的行家还是做一个多面手？

在某个特定领域拥有工作经验，有助于你发现很多问题，但拥有某一领域的长期工作经验又可能妨碍创业，因为当你对某些事物了解得很深入时，会很容易陷入思维定势，从而影响创新。

- 我该买一项经营权还是自己去做创新？

如果你想创业又觉得自己缺乏创新性，那就去买一项经营权，这样更容易获得成功。但如果你拥有大多数企业家所不具备的创新能力，那就以你自己独有的方式去做事吧。虽然创新失败的可能性很大，但你肯定能从这个尝试的过程中取得收获。

- 性格是否具有重要影响？

如果你性格内向，找一个外向的合伙人能显著地增加创业成功几率，反之亦如是。总之，与搭档合作能大幅提高创业的成功几率，对一个 20 多岁的创业者来说尤其如此。

- 在大公司工作的经验有帮助吗？

大公司倡导团队合作，因此个人很难发现自己的弱点何在。另外，大公司的预算充足，花钱时很可能大手大脚，这种条件在经营小公司或是创办新公司时几乎不可能拥有。所以，如果你在大公司工作又想出来创业，最好找出身于小公司的人做搭档，因为他们更能看清这些问题。

- 那在小公司工作的经验有帮助吗？

在小公司工作的问题是，你可能不知道如何与大公司谈生意，因为你可能对大公司的工作思路、方式和流程知之甚少或一无所知。此时你应该找一个拥有大公司工作经验的人做创业搭档，但要确保这个人不把钱看得太重。

- 我该拥有与创业相关的教育经历吗？

有证据表明，接受的教育越多，创业成功的几率越小，因为这样的人往往更习惯于从理论而不是从实践出发来处理问题。通常来说，技术类教育经历对创业很有帮助，虽然在两次创业的间隙找工作时可能需要更高的学位，但这种情况毕竟也不多见。

>>> 快闪式创业者必备的六种武器

关注职业经历的整体布局 绝不要只为了获得某份工作去考资格证书，而应当把关注重点放在职业经历的整体布局上。在一个完整的职业规划中，每一份具体的工作各有其独特内容，涉及不同领域的知识，但这些知识又能像乐高积木一样构成一个紧密联系的整体。例如，搜索引擎优化（SEO）、网页设计、社交媒体营销、健康管理属于不同领域的不同工作，但它们又能有机地组合起来为一个行业服务。快闪式创业者应当有意识地通过做不同的工作来完善自己的职业经历组合。

不为某个学位或资格证书过度投资 花四五年时间读一个学位完全是浪费时间，倒不如去上一个半年的系列课程，这能接触到不同的职业组合。也没必要非上由大学或社区学院开办的课程。对大多数人来说，大型开放式网络课程（MOOC）教育完全够用了。

提高写作能力 想创业就不要读文科学位，但写作能力还是很重要的，它可能在关键时刻帮你实现逆转。比如在两次创业的间隙找工作时，你需要在求职简历中表明自己适应能力强并且灵活机敏，能完成公司想要你做的任何工作。此外，当你自己创业的时候，也需要亲手写商业计划和营销材料，这样能省不少钱。

想提高写作能力，不妨去家门口的社区学院上一个为期3个月的写作班，没必要掌握太高深的写作知识，学会写新闻稿就够用了。

上一个销售速成班 无论什么商业领域都离不开销售，销售对创业者来说尤为重要。这个课程能给你带来很多好处，会让你从众人当中脱颖而出。而且，在某个销售环节中获得的能力和自信都将成为你宝贵的财富。上个为期一周的销售培训课程就够用了，要是出于种种原因无法做到，参加演讲培训活动也是可以的。

参加短期会计培训 很多人都不重视会计，认为会计不过是精于算计。但实际上，一个短期的会计培训课程能让你胜任至少九成财务工作，这将为你的快闪式职业生涯提供极大的潜在支持。如果你有自己的公司，你更需要一些会计知识，这能使你看懂公司的财务状况，其他人也骗不了你。

学习会计知识不一定要熟练地使用某个会计软件来工作，但如果能达到这个水平，你就能更容易地成为与财务专业相关的经理、重要员工或是创业者，等于给自己增加了一个就业渠道。

参加短期心智培训课程 大体上说，这种课程能让你学会如何找到并弥补自己的弱点和缺陷。它能让你的思维变得敏捷，毫无挂碍，不会在面对不同类别的快闪式职业或创业机会时感觉踌躇。

成功的关键不在于掌握某些知识，而在于知道如何掌握这些知识，如何改进自己的行为，以使自己有能力打破在获取知识过程中遇到的阻碍。谈到这个问题，不免又要涉及通才教育与专才教育之争，但生活毕竟是现实的。当今社会已不要求一个人实际掌握大量知识，只要思维敏捷并拥有基本的知识储备就足够了。

以上就是要成为一个快闪式创业者需要做的基本功课，纯正的硅谷风味！

第 5 章　创业者个性对公司发展的影响

有一家薪酬管理公司是我的客户，这家公司经营得非常好。其 CEO 同时也是创始人，我对他的经历、背景以及如何取得成功非常感兴趣。

认识他之后，我花了很长时间去了解他。我最想知道的是他毕业于哪所大学，但几经周折得到的答案是：他根本没上过大学。他非常年轻，像他这个年纪的人没上大学的不多，于是他想出了一套应对这个问题的办法，因为他觉得直接和别人说自己没上过大学会有点儿不好意思。

其实他完全没有必要惭愧，因为没有高等教育背景的创业者非常普遍，他们中的很多都是自学成才。

创业者的个性与创造巨额财富的能力之间似乎存在深刻的联系，经验丰富的创业者的圈子里流传着这样一句老话：学校里的尖子生毕业后就是给班里的差生打工的。

为什么会这样？其中有一些非常深刻的心理学解释，本书对此不做赘言。

但我们意识到，就硅谷的创业者而言，他们的某些个性更适合创造财富。这是一个研究的新领域，我想你会对某些研究结果感兴趣，因为这些研究给我们开启了一个新的方向，可以尝试预言哪些创业者将取得成功。通常大家都会认为一个新公司能够获得成功是因为它能提供一个非常出色的新产品。其实，如果某公司因为某个产品而创造了巨大的财富，这个过程也一定离不开好的管理团队。然而，有没有一种情况，是企业的成功完全取决于创始人或核心管理者的个性，而与其产品本身完全无关？

现在，行为经济学和行为金融学已经成为新的学科。与传统的经济学和金融学不同，行为经济学和行为金融学认为我们的许多行为是由非理性因素引起的。他们的观点是：我们的很多决定并不是由理性的分析所决定的，而是由一些我们并未意识到的非理性因素驱动的。这种发现促使人们从另一种角度来分析引导企业走向成功和创造财富的原因。

>>> 企业成功观点分析

新的行为经济学和行为金融学科为我们研究企业成功和创造财富的原因提供了新的观点。这些观点包括：

其一，高智商（即高 IQ）或许会跟创造财富的能力成反比关系。换句话说你越是聪明，IQ 值越高，你能够创造高财富的可能性就越低。通常 IQ 超过 120 的人都很难创造高额财富。

其二，学历的高低似乎也与创造财富的能力呈反比关系。也就是说你的学历越高，你能够创造高额财富的可能性就越小。想想比尔·盖茨、迈克尔·戴尔和马克·扎克伯格，他们都在大学期间辍学。

其三，虽然看起来似乎有悖常理，但是收入与财富是两个不同的概念。IQ高和高等学历大多和高收入有关，然而获得高收入与创造一个新企业、创造财富并不是同一概念。

这些新的行为方面的学科关注着我们深层次的认知偏好。即使我们聪明、见多识广，但这些无意识的渗透也会导致我们做出不好的甚至是愚蠢的决定。

其中的一个认知偏好被称为过分自信偏好。有很多地位高、有权力、受过高等教育或者智商很高的人往往会高估自己的聪明才智，认为自己比实际更聪明，这就导致了过分自信偏好。这常常会使他们做蠢事。

美国金融危机中那些华尔街银行家们做出的极其愚蠢的决定就是一个很好的例子。因为他们认为自己非常聪明，又在最好的大学里接受过非常优秀的教育，因此他们做出的决定总是正确的。

>>> 特殊个性决定成败

因此，如果财富的创造并不是因为好的产品、高智商，或者优秀的教育背景，那是因为什么？来自于行为学科领域的研究和我自己公司的调研结果显示是因为个性。这些证据还显示某些特定的性格创造的金钱比其他种类的性格创造的要更多一些。如此看来，特殊的个性种类可以决定一个人是否能够赚大钱。以下就是几种特殊的个性。

一是梦想家，例如史蒂夫·乔布斯。那些敢于想象的人总是以开阔的视角去看待事物，通常情况下他们很有野心。然而，如果他们太无私或者太以自我为中心，就无法赚到很多钱，因为他们在社交和个人因素上的花费太高了。

二是怪人，例如比尔·盖茨、马克·扎克伯格和迈克尔·戴尔。他们是非常自闭的人，尽管智商很高。他们非常不信任正常的逻辑和分析，他们相信自己的直觉而不是分析数据。

三是节俭的销售型人才，例如沃尔玛的萨姆·沃尔顿。他们是外向性格的人，但并不是特别喜欢社交。他们很节俭并且对成本很敏感。如果是太过外向的人，他们就会把太多的注意力集中在帮助客户而不是自己的公司上面，因此，他们就会把潜在的利益给了客户而不是自己，因此也就无法赚到钱。

四是无私的战略家。他们是强大的受过专业战略策划训练的人才，他们非常以细节为导向。他们不会过度地控制公司，也不会允许太多的民主在他们的公司中出现。如果他们控制得过多，他们将失去赚大钱的机会，因为一些好点子将会被驳回；而他们如果过于民主，则会导致费用成本的上升和新品上市的速度变慢，这样也不能赚大钱。

此外，也存在消耗大量资本的个性。有五种个性会消耗大量的资本，并造成亏损。

一是保守的自我中心主义者。这种类型的人会避免大的风险，但以自我为中心会导致他们在自己感兴趣的方面花费太多的金钱。因此他们无法生产出好的、能够创造出利润来负担他们高端消费品位的产品。

二是保守的无私者。这个类型虽仍旧是保守的，但他们更想去尽力帮助社会和其他人。但问题在于，他们天生的保守性不允许他们开发出好的、创造出足够利润来支持他们做慈善事业的产品。这种个性的人往往以大额亏损收尾。

三是喜欢社交的分析家。喜欢社交的人倾向于在关系上，而不是在产品上投入更多的资本，这样他们就会忽略产品和利润的开发。然而他们强大的分析能力又会导致他们过度地投资于计划并且相信成本高的、有野心的计划。因此他们的产品和服务所创造的财富永远无法满足他们高额的消费。

四是快速反应、控制型的怪人。这种人做决定非常快，而这些决策往往是错误的，这就导致了产品质量差、利润低，且这种快速还会导致许多增加成本的错误。另一方面，想要控制别人的欲望意味着他们无法听取别人好的建议，因此那些有助于他们减少成本、增加利润的可能性就被扼杀在摇篮中。所以他们会浪费很多的金钱和时间。

五是快速反应的交互沟通者。这些快速决策者遇到了相反的问题，他们的快速反应导致了低质量、低利润和高成本。然而他们喜欢听取别人的观点，这亦会导致许多不同的战略、决策使得他们更加混乱，浪费得更多。所以这也会导致他们严重的亏损。

盈利者和亏损者的比例有多大？真正能够赚大钱的人很少，在所有人里面可能仅仅占 1%。因此，好消息是本书可以告诉你哪类个性能够赚很多钱，而坏消息是很可能你和你身边的大多数人都不是这样的人。

这其中造成巨额亏损的人远比赚到高额利润的人多得多。相比 1% 能够创造高额利润的人，造成巨额亏损的人占到了总人数的 10%。因此，你成为巨额亏损者的可能性是成为高利润创造者的 10 倍。

我们的研究表明，大约 12% 的管理者能够创造财富或盈利。与此同时有 50% 的管理者会消耗资本或造成亏损。因此从统计学的角度来看，你处在亏损团队中的几率要比处在盈利团队中的几率大得多。还有一个处于中间的团队。有一些人他们既不盈利也不亏损，这类管理者占 38%。

>>> 你能改变自己的个性吗?

于是出现一个很明显的问题，即你能改变你的个性吗？当然我们许多人的答案是否。但是你可以改变你的行为。问题是这样做的难度有多大？另一个问题是，如果你能够改变你的个性，那你要改变你的哪些个性才能克服你的弱点，达到心中预期的盈利？

改变你的行为是有可能的。但是这样做需要很多的智慧和精力。这有点像锻炼。你可能知道你需要做锻炼，甚至知道你做哪些锻炼能够让哪些肌肉变得更加强壮。但是你需要很多的努力来保证持续锻炼，很多人开始一段时间后便很快放弃了。改变行为与锻炼相似甚至更难。

尽管如此，这里还是有一些技巧来改变你的行为。最普通的方法是找一个拥有你所需要但缺乏的性格特性的伙伴，然后与这位伙伴一起工作，这样不仅可以让这位伙伴替你做出这样的行为，同时也可以给你做示范。另一种方法是制定一些能让你做出非常规范行为的制度。举例来说，如果你非常擅长销售，而你不喜欢产品生产，就可以每周召开一次两小时的产品工作会议，你必须出席这个会议，就算你不想参加。还有一种方法是列一个行为清单，罗列那些通常你会避免去做、但却必须要做的事情。即使你不喜欢做这些，你也要严格遵照这个列表来执行。许多成功的人士都是这样做的。

但最基本的问题是必须首先认清自己，知道自身的弱点将会导致自己无法实现预期的目标。然后你需要建立一个计划并执行。这个方法不仅可以改变你的行为，也能够让你盈利。它对你想改变的任何行为都适用，任何行为转变的动力学原理其实都相同。

另一种为你公司创造财富的方法，是选择合适个性的人，即使这种个性你没有。有无数例证表明创始人们很快会意识到即使他们有能力创造公司开发产品，但他们不具有赚大钱的正确个性。

在很多这种案例中，创始人聘请了确实拥有正确个性的人。在有些案例中创始人甚至放弃了他们CEO的角色，允许那些对的人去担任该职位，而自己只是去当总裁或首席技术官。这种改变显示出创始人高度的智慧。

你在这里可以学到的是，最重要的问题不是你是否拥有正确的、能够为自己创造财富的个性,而是你是否有足够的智慧来认识到你可能没有这样的个性。能够意识到别人拥有你所没有的个性，并允许他们自由地施展，这有助于补偿你的弱点，是一种成熟的表现。

大多数人不具备创造大量财富的合适个性，但大多数人可以有一定的灵敏和智慧，使他们能够去选择那些行为互补的人。

理解自己的个性能够和不能达到怎样的程度，是通向成熟的第一步。第二步是做正确的决定，找到个性互补的人。这比幻想自己拥有完美的个性，能够不借助其他人的帮助而独立成功要更加现实。

这也是大批硅谷创业者获得财富与成功的真正原因。

第 6 章 创业者的风格与实质

>>> 优秀的执行者，糟糕的 CEO

很多年前我在一家科技公司的董事会任职，那家公司刚刚从一个政府部门剥离出来，需要聘请一位 CEO。当时我们物色了一个人选，就叫他乔吧，当时他已经在一家大型美国软件公司做了很多年的高级执行人员。

我们对乔非常满意，他的销售能力很强，而销售是我们这家公司的重中之重。他经验丰富，成熟自信，风度翩翩富有魅力，女员工们很快就迷上了他。我们觉得他真是我们要找的那个人，接下来就等着收获了。

起初一切都很好，销售渠道打开了，他为此招聘了很多新的销售员。

但也有些地方让人觉得不满意：为了供养更多的销售人员，乔解雇了一些产品研发部门的人。而他自己却大手大脚，不但买了新的办公家具，还用公司的钱添置了一些昂贵的收藏装饰品，他在招待客户方面也花了大笔的钱，坐飞机总坐头等舱这种事就更甭说了。

他向董事会解释说，这些都是为了扩大销售采取的必要措施。董事会相信了他的说法，觉得这些前期的花费都是为了将来取得成功而必须付出的，毕竟他在大公司工作多年，有显赫的销售业绩。

但是大家期待的成功一直没有到来，公司的开支以惊人的速度增加，实际销售额却在下降。一年之后董事会不得不解雇了乔，但后来公司的状况也一直没有起色，最后我们不得不把公司卖给竞争对手，期望落了一场空。

显然我们选错了 CEO，乔是个徒有其表的人，他的夸夸其谈蒙蔽了所有人，包括他自己。他并不了解自己，不知道自己不适合做 CEO。

乔曾经是一个非常好的执行者，在销售方面非常成功，有大量的执行经验。但问题在于，一个好的甚至非常优秀的执行人员并不一定能成为好的甚或是平庸的 CEO。乔就是例证，他是一个卓越的执行者，也是一个毫无希望的 CEO。

一个优秀的企业创始人同时可能是一个糟糕的 CEO，这种情况在硅谷非常常见。如果你不想当 CEO，那当然没关系，但要是你创办了一家公司又想亲自长期担任 CEO 的话，就需要明白内容与形式的区别，只有这样才能像硅谷那些身兼创始人和 CEO 两个角色的人一样优秀。

>>> 首次担任有难题

很不幸的是，虚有其表而无实际能力是人们第一次担任 CEO 时常常会发生的情况。没有人会教你如何做一名 CEO。第一次担任 CEO 时，你没有任何同类型的经验。你可以想象这个职位是什么样，你可以告诉自己在成为 CEO 之前你曾有过许多担任高层职位的经验，但不能忽略的事实是，之前你从未担任过 CEO，你确实不知道应该如何做一名 CEO。

即使在一家小企业里担任 CEO，也会面对很多诱惑。人们往往会因为你的头衔而尊敬你、附和你，即使你并不值得他们这样做。你的雇员对你与对待他人有很大不同，他们会为你的笑话而大笑不止，即便这些笑话可能真的很无趣。他们往往不告诉你真相，因为他们认为你可能并不想知道。供应商和销售商会经常请你吃喝玩乐，把你当作客户一样对待。

这些都会使一个人自负、虚荣，即使他们本身可能并不是这样。如果他们在担任 CEO 之前就是一个自负、虚荣的人，那么坐上这个职位后他们会变得更糟。通常，当一个 CEO 由于虚有其表这一点而导致企业即将走向失败时，往往会出现一些信号。比如他喜欢与别人享用昂贵的美食、拥有昂贵的车、在自己的形象以及公关方面投入很多、不愿意听到事实、试图向员工展示自己懂得更多、不允许雇员发出不同的声音以及在做出错误决定后不在员工面前承认错误。

当然，还有许多别的信号，以上只是一些比较明显的信号。但是，如果一个 CEO 有其中一个或者更多征兆的时候，这基本上就显示出他更注重于表象而忽略本质。在这种情况下，董事会就必须予以重视，因为这个人可能不适合担任 CEO，即使他在赚钱。如果当一名 CEO 的雇员、投资者和董事会都不再信任他时，往往可能会导致企业最终走向失败。

当雇员不再信任他时，一些优秀的员工可能会离职，而那些不符合标准的员工将会留下，而且他会发现很难再吸引一些优秀的员工加入公司。他的产品开发和销售会遭遇困难，他的雇员也将无法想出新的点子来帮助公司。

如果由于他不负责任地肆意乱花投资者的钱，把钱用在如何让自己看起来更好，而不是公司的利益上时，投资者将不再相信他。这意味着投资者将不会再为公司增资，也不会让他们的朋友投资这家公司，因此，这家公司可能会步入资金用尽的困境。

当董事会看到员工和投资者都对公司 CEO 失去信心，而且发现这名 CEO 越来越注重表象而不是实质时，董事会也将不再相信他，也将不会帮助他带领公司走向成功。

>>> 第一次担任 CEO 的培训

对一家相对较新的公司的可信任 CEO 进行培训，可以采用一些小技巧。

在一个人没有坐上权力的位置时，你无法看到他的本性。一个首次担任 CEO 的人不会提前知道当他坐上拥有很多权力的位置时将如何表现。他或许会认为自己将谦卑地、负责任地行动和做事。有些人会这样，但也有很多人做不到这一点。你无法预知他在这个拥有权力的位置上是否足够谦卑，因为大多数人在第一次担任 CEO 时都会假设他们能做得很好。

如果他们没能像一个真正的CEO那样表现，被权力冲昏了头脑，他们也不会意识到这些事情已经实实在在地发生在了他们身上。而他们的雇员也不会告诉他，因为他们有所顾忌。因此，新的CEO永远不会知道他们的行为很愚蠢、很自大。

你的雇员会看到有关你的一切，看到你每天面对许多不同的问题，做出不同的决定，因此，他们很快地就会了解你的一切，包括你的优点和弱点。如果他们不喜欢你或者看到你犯了一个大错误，他们不会告诉你，但是，他们会假装很喜欢你，会让你觉得你做的决定是正确的。

如果你能够使你的雇员相信你，他们会成为你的无价之宝，为你出谋划策。如果他们不相信你，你将永远无法得到他们的支持和帮助，那么你距离失败可能只有几步之遥了。运营好公司非常难，因此，你需要获得所有你能够获得的支持与帮助。

你做的每件事都透露了有关你和你的期望的信号，即使你并不知道你已经传递了这些信号。第一次成为一名CEO时，最令人不安的是人们正在看着你的每一个行动和决定。他们甚至在观察你的身体语言、你的面部表情、你的反应和回答。因为这一切的举动都向他们传递着你是谁、你期待什么以及你将如何回应他们工作的信号。

当然，这些事情在你没有成为CEO的时候也会发生，但作为一名CEO，你的雇员会特别关注你的每个方面。因为，现在你对他们而言拥有许多权力，包括解雇他们、帮助他们、给他们更多更好的权力和利益。

如果你是第一次担任CEO，而你又几乎不了解这些事情。你可能不会理解，即使是一个很小的决定、很小的动作，甚至是一个很细微的面部表情，都可能被员工很仔细地观察，被他们解读为这对你意味着什么，对你的每一个员工意味着什么。

有时候，因为一个小小的面部表情，你可能会看起来有些不高兴，这会被员工观察到，然后被解释为某种意思。即使你其实并没有不高兴，但也已经晚矣，因为你已经将这些信息传递给了你的雇员。

因此，作为一名首次担任 CEO 的人，你必须非常注意你的面部表情、你的反应、你的身体语言和你的决定。无论未来你的雇员是否相信和支持你，这都会对他们如何回应你产生巨大影响。

作为一名首次上任的 CEO，你最有力的工具是倾听你的员工，无论他们是多么初级的员工。作为一名CEO，你可能会觉得你知道得很多，但事实并非如此，还有许多值得你学习的事情，而你的员工能够给你许多启发。你对他们倾听得越多，你从他们那里得到的就越多。

记住这个黄金法则：你说得越多，你得到的就越少。你对员工越平易近人，他们就会越信任你，对你越诚实，给予你的支持就越多，而且会更加卖力地为你效力。

>>> 谁才适合当 CEO？

对于那些第一次担任 CEO 的人而言，如果你只有在大公司工作的经验，那么，你就处于一个非常不利的位置，因为在大公司里，有一个很大的团队支持你，那里有许多非常有经验的人，他们的能力能补足你的弱点。因此，你很容易认为自己很能干，而事实上并非如此。

你一旦进入小公司或者一个初创公司，并且在这里担任CEO，你将不再有这些支持，你将面对自己从未意识到的所有弱点。在这种情况下，你需要找到一位贤明的顾问或良师益友，比如一位从小公司退休的CEO，他将帮助你解决这些问题。

如果你是一名博士或者曾经担任过专业分析师，你也处在一个不太有利的位置。因为在面对问题时，你往往希望通过谨慎的科学研究来找到解决方法。但是从商业角度来看，一家小型企业没有时间、金钱或资源来做这些。你只能根据现有状况快速做出最佳决定。

如果你来自技术开发或产品开发领域，你需要找出如何能成为一名优秀销售人员的方法。通常产品开发和技术开发人员会瞧不起销售人员。他们不理解销售技巧和销售培训的重要性。通常情况下，他们内向，不喜欢与他人会面，也不善于销售和推广他们的产品。

没有销售经验的人也有机会成为CEO。在这种情况下，我建议他们应该迅速参与一个销售培训课程。同时，你应该开始常常与销售人员通电话，这样可以获得更多有关该领域的经验。

如果你没有财务背景，这可能也是一个大问题，其实大多数第一次担任CEO的人都没有财务背景。这一点可以理解，但很快你会发现这是许多人都在意的一个领域，包括投资者、股东和董事会。

你需要学习如何看懂损益表和资产负债表，并且有能力去解释它们，因为通常情况下企业会粉饰它们的财务状况，使其看起来比实际情况更好。如果你来自销售、产品开发或市场营销领域，通常情况下你可能无法理解这些财务问题。

因此，你可以去参加一个财务课程（例如针对非财务管理者的会计课程），或者找一位有经验的审计师、会计师或者分析师来教你一些诀窍。

>>> 了解你自己

我并不是说如果有博士学位或者来自大公司的人就一定无法胜任 CEO 的职位。有许多成功的案例证明，这样的人也能够成为卓越的 CEO。

你在过去所学的一切都是有益的。但是，如果你开始真正地相信它，那么你将遇到麻烦。只有当你拥有敏锐的领导力能够辨识你所知道的是否正确，是否可能误导你的时候，你才能够进步。

敏锐的领导力在于能够理解领导力的实质是一种不断地忘却那些无用事物、不断地发现那些有用事物的能力，不论这些有用的人或事来自哪里。

你无法假设你所拥有的那些经验是否对你第一次担任 CEO 有利，然而最重要的在于，你有足够的自知之明知道自己的行为弱点是什么，当你坐上 CEO 这个位置的时候应该知道如何有建设性地去应对。

领导能力的表象与实质的真正区别不是学历、技术知识、销售技巧，或者在大公司抑或是小公司工作的经验，而在于对自己弱点的自我认知，在于不论周围的人职位、头衔、富裕程度和财力，都能向他们所有人学习的能力。

一旦你真正看透了这一切，你肯定能够成为一名成功的 CEO，无论你是否有过相关经验。

第 7 章　风投如何识别创业者？

我曾经担任过一家风险投资公司的董事，参与过对一家澳大利亚软件公司的投资。该公司的创始人是一个富有感染力、口才极好的埃及人。他用自己的表现征服了我们，因此成功地拿到了投资，但后来的事实证明这是我们犯下的巨大错误。

这个人是一个无耻的骗子，但当时我们没有一个人看穿他。他看上去知识渊博，非常有说服力，虽然事后想来其实他非常自恋，但他很善于隐藏性格中的这一面。

不过风险投资人通常还是拥有判断创业者的丰富经验的。对于创业者来说，知道投资人的思维方式和判断方法有助于提高融资的成功率。接下来我会介绍一些美国的风投，尤其是硅谷风投选择投资项目的经验方法。当然，让创业者了解这些并不是想教他们说谎，而是让他们在面对投资人时投其所好。

如果你有一个创业的好点子或是建立了一家初创企业，可能会考虑从风险投资家那儿筹集些资金。现在，我要和你谈谈风险投资家在评估一个投资项目时会考虑哪些关键点。他们一般会从以下三方面入手：首先是你的创业点子，其次是你本人，第三是你的社会关系。

>>> 关于创业点子

1. 风险投资家的多数投资活动最终都会打水漂，所以一个成功的投资案例承担着为众多失败项目摊薄成本的任务。通常情况下，风险投资家期望的投资回报倍数是 10—100 倍。如果你无法让他看到这个前景，他就不会对你的创意感兴趣。也就是说，如果看上去你的创业点子无法在至少最初几年里为企业带来每年几倍的增长率，那你就别在融资这事上浪费时间了。

2. 如果你的企业未来确实达不到几亿美元的市场估值，那你起码得让风险投资家相信你的创意具有快速变现能力，能使他在投资一年后就获得丰厚收益。否则，也别想得到风险投资了。

3. 如果你想凭借企业的长远发展能力而不是一时的获利能力吸引投资，那就必须让风险投资家看到一个有说服力的商业模式。这个商业模式要能聚集大量人气并借此赚钱，即便无法直接做到这一点，至少也要能通过其他一些变通方式达到这个效果。

4. 风险投资家期望看到的是那种能引领社会潮流的创业点子，这样你的企业才有可能成为一个新兴市场中的标杆企业。

5. 风险投资家会向那些技术专家们征询意见，如果你的创意不能入他们的法眼，那风险投资家也就不会有投资兴趣。

6. 风险投资家之间会相互影响，如果你的创业点子或是初创企业本身属于一个新领域，而这个领域中已经有了一个受到市场热捧的创业先行者，那其他风险投资家也会试图找到这类企业并投资。所以，你和朋友们是否特别看好自己的点子并不是最重要的，只要风险投资家看好它，你就能得到投资。当然，绝大多数这种投资最终都会以失败告终，但至少在此之前你已经得到了投资。

哦，顺便问一句，你有商业计划吗？有时候没有也没关系，因为有些风险投资家觉得制订商业计划完全是瞎耽误工夫。在他们看来，商业计划就像是丰满的理想，它总是敌不过骨感的现实。在多变的世事面前考虑如何实际推进一个项目时，商业计划几乎没有用武之地。

话虽如此，但你还是要有一个基本的计划，以此表明你的创业目标以及在达到这一目标的过程中企业财务状况的走势。这能让风险投资家感到你对创业这事是认真的并已胸有成竹，经得起他们提出的各种质疑。从这方面来讲，我并不认为制订商业计划是多此一举。

除此之外，你还需要一个现场阐述的机会。在这个场合，你要利用良好的沟通能力充分展现自己的创业激情，并让自己的激情感染在场的风险投资家。要是你的情绪无法感染他们，那融资注定会失败。

>>> 关于创业者本人

风险投资家考察的核心还是你本人，他们要看你是否具备一名成功创业者的潜质：能否勇挑重担，是否值得信赖。所以，当你面对风险投资家时，必须做到“言必信，行必果”，这能体现出你拥有他们看重的创业者基本素质。另外，你还要注意让自己的面部表情和肢体语言与自己的话语相匹配。

在评估过程中，风险投资家不会光听你说，还要看你是否确实值得信赖。他们会着重考虑以下几方面问题：

1. 风险投资家要考虑，如果你的企业能够成功发展到准备上市的那一天，你是否具备担任上市公司 CEO 的能力。如果你缺乏这个能力，风险投资家未必一定会放弃投资，但投资的可能性确实会降低。而且，如果他们投资了，等到未来公司要上市的时候，他们要么会把你辞掉，要么会把你调到一个非决策性的岗位上。

2. 风险投资家会看你是否具有超凡的激情，如果你没有，他们的投资意愿也会降低。你要让自己的激情感染到他们，要是你做不到这一点，他们会觉得你没有带动他人的能力，也就不会投资你的企业。

3. 风险投资家会考察你在资金短缺时解决问题的能力。你花钱时的责任感是他们要了解的重要问题之一，因为把别人的钱不当钱的创业者，他们已经见得太多了。如果你看上去自视甚高又很浮夸，热衷于那种体面的生活，喜欢开豪华车、去高档餐厅，他们就不会放心地把自己的钱交到你手上。去见风险投资家时，记着别开豪华车，穿着要普通，不要戴名表，见面地点不要选在高档餐厅，也不要承认自己喜欢奢侈品。在这方面，你能获得的最理想的效果是，在展现自己节俭一面的同时，还让他们感觉你善于独辟蹊径，从而花小钱甚至不花钱就能办成大事。这是他们最乐于看到的。

4. 拥有一次或多次创业成功的经历将成为你最大的优势，如果你有这样的经历，风险投资家们会把你当成“富矿”。这时，无论你提出什么样的创业点子，他们都会愿意投资的。当然，绝大多数人没有这类经历。此时，拥有曾在一家成功的创业企业担任要职的经历也很有价值，因为这意味着你拥有伴随一家创业企业走向成功的经验，同时还知道在这个过程中如何避免陷入创业误区。

5. 风险投资家们还希望看到你在创业这件事上有破釜沉舟的决心。他们想看到的是你把全部身家都投入到了这次创业上，哪怕会因此破产也在所不惜，因为此举意味着你会不遗余力地为企业谋发展。如果你的全部创业资金都来自外部，你个人只是以非物质资本入股，风险投资家就不大可能给你投资。

6. 风险投资家还很想知道你是否是以被炒鱿鱼的方式离开上一个东家的。说起来有些令人难以置信，但如果之前你是出于某种风险投资家眼中的“正当理由”被炒掉的，这种经历会成为你的加分项。比如，你本来在一家大企业里兢兢业业地工作，但企业管理层不但拒绝了你提出的创新建议，还因此解雇了你，这就是一个被炒的“正当理由”。至少在美国，很多出类拔萃的创业者都有过被大企业解雇的经历，因为这些企业容不下具有创新精神的人。

7. 当然，风险投资家也很看重企业财务状况和盈利能力。他们想从你身上看到的不仅仅是创新能力，也希望你有经营头脑，尤其有强烈的盈利欲望。许多创业者长于创办企业、研发产品，很少从财务角度考虑问题，也缺乏让企业在最短的时间内盈利的意识。如果能让风险投资家看到你在这些方面与众不同，会对你很有帮助。如果你的企业已经拥有过硬的财务专业人士，或是你能向风险投资家证明，其投资能引来这类专业人士加盟的话，也会对你成功引资很有帮助。风险投资家通常会在投资的同时任用自己信得过的财务人员，以此作为制衡企业创始人的方式，从而确保后者不会疯狂烧钱。因此，企业拥有优秀的财务人员会让风险投资家感到安心。

>>> 关于创业者的社会关系

风险投资家考察创业者时，后者拥有的社会关系是至关重要的一环。因为看到你掌握的社会关系，风险投资家就能明了，为了创业成功，你还需要哪些新的社会资源。所以，风险投资家会考察你拥有的所有社会关系，尤其是如下几类：

1. 风险投资家圈

信不信由你，如果你告诉风险投资家，你已经与其他风险投资家接触过而且他们很喜欢你的创意，即便你没从后者那里拿到投资，前者也会对你另眼相看。如果你告诉一个风险投资家，另一个风险投资家已经对你的创意产生了投资兴趣，最终结果很可能是这两个风险投资家联手给你投资，因为联合投资能分散投资风险。万一最终投资失败了，他们还能跟自己的老板解释说：你看，咱们并不是唯一的失败者。这对于维护风险投资家的职业声誉很有好处，他们以后跳槽的时候用得着这个。

2. 媒体圈

风险投资家喜欢与媒体有良好关系的企业创始人。如果以后企业要上市，就得广泛宣传，以说服公众购买一只他们以前从来没听说过的股票。所以，与记者、科技自媒体写手、博主、社交媒体人、公关人士及投资者关系管理人士搞好关系，会让风险投资家对你有好印象。另一方面，一旦企业得到投资后发展得不顺利，风险投资家不愿意追加投资，如果此时你与媒体拥有良好关系，你还可能从高净值人士那里直接获得投资。所以对创业者来说，通过媒体保持曝光率是很有用的。风险投资家本身很容易受到媒体的影响，如果在见他们之前你已经借助媒体赚足了曝光率，就掌握了先机。

3. 天使投资人

天使投资人是指那些给早期创业企业投资的非职业投资者。从融资顺序看，天使投资人通常紧跟在创业者的亲朋好友之后。选择天使投资的好处在于，虽然天使投资人也期望得到经济回报，但他们对你的创业点子本身更感兴趣。风险投资家会很高兴地知道你认识一大帮天使投资人，因为这样一来，当你发现企业实际需求的资金量超出了融资计划而风险投资家又不想追加投资的时候，你就可以向天使投资人求得帮助。而且，来自天使投资的后续资金往往具有更高的估值，这使得风险投资家前期投资的股份价值不会被稀释。这一点对风险投资家来说很重要，因为这意味着他们的投资权益没有受损。

4. 企业客户

创业者拥有的这类社会关系是风险投资家最为看重的，因为客户是实实在在购买企业产品的人。风险投资家们很希望能与创业企业的客户直接对话，你给风险投资家引荐的可以有效对话的客户越多，你获得投资的机会就越大。有时候,客户还会和风险投资家联手投资,这种方式会让后者在投资时感到更安心。而且，如果最终投资失败或是效果不尽如人意，这种联合投资还能减少他们的损失。

如果你想融资，以上这些就是能够从硅谷的风险投资家那里学到的经验，懂得这些能让你的融资成功率大增。

第 8 章 大龄创业者的成功之道

告诉你一个我的小秘密：我曾经创建过两家公司，也运营过很多家公司。我创立第一家公司时是 40 多岁，创立第二家公司时是 50 多岁，我经营的这第二家公司至今已经正常运转超过 10 年。

如果哪天这家公司要关门，比如说因为业绩不好或是要跟其他公司合并，我肯定会再创建一家新公司，而且我会试着让新公司的产品比现有的产品更加不同凡响，更加惊人。

随着年龄增长，我对于创造全新的颠覆性产品和服务这事越来越感兴趣。大概是因为人老了之后觉得剩下的时间越来越少吧，这时就会想着用更短的时间做出更有突破性的事。对于一些年纪大的人，比如我来说，岁数越大，创业的紧迫性就越强，而且更加盼望自己创建的事业能对这个世界产生前所未有的更大影响力。

我是美国年长一代创业的典型，我的事业不在硅谷，但那里确实有无数和我一样的人。实际上，当更多的年轻创业者开始在硅谷办公司的时候，也有越来越多的年长者在继续创业,有些人是用自己第一次创业时挣到的钱开新公司,也有些人是在第一次创业失败之后继续新的尝试,而且准备一直这么尝试下去。

这意味着硅谷有大量经验丰富且年纪较大的创业者，他们不仅把经验用在自己新创的公司上，也会加入一些年轻创业者创办的新公司的董事会。通过这种方式，年轻人的创业道路能更容易获得成功。

持续利用年长创业者的经验来帮助新人进入市场，这就是硅谷能发展得如此成功的原因之一，这样就形成了一个创业的生态系统，可以让经验得到循环利用，使之更加成功。中国版硅谷也应该这么做。

通常年轻人更热衷创业。他们大约 20 多岁，刚刚迈出校园，比尔•盖茨和脸谱创始人马克•扎克伯格就是这样的典范。但事实上，大多数初创企业是由一些年长的人所创立的，他们年约 40、50、60 岁，甚至 70 多岁。这些年长的创始人会有多么成功？如果你已经不再是 20 多岁，却又想创立一家新公司，你成功的机会在哪里？如何才能增加成功几率？我将在这篇文章中就以上问题做出回答。不过，本文中所讲述的并非是那些已经成功创立过多家企业的创业者，而是那些第一次成立公司、并在此之前并没有创业或运营公司经验的年长创业者。

>>> 年长者为什么创业？

通常到了一定年龄的人在工作中有了稳定的地位，没有必要再做出任何变动，那么，为什么年长者会创业？可能是因为他们在工作中并不成功。他们或许被解雇过、辞职过，又或许还没能晋升到他们所期望的职位。他们大多可能在一个职位上做了许多年，开始感觉厌倦，甚至觉得失落。又或许是他们不再想为大公司工作，因为这种公司缺乏对员工的关心，公司机制呆滞而无趣，缺乏创新性。

对于这类人而言，创业能为他们带来一系列改变人生的好处：他们可以开启梦想的冒险，可以发明一些有价值的新产品、获得更多的职业满足感，同时，可以产生一些影响力，而这些在之前的大公司中他们可能无法实现，此外，当他们退休时可以把公司当作财产送给子女。在这一系列的好处中，我并没有提到赚钱。尽管这是许多人所希望的，但却很少有人能赚到可以与比尔•盖茨或马克•扎克伯格相当的财富。

事实上，通过初创企业赚很多钱的几率就像是中彩票一样低。我们需要承认的是，无论创业者年纪有多大，许多人都以失败告终。几乎所有问卷调查都显示，年长创业者开始创业的主要原因是为了独立和职业满足感。即使他们不能赚很多钱，对大多数年长创业者而言，独立等要素远比赚钱重要得多。

总而言之，如果你是一位年长创业者，如果创业目的仅是为了赚钱，那么你很有可能以失败告终，同时不会感到快乐。如果你创业是为了独立和获得职业满足感，那么，则更有可能感受到成功和喜悦。

>>> 年长创业者的成功几率

曾经有人传言，20 多岁的创业者大多会成功，但事实并非如此。佩斯领导力研究院的调查结果显示，初创企业成功的几率与创始人年龄成正比。个中缘由显而易见。年长者拥有更多经验、更好的人际关系网，往往他们还有可用来创业的资金。即使在遇到困难时，也能够通过自己的关系网筹集到使企业持续运转所需的资金。最重要的是，如果他们进入已经工作了20年甚至更久的行业或领域中，就会拥有那些年轻人所缺少的观点和洞察力。当然，随着这些人年龄的增长，他们创立公司的可能性也随之降低，原因有很多，比如健康状况不如从前、缺乏活力、注意力更多放在子女或是职业生涯上。调查显示，尽管年轻人思维更加敏捷，更具创新性，而年长者思维敏捷度下降，创新能力也大不如前，但年长者在经验、人脉以及资本上具有绝对优势。因此，不要认为成功的可能性会随着年龄的增长而降低。只要你身体健康，20岁和60岁一样，年龄本身不会成为你创业的障碍。

>>> “要人”问题

如果你已经年长，又对创业有兴趣，那么，我们的研究结果是一个好消息。当然，这只是在某种程度上而言是这样，还有一些潜在难题你必须考虑到。有些职场生涯不顺利而又想创业的人，应该怎么办？首先，让我们来谈谈那些在大公司工作、并把这份工作当作他全部事业的人，我们称其为“要人”，即非常重要的人。在要人曾经的工作环境中，他们是团队的一部分，在其中从事专业工作。他们可能是律师、会计师、业务开发者和产品开发者等。他们往往仅在一到两个岗位上任职过。

然而，作为一家初创企业创始人，你必须事必躬亲。如果缺乏灵活性、决心、意志力和学习能力等，那么他一定不会成功。更糟的是，大多数要人都缺乏这些能力。如果你一辈子都在一个大公司工作，那么作为团队的一部分，你很难清楚地认识到自己有哪些能力以及不擅长的方向。许多要人进入小公司或开始创业是因为他们相信自己曾经在职场上非常成功。他们忽略了对其他人的依赖，主要是因为没有意识到他们的成功是建立在与他人合作的基础之上，正是因为那些合作者以及老板拥有与其共事的方式，才成就了他们的成功。要人很少独立完成工作，更别说是创业。因此，许多有大公司就业背景的人在创业或进入小公司后以失败告终。

或许有人会问："你不是刚刚还声称大多数年长者能够成功创业吗？"那为什么现在又说大多数要人会失败呢？答案是许多甚至大多数初创企业都会失败，不论创业者的年纪如何，这其中包括年长者所创立的企业。要人可以成功，只要他们能够理解这个问题并找到解决方法。以下我会给出一些建议。

大多数要人没有筹集资金运营公司的经验，因为这些问题在大型企业中已经被解决。只要做好本职工作，就能够得到薪水。要人从不需要自己找钱支付公司的薪水。他几乎从未缩减过开支，除非做过销售。当你成为一家公司的创始人，寻找资金就是你最重要的工作。这是一个巨大的变化，大多数要人非常清楚这点，但实际很难做到。对于要人来说，另一个与金钱相关的问题是成本。如果你曾在大公司（有时也可能是小公司）工作，你常常需要做出大额花费的决策，有时这笔费用和一个初创企业的花费规模差不多。在大企业中，为部门购买一部影印机，可能不需要仔细考虑。但对于一个初创企业来说，这是一笔相当大的费用。常常有些要人因为欠缺支出控制而导致初创企业或者小企业破产。尽管如此，他们依然认为自己在财务花费方面非常谨慎。这是因为在初创企业和大公司中的花费观念完全不同。对于那些在大企业里工作了一辈子的人来说，突然的改变令他们难以接受。

那么，曾在小公司工作的创业者是否会因为之前是独立工作而做得好一些？即使有些人之前在小公司任职，但他们仍只是担任团队中的某个职位，因此，他们和那些要人没有明显区别，也会犯同样的错误。当然，他们可能会做得好一些，但大多数人从未有过融资经验，也没有缩减开支经验。这些从小企业出来的创业者与要人相比，唯一的优势在于他们能够与那些做高难度工作的人合作得更加紧密，他们可能更清楚问题之所在，拥有更多解决问题的实际经验。当然，无论是在大公司或是小公司工作过的人都拥有创业的特质，因为他们有自知之明，工作果断、灵活、刻苦且善于接受不同意见。拥有这些创业特质的人可以在任何环境下工作，这些是要人的典范。因此，并非曾在大公司、小公司，或者某个团队工作过就不能成为创业者，但你必须清楚认识到自身明显的弱点，想成功创业就必须纠正这些缺点。

>>> 年长创业者秘笈

创业时最好找个合伙人。在调查中我们发现，有两位创始人的初创企业比仅有一位创始人的初创企业更容易成功。因为伙伴关系是纠正你个人弱点的最佳方式。如果你是一名优秀且性格内向的产品开发者，必然在销售方面会出现短板。因此， 你应该找一位外向且善于销售的伙伴，这样成功的可能性更高。如果你喜欢花钱，那么你应该找一位非常简朴的合伙人。顺便提一句，这也非常适用于年轻创业者。 我们的调研显示，20 多岁的创业者只要寻找到合适的合作伙伴，就有机会将创业成功率提升至 40 岁创业者的创业成功率水平。因此，无论年轻或年长，伙伴关系都有利于提高创业成功率。深入了解自己吧！如果一位年长创业者能够更加了解自己的个性、心理能力和不足之处，必将对创业有很大帮助。

你可以通过各种测试来了解自己，测试结果有助于专业人士向你解释你的特性在实际创业中的意义。深入了解自己对寻找最佳合作伙伴或高级雇员很有帮助。这些测试也能透露导致你创业失败的特质有哪些。如果你学习相关课程，将帮助你提高创业成功率。

随着创业者年龄的增加，年长创业者的创业失败率也会增加，其主要原因在于太过自信。如果一个人受过良好教育，曾经担任过高层管理职位，他们常会误认为自己在任何岗位上都能成功，包括创业。如果你想证明这一点，那就请看看 2008—2010 年间在华尔街损失惨重的年长银行家们吧，过分自信会让你失败的几率大大增加。 锻炼对于年长创业者同样重要。尽管这一点在这篇关于创业的文章中看来格格不入，然而证据确凿。锻炼不仅能提高你的身体机能，也有利于提高你的认知能力，为你提供更多精神能量和更佳智慧机能，这在创业过程中至关重要。

一家创业企业在方方面面都需要帮助，而创始人能够做到的最重要的是提高你自己的认知能力。这样你的精神能量、灵活性和效率都会增强。随着年龄的增长，许多人在这些方面的能力会随之减退，但锻炼可以帮助你切实提高这些能力，甚至比年轻时更强。同时，创业需要大量长时间工作，承担巨大压力，这些会对你的健康产生负面影响。因此，锻炼有利于你解决这些问题，加之锻炼会使人变得更加积极乐观，而这正是创始人和创业者都需要的。

如果你现在是三四十岁或更大一些，何不来做一名创业者呢？你能帮中国版硅谷建设得更加成功，就从今天开始动手吧！

第 9 章　高智商是企业家的绊脚石吗？

是否必须足够聪明才能成为一名企业家呢？是否拥有高智商会更容易致富？或许你会认为答案是肯定的，或许你至少觉得会有相关的研究结论能够证实或是否定这一点。但是，看看俄亥俄州立大学杰伊·泽高斯基博士 2007 年发表的一篇研究报告就会发现，你恐怕是想错了。

泽高斯基的这篇研究报告指出，智商高低对一个人的富有程度（以家庭净资产衡量）没有本质影响。同时该研究还表明，高智商者更有可能经历财务困境。因此，高智商的企业家可能会更容易陷入财务危机。但智商高也不完全是坏事，因为这会让你的收入水平比普通人高一些。高智商更有可能帮助你在大公司中和业界一马当先，同时这也是你能获得一流高薪的原因。

>>> 两类智商造就两类企业家

根据泽高斯基的研究，拥有高智商并不意味着你会大富大贵。而且，如果你是一名高智商的企业家，其实智商并不会给你带来额外好处。

这项研究不禁让我思考，那些真正变得富有并创造出财富的人的不同类型特征，其中应该是有一个通行模式的。在这群人中，有一类是“高智商型”，他们学习成绩一向很好，至少能拿到硕士学位，然后进入政府部门或大公司工作，薪水可观且似乎有远大前程。而另一个群体中的人，他们通常中途辍学，到处尝试，他们在别人的企业工作时常常感到厌倦，而后便选择辞职创业。创业的尝试大多以失败告终，但也有一些能获得巨大的成功。这些创业者往往收入不高，至少一开始是这样，但最后企业会获得很高的估值，因此，他们属于“高额财富创造型”。

导致这两个群体行为结果存在差异的关键是什么呢？似乎是两种不同的学习风格导致的：一种是从书本中学习，另一种是从生活中学习。高智商类型的人通常善于从书本中学习，也能跟随教授很好地学习。他们中的很多人会从事医生之类的高收入工作，或者进入享有盛名的大公司，收入足以开上奥迪车。而从生活中学习的人有时候智商会相对低些，可能还经常有阅读困难，他们不喜欢大学和教授，也不会进大公司工作，或者顶多是在大公司里当推销员。在美国，这类人一般开本田或雪佛兰汽车，有时候也开福特皮卡。他们通常通过自己开公司而变得富有。

这两种智商类型，造就了企业家的两种类型。并不是说企业家不应该拥有高智商，至少比尔•盖茨、史蒂夫•乔布斯都是非常聪明的人。我的意思是说，在现实生活中，大多数企业家并不具有高智商，即使具有，也对他们经营企业没有实际帮助。

大多数企业家在学生时代对传统方式的教育都不感兴趣，也不会做人们想当然认为的高智商者会做的事，比如，进入一家传统行业的大公司或者政府部门工作，在同一家公司里长期任职等等。在传统的大公司里，职员只能成为严格等级制度中的一份子，只能服从命令而不能焕发自身的活力。成为企业家的人，即便当初进了这类企业工作，他们看重的也只会是那些多少还能发挥他们自身判断力的一些职位。

>>> 高智商无关乎成功创业

如前文所说，有两种主要的学习模式。其中，从生活中学习的人是通过在现实生活中实实在在地做事来学习。而高智商人群通常是进入大学，跟随教授们学习。教授也是非常聪明的人，但他们也是书本学习者，往往没有从事过真正的企业工作。所以，对于创业者来说，想从大学教授那里学到全部的创业知识是比较困难的。

书本学习者通常比以实践为导向的学习者更善于分析，而生活学习者则通常更善于实际操作而不是分析。书本学习者在付诸行动之前经常存在过度分析的倾向，企业家往往不赞成这种行为。这就是企业家通常不是那种传统意义上的高智商、高学历者的重要原因之一，事实上，一旦他们成为这样的人，他们的创业才能就会遭到削弱甚至被完全抑制。

有人甚至为此发起了一个运动——在美国，亿万富翁彼得·泰尔出钱资助那些想创业的年轻人，以此作为他们不去上大学的回报。那些支持这项运动的人相信，对于某些特定的人来说，上大学真的是成功道路上的绊脚石，尤其是当你想成为一名企业家的时候。对这类人来说，即使勉强待在校园里而不是去创业，他们从书本中学习的效果也非常差。支持这项运动的人还举出一些例子加以证明，比如比尔·盖茨和史蒂夫·乔布斯，他们考进大学但随后又退了学。他们在大学里经常有挫折感，或许是因为大学生活没能让他们获得自己渴望的现实生活体验。

以上描述还从侧面验证了一个问题：有两种人在创业时通常比较难成功，一种是在大公司里度过了大部分职业生涯的人，另一种是拥有博士学位或者科研背景的人。因为长期在大公司中工作的人习惯了在接受指令后直接行动，而不是先自己思考后再行动；而博士和研究者们的问题在于，他们更长于分析而不是行动。这种人可能会成为令人钦佩的分析师，因为他们在分析数据的时候有很强的洞察力，但这与从无到有地开发出一项产品或服务是全然不同的，后者在开发的过程中通常得不到他人的帮助，而且还要在没有现成大品牌作为后盾的基础上挖掘潜在的客户。与单纯的数据分析相比，这是完全不同的技能，要求完全不同的行为模式与之相匹配。

书本学习者通常喜欢在理论层面上进行思考，他们往往对事物背后隐藏的观念和哲理更感兴趣，而不满足于销售或利润数据直观体现的结果。如果你是一名教授，有这样的思考习惯当然很好；如果你是一名分析师或是大公司中的战略规划者，这种思考习惯也会很有益；但如果你是一个企业家，当你的企业必须快速获利，必须将大宗产品快捷而便宜地从 A 地运到 B 地，或是想让产品占据超市里最抢眼的货位以便增加销量的时候，这种思考习惯就是致命的。

当然，并不是说高智商者就不能成为既成功又富有的企业家，谷歌和雅虎的创始人的经历就能说明这一点。但与其说他们是因为聪明才成为企业家的，倒不如说是他们自身具备的行动力战胜了头脑中的分析惯性。也就是说，拥有高智商并没有赋予成功的企业家任何特别的优势，而且实际上可能成为一个巨大的不利因素。对于这个问题，我们会在下文加以进一步分析。

>>> 为什么高智商是企业家的绊脚石？

我们习惯于认为智商高是好事，因为它会让人在生活中获得更多的机会，比如更有机会获得高收入。这有一定道理。但是换个角度看，高智商会在很多方面制造障碍，因为它将高智商者与普罗大众分隔开来。高智商者思考问题的方式往往与众不同，想想看，会有多少人的想法能与一个整天研究如何推进相对论发展的“怪人”一样呢。当这样的“怪人”想开发一种新的产品或服务时，其他 99% 的正常人能认同他的理念和产品吗？

所以，高智商与企业家以及财富之间没有任何联系是毫不奇怪的。很多高智商者琢磨出来的创意，普通人完全不感兴趣。高智商者更多地是陶醉于他们自己的奇思妙想，而不是致力于创造出一种能被普通人接受的产品或服务。这样一来，高智商就成为这类人与大众市场沟通的障碍。

如果你是一名企业家并且正在思考一些深奥的物理或者生物学方面的创意，那你很可能就没有抓住大众的兴趣点，也很可能没有像大多数人那样，思考一些与日常生活直接相关的东西，比如美食、运动甚至恋爱与性。对于这样的企业家来说，想准确获得比如大多数人的晚餐偏好，获得对新的爱好或是生活方式的展望就变得非常困难。因为如果你想知道这些，你就得像普通人那样去思考。

还有一种说法是，如果你拥有超高智商，那么一旦从事大众营销方面的工作——比如为面向职场女性研发的一种微波炉加热食品设计广告——就会成为一个悲剧。当然，高智商者不是不能涉足制造和销售领域，比如拥有医学技术博士学位的高智商者，可能成为新型核磁共振设备的发明者，在这个过程中，他可以思考这种设备的合适销售对象以及获利方式。

也不是说高智商者不可能产生闪光的创意，因为如果连他们都想不出来，那普通人就更想不出来了。但这种情况毕竟是少数，而绝大多数企业家想出来的绝大多数创意，都围绕着普通人的想法和需求，因而也能很快得到普通人的理解和欣赏。这样的产品或服务让普通人很容易就能弄懂并接受，而不是必须具有高学历才能使用。

>>> 高智商与财富创造

说到财富创造和高智商，首先要对“收入”和“财富”这两个词加以区分。高收入并不等于财富创造，它只是表示你把一份别人事先规定的工作做得很好而已。当你创办了一家新的公司和商业模式并且雇人来工作时，才算是在创造财富。

一个为雇员提供低水平工资但创造大量就业机会的人是在创造财富，但这种人在社会上往往被认为是失败者；而一个没有创造就业机会的高收入的企业高管，却会被认为是成功者，但他其实没有创造任何财富。这种局面实在有些滑稽。

学校通常崇尚书本学习者的高智商，于是我们把自己的孩子送进大学，盼望他们好好表现，能拿到一两个学位并且成绩优异。那么，为提高人类智商水平而做的努力有可能成为社会财富创造的阻力吗？普通高等教育有可能妨碍企业家精神的建立，从而拖累社会经济增长吗？一旦获得硕士、博士或者 MBA 学位，就意味着失去了财富创造力吗？

>>> 高智商者如何成为企业家？

当然，我并不是说高智商者就不能成为企业家，但是这样的人必须意识到，高智商会在你成为一名成功企业家的路上制造一些障碍。不过，还是有一些方法可以解决这个问题的：

1. 确保你的企业中至少有一部分主要员工是行为导向型人士，而非分析型的书本学习者。

2. 跟一个生活学习型的人结婚，或是与这一类型的人共同创业。

3. 尝试进入一些以低学历人士为主体的社会圈子。

4. 不要像你已经习惯的那样，遇事过分地分析推理。

5. 不要让你手下的员工对企业的经营做出过多的分析推理。

6. 如果有些项目需要经历很长时间才能获得回报，避免在这些项目上投入过多的资金。

7. 不要让自己成为空想家。

8. 指派一个手下员工盯着你自己，当你对企业的经营和发展抱有太多不切实际的幻想时候，他负责及时点醒你。

第 10 章 创业者应乐于培训

正如我在前文提到的，我经营着自己的公司，同时还在做大量的培训工作，这两件事对我的员工、使用我公司评估系统的咨询顾问以及我们的客户来说有同等的价值。如果不做培训工作，我就无法将自己掌握的信息传递给那些想要了解的人。

有些优秀的企业领导者也是很好的培训专家，比如通用电气的前 CEO 杰克·韦尔奇，他以前就亲自培训员工。当然，通用电气不是硅谷公司，但大多数的硅谷创业者也认为自己是培训讲师，不但培训员工，也培训客户。

在初创企业中，培训是多余的，或者只是一个战略必需品吗？许多中国企业将培训看作是一件多余且浪费金钱的事情，是一个无可避免的灾祸。大多数人认为，在技术领域培训可能是必要的，但在销售、客户服务、管理、产品研发和支持领域，培训没有任何价值，员工只需要自己积累经验就可以了。因此，大多数初创企业可能从一开始就这样看待培训。

有些初创企业甚至十分反感培训。毕竟它们资金不多，还只是非常年轻的企业。在它们看来，企业应该是制造新产品或服务而不是培训员工。任何没有用于产品研发的时间和资源等花费，都意味着企业成功的可能性降低。

在任何初创企业失败的案例中，如果它们在对员工进行培训方面花费了时间和金钱，就意味着企业失败的几率随之增加。因此，从这点来看，初创企业尤其应该避免有培训其雇员的想法。

但是，这引发了一个所有初创企业都在试图实现的深远问题：创业者是应该试图去开发一款新产品或者新服务，还是应该试图去创造一家真正足够强大的企业？这家企业能够强大到不仅能开发新产品或新服务，还能够为产品的市场和客户提供长久的、可持续的并且有价值的附加物。

事实上可以通过两种方法来发展一家初创企业。一种方法是迅速地开发一种产品或服务，这样企业就可以利用产品盈利；另一种方法是建立一个强壮的、可持续发展的企业。这两种不同的方法会让初创企业通向两种完全不同的道路。

>>> 培训还是不培训?

如果你拥有一家以产品为主的初创企业，那么你可能不想做培训，因为这确实会花费更多时间，同时会导致产品开发的时间增多。如果你是一个产品中心，就更有理由不想做培训。

如果你拥有一家以企业为中心的创业企业，你必然非常希望做培训，因为你的目标是创造一家强大的公司。这意味着你必须首先专注于自己雇员的能力开发，通过他们的能力创造出伟大的产品和一个可持续的商业模式，从而建立一家强大的公司。你和你的企业所要做的不仅包含创造一个伟大的产品，同时还要能满足用户的需求，为用户提供高质量的产品。在这样的企业环境下，每个人都希望企业是一家可持续发展的企业，以长久服务他们的客户。

在一个以企业为中心的初创企业里，创业者的主要任务是寻找和发现卓越的人，帮助他们更进一步地发挥其才能。这样一家初创企业同时也是以人才为中心的企业。这意味着培训必须成为公司管理中最核心和最重要的部分。

通常情况下，一家初创企业为某个产品或服务做准备，这不过是一个短期目标，因此，绝大多数初创企业都没有为长期建立一家伟大的企业而做好准备。因此，它很可能在没有做任何培训的情况下就制造出一个产品或服务，而且极有可能是以一个比其他方式都要低的成本完成的。

如果你专注于长期发展，那么很可能需要花费更多的资金，需要的时间可能也更长一些。但是，未来你所产出的不仅仅是一个产品或一项服务，而是一家伟大的企业。这些产品将非常注重品质，同时这个企业会以人为本。

未来将成为一家伟大公司的初创企业，从一开始就会为企业和其雇员的未来做好准备。

换言之，那些计划成为伟大企业的初创企业，应当把它们的目标看作是一个核心任务而不仅仅是生产一个好产品或服务，同时还要培养和发展公司员工的能力，这样他们生产的产品才会比其他没有这样做的企业更好。

只有通过帮助你的雇员，并将他们的才能提升至极致，他们所生产的产品和服务才有可能成为市场中的最佳产品。只有这样，企业才能获得客户的信任，以确保企业能够长期健康地生存下去。

>>> 培训什么?

假设你的企业想成为以企业为核心的公司，而不是以产品为核心的公司，应该做哪类培训？对于那些想创造长期可持续发展的企业而言，是否有一种特殊的培训？此外，谁应该真正地去实施培训？创业者是否能够从企业外部聘请一些人来做这个培训？

首先我们来讨论一下培训的种类。事实上培训分为两种，一种是特殊技能的培训，这种培训能够使你更好地应对一个具体的工作角色。另一种培训我称之为“思想层面的培训”，这种培训能够帮助你更好地理解如何工作，因此它最好与企业的长期战略相结合。从这个角度来讲，我们更应称之为教育，而非简单的培训。

对于初创企业而言，它们需要许多技能方面的培训。荒谬的是，即使许多大型企业也需要这样的培训，但它们并没有这样做。这些技能教育包括以下几点。

第一是产品设计和说明类的培训。作为企业家你需要这方面的培训，即使你还不是一家大型企业。大多数初创企业认为这并不重要，但是如果你不能够认清且清楚地定义产品说明，你自己首先就可能无法制造正确的产品，制造出的产品可能无法满足消费者的需求，同时，你也无法判断产品是否正确，而这可能会导致质量问题。因此产品设计和说明方面的教育对于大多数初创企业来说至关重要。

第二是项目管理培训。任何一个初创企业都是在制造一些新东西，因此项目管理能力非常重要。对于公司里的大多数员工来说，包括创始人和管理团队在内，可能都是第一次制造这些新产品或服务。如何管理时间、资源、渠道等问题，对于企业能否成功都是非常关键的问题。企业常常希望员工自己去学习这些知识，但这样的结果往往导致企业混乱，甚至失败。

第三是销售培训。很多企业往往希望员工不需要接受任何培训就能学会如何销售，这个观点令我非常震惊。销售是一个难度非常大的工作，而培训能够起到极大作用。在一个初创企业中，销售往往是企业生存的关键，因此这是一个必须培训的领域。

第四是财务预测培训。与成熟的企业不同，财务预测在初创企业里是一个非常有难度的工作。在一个成熟的企业中，有许多历史财务数据可以给你提示，并告诉你企业未来的财务发展方向。在初创企业里，财务是完全不确定的，因为在此之前可能完全没有类似的产品。因此对于初创企业而言，做财务预测可能要比成熟企业难很多，也同样因为这个原因，初创企业在这方面的培训比一般企业更加重要。

第五是质量保证培训。在一家初创企业里，大多数创始人和管理者更注重产品的设计而不是质量。同时，大多数管理者会把质量评价与测试混淆在一起。事实上，这两者是完全不同的。由于质量设计与如何定义产品息息相关，因此质量评价实际上是一种直接由产品规格描述所产生的行为。如果一家企业没有一个好的质量评价方法，这个企业很可能在短期内以失败而告终。

第六是测试训练。在初创企业中测试是另一项关键技能。如果产品很好，测试就不太重要。但如果产品不断地失败，或者没有达到预期功能，消费者就不会购买，企业也会随之关门大吉。拥有懂得测试方法和技能的员工，在许多初创企业中是至关重要的。产品一旦开始生产，有用户开始使用该产品，这种培训对于企业而言就成为一种必要的手段。

>>> 如何从思想上培训员工？

除非你拥有上文所提及的全部技能的员工，否则你不可能成为一家伟大的企业。关于培训你还需要有更宽广的视角。因为这意味着你必须开发企业员工的能力，让他们清楚地知道自己和企业的长期战略计划是不可分割的。如果使他们变成更有创造性的人，他们不只对公司有益，而且成为对未来他们所效力的任何一个组织的非常优秀的员工。

从思想方面教育企业员工，不仅有助于企业成为一家伟大的企业，还有利于让员工离开后有能力帮助或创造其他伟大的企业。

另外，如果你能够满足他们自身的需求去拓展其技能、能力和潜力，他们就会感觉到你的企业在照顾他们自身发展和自我实现的个人需求。

>>> 如何在思想方面培养企业员工？

我认为有以下几个方法。

第一，培养他们成为一名创业者。那些被初创企业所吸引的人往往是富有冒险精神的人。他们知道这个企业有可能失败，也清楚有时候可能得不到报酬。他们清楚地认识到未来是不可预知的，知道他们可能需要做不同的工作，而这些他们可能从未涉猎过。

为了得到学习如何成为一名创业者的机会，通常他们可能已经做好了面对以上问题的准备。当企业失败后，他们可能会离开并创建自己的公司。

因此，对于一家初创企业而言，关键是教会雇员如何成为创业者。创立一家新的企业时应该做什么？制造一个新产品还是为初创企业招聘员工？

第二，教育他们如何成为一名领导者。许多人之所以会选择加入初创企业，是因为这里能够让他们接近领导者。在大型企业中，他们往往离老板很远，很多情况下，这类老板可能从未创立过自己的公司。这些员工认为这样的老板是官僚主义者或是官员，而不是一个自己创立一家公司、一个产品，甚至是一个市场的领导者。

你的雇员可能很喜欢和你在一起，这样他们可以近距离地观察你作为一名领导者如何运营一家公司。他们希望看到一个领导者的技巧、行为举止、弱点、特征和利益，而这些在大型企业或是成熟企业中可能是他们无法接触到的。因此，你应该给他们观察这些事情的机会，同时在这些领域给予他们适当的培训。

第三，训练他们如何成为一名创新者。通常在创业企业中都有一个创新者，或者创始人就是创新者。我们都钦佩创新者，但我们周围真正的创新者屈指可数。因此能和一位真正的创新者共事并了解是什么促使他成功的，是一件非常有吸引力的事情。

这位创新者是如何获得这些想法的？他是如何实现这些想法的？当他遇到

阻碍时是如何克服的？当事情进展不顺利时他是如何应对的？

年轻的创新者需要更多有经验的创新者来引导和教育他们，而这也是一个创新企业应该扮演的角色。即使一家创业企业失败了，其中的一些创新者也能够从中学到足够的知识，以供他们在离开后创立属于自己的新公司，而这些经验可能有助于他们在未来取得成功。

第四，训练他们如何成为一名商业计划者。绝大多数雇员从未拥有过计划一项新业务的经验。即使在大公司里也未必会有这类经验，因为大公司可能并不需要员工这样做。

同样，在成熟企业里也不需要做这些。即使有些企业需要做商业计划，也仅仅是少数人参与这项工作，其他人只需要服从命令就可以了。

在一个初创企业里，你有机会参与商业计划的制订过程，并成为其中重要的一部分。因为企业很小，所以每一个员工都需要参与其中。因此，一家初创企业几乎常常会为员工提供这样的经验。做商业计划培训就是创业者工作的一部分，也是员工学习程序里重要的一部分。对于初创企业中绝大多数员工而言，无论他们从事的是什么级别的工作，这一点都非常重要。

>>> 由谁来进行培训？

对于以技能为基础的培训，你可能需要从企业外部请专家来培训员工。在有些情况下，企业里的某些人如果有合适的技能，他们就可以对其他员工进行培训。对于这一类培训，不论是由内部人员还是外部人员来完成都不重要，只要切实进行了这些培训。

但是，对于那种思想层面的培训就必须非常谨慎地对待。这种培训应该由内部人员来完成，可以是正式的，也可以是非正式的。思想层面的培训可以在正式的课堂里进行，也可以通过员工对创始人和主要领导者的观察来完成。

如果你正在建立一家伟大的企业，而不仅仅是一家产品企业，你必须要考虑进行培训。而且要考虑一种由内部人员来执行的培训。企业中所有的领导者都是培训者。事实上，他们首先是培训者，然后才是领导者。

作为领导者，创业者应当将他们的知识、经验传授给其他人，这样企业雇员也能够成为领导者。在一家伟大的企业中没有雇员只有领导者。在一家伟大的企业里每一个人都是领导者，只不过每个人都有着不同的任务和责任。

使企业变得伟大，能够让企业中的每一个人都从领导者的角度去思考，从全局为企业负责。每一个人都是企业的所有者都为企业负责，不仅能够确保企业做得好，还能够促使企业成为一家伟大的企业。

在这种环境下，每个领导者都将培训员工看作是自己的工作，始终向员工传授自己的技能和经验，这样，员工们也就有可能成为出色的创业者、发明家、领导者，最终成为伟大的培训者。

在一个伟大的企业，每一位领导者从根本上来讲都是一个培训者。

这就是让硅谷取得如此成功的一个巨大秘诀，如果中国版硅谷想要取得同样的成功，也应该做这些事。

第 11 章　什么样的人适合创业？

前些年人们刚开始用手机的时候，我曾有个朋友想开一家出租手机的公司。他的想法是在机场开展业务，我提醒他说这个项目的门槛可能太低了，但他不以为然，一心想做成这事。结果公司开张没多久，就有强大的竞争对手进入了这个领域，他的公司很快就关门了。

我这个名叫迈克尔的朋友很有激情，但是他的另外一些特点让我觉得他不适合创业：

他从没在小公司待过，全部工作经验都是关于大公司的。

他没做过财务工作，也没兴趣学习这方面的知识。

他的性格很外向。

当这些特点集中在一个人的身上时，他就不大适合创业了，我看过很多这样的人创业失败的例子，接下来我会解释其中的原因。

最近我在哈佛博客上读到了一篇有关大多数创业者所欠缺的技能的研究。根据这篇研究，创业者特别缺乏执着、计划、组织、分析的技能。我既是一名创业者，也是一位多年来致力于深入研究这一问题的专业人士，但我并不认可上述观点。

举例来说，如果一位创业者不够执着，怎么能吸引投资者和员工认可他的梦想？如果他缺少计划和组织技能，他又怎么能使事业运转起来？同时，如果缺乏分析能力，他又将如何完成设计和管理？不得不说，这个信息是完全无效的，因为这些研究都是由学院派的专家总结得出的。正如在下文中即将展示的，学院派专家往往是非常糟糕的创业者，他们并不合适去做客观评判。

如果让我总结一些有关创业的理论，我会将我的发现分为三类，也就是个性、经验和教育。那么，就用我的经验来尝试分辨哪些人能够成为成功的创业者。

你有正确的个性吗？许多不愿承担风险的人试图成为创业者，他们往往认为创业比一份常规工作更简单，也能赚更多的钱。但这种创业者往往无法成功。一个程序的遵循者，在这里我们指的是那些喜欢规则、惯例、标准、秩序和正规框架的人，也不适合成为一名创业者。拥有你自己的公司意味着变动性，每件事都在不断地发生变化，没有规则可寻，而作为一名创业者，在创业道路上很难找到可以帮助自己的同伴。

在英文中，有一个词叫做“Analysis-Paralysis”，字面意思是分析麻痹。这种人过度专注于分析事物，以至于被这种问题所困扰。这通常是那些受过高等教育或是在政府或大型企业中工作过的人常常会出现的问题。而对于一名创业者而言，这往往是致命的。有时你只需要做出快速判断，然后去执行。听从意见的人同样不适合创业。你不应该听取别人的意见吗？为什么这会成为一个问题？事实上，绝大多数创业者所做的事情风险性很大，听取普通人的意见必然不是明智之选。一个创业者应该听从他自己的直觉，如果听取这些普通人的意见，你将永远无法成为一名成功的创业者。创业者也不能太现实。对于大多数创业者，特别是那些专注于新产品或服务的创业者来说，必须非常乐观，甚至是有些不切实际。如果一名创业者过于现实，他可能永远都不会成立一家公司，即使成为创业者，失败的几率也非常大。

一个非常现实的人是永远不可能开创一些新事物的，尤其是那些有风险的事。 如果一个人习惯以团队为导向，他就很难成为一名创业者。这是另外一个奇怪的特征。难道你不想以一个团队成员的身份成为一名创业者吗？不。团队成员喜欢成为一个团队的一部分，但在这种情况下你必须听从团队，至少有时需要与之保持一致。团队总是很安全的，行事作风也非常谨慎，而一名创业者需要的是独立，不仅仅是独立于上司，也要与他身边的人保持独立。当然，创业者也要适时听取他人的意见，但不能过多地听从。那些好的聆听者以及耐心为团队做贡献的人，往往无法成为一名优秀的创业者。有自知之明和有一个商业伙伴之间有什么关联？很简单，每个人在商业、管理和创业方面都有一个主要的个性弱点。往往你对此并没有认识，或者即使你意识到自己的问题你也不知道如何去纠正和改善。如果创业者有自知之明，那么他会很清楚自己的弱点，而弥补自身弱点的最佳方式，就是找一个在这方面非常擅长的商业伙伴。

以一个产品导向型的人为例，他需要的可能是一个善于销售的外向型伙伴。但是，做出这样的选择需要高度的自我意识和成熟。拥有一个商业伙伴就像是结婚，那些拥有商业伙伴的创业者比那些单打独斗的创业者更加成功，比如谷歌、微软、甲骨文等。如果你没有商业合伙人并不意味着你肯定会失败，只是你成功的几率要相对低很多。有些人喜欢事情清晰明了，例如数学家、逻辑学者和规划者。但作为一名创业者，他所面临的一切都是不确定的，你不知道你的产品或服务是否能够满足消费者的需求，消费者是否能够及时付款（或者他是否会付款），你也不知道自己是否能够支付工资。

因此，你必须对不确定性应对自如，甚至要非常享受它。否则，作为一个创业者你会非常不开心，你将无法面对创业初期所要面对的各种基本的不确定性，无法面对没有资金、没有客户这类情况的发生。一个创业者如果对金钱非常渴望，那么就不适合成为一个创业者。难道一个成功的创业者不应该希望赚很多钱吗？不，大多情况下他们并不应该这么想。一个优秀的创业者之所以选择创业，是因为创业可以使他们独立出来，不用再为别人打工，或者远离令人沮丧的官僚作风。

你是否有错误的经验？创业者的成败与其个性有关，而经验也是一个重要因素。哪些经验会对成为一名优秀的创业者造成阻碍？在政府工作的经验可能是妨碍你成为创业者最大的阻碍因素。在政府部门工作的人，往往非常善于制定和遵守规则。当没有规则和现成的条条框框时，他们就不知道自己应该做什么和如何做了。同时，政府工作人员从来没有创立过小公司或是在小公司工作过，他们从未销售过任何东西，也从不需要赚钱来支付自己的工资，因此，他们完全缺少成为创 业者的经验。

此外，政府部门的所有事情都是由团队或集体来完成的，由于从未独立完成过工作，你可能会认为自己很优秀。但在一个创业环境里，销售、研发、财务等几乎都需要你自己独立完成。所以，只有极少数拥有政府工作经验的人能够成功创业。只有极少数拥有政府工作经验的人才能够成功创业，数量非常少。

如果你在政府部门工作，同时又想创业，那么在你即将可能犯下严重错误之前，你应该慎重地思考和权衡。如果你的职业生涯几乎都是在一个大公司里度过的话，这和在政府部门工作一样糟糕。最大的优势在于你可能参与过销售，但其他主要的劣势与在政府部门工作所引发的问题相同。如果你在小一些的企业工作过，你可能有机会成为一名创业者。这并不意味着你一定能够成功，但你是在一个非常接近于初创企业的环境中工作过。大学教授和学者往往会成为非常糟糕的创业者。首先，大学往往是政府机构，拥有许多的规章制度和行政条款。第二，学者们往往没有在真正的企业中工作过，也没有真正创建过公司。第三，他们往往是理论家，几乎从未将他们的所学运用于实践当中。第四，他们的工作是如何学习其他人创造出来的理论或内容，很少自己去创新。当然也有例外，特别是在工程学科领域。在这里，有些教授来自于工程师岗位，他们做出过产品。太过年轻也很难成为成功的创业者。根据我的公司和其他调研机构的研究表明，创业的成功几率与年龄成正比。你拥有的经验越多，你的人际圈子越大，你所在行业的知识就越丰富，也更加有智慧。创业者在他们五六十岁时的成功机会更大。那些有很多资金的创业者往往会失败，因为他们不需要自己去赚钱来开展事业。他们常常会在错误的事情上花费许多资金，例如促销、招待和包装自己。在产品研发上过度投资往往意味着缺乏纪律和管理。因此，如果你有很多钱，你可能很难创业成功，除非找一个可以约束你的合伙人。但没有存款也很难成功，因为如果没有外部投资人支持你，你就必须要有自己的积蓄。事实上，绝大多数创业者最初都无法从职业投资人那里获得资金的支持，有存款的创业者才能够支撑到企业获得投资者青睐的那一天。这可能需要几年的时间。

你是否接受了过多的教育？如果创业者拥有金融学或MBA学位是否有益？研究显示，你拥有的商业资格越多，你成为成功创业者的可能性就越小。尽管在一个大企业中，拥有高级商业资格对你可能非常有利。

然而，如果你是一名创业者，在创业的过程中没有规则可循，你的商业资格会成为一种劣势，因为它们诱使你用在大公司里的那一套行事作风来做创业环境中的工作，而这往往是完全行不通的。那么，所有高级的资格对创业者来说都是问题吗？大多数情况下是这样的，至少根据我们的研究得出的结论是这样的。但是，工程学科的学位，包括高级学位是一个例外。

我们不知道为什么会这样，但是，拥有工程学学位的人看起来对于生活有着独特的视角，因为他们所学的知识和技能就是制造真实的事物或者真实的产品。因此，如果你拥有工程（学）资格，包括硕士学位，我们认为你更有机会成为一名成功的创业者。

如果你照以上的建议去做，就能成为很好的联合创始人、合伙人或董事会成员，无论成为其中的哪个角色，你都能为建设一个伟大的中国版硅谷出一份力。

第 12 章　创业者与董事会的关系至关重要

我曾说过，企业创始人是硅谷成功的关键。公司一般都有董事会，随着公司不断发展壮大，创始人与董事会的关系会越发重要，等公司上市之后，两者的关系更是至关重要。因此，为了公司的发展，创始人必须注意维护这一关系，这也是确保硅谷商业生态有效运转的重要因素。

我曾在一家硅谷的公司担任董事，这家公司的董事长伊恩是创始人，而 CEO 安迪不是。安迪是技术型人才，伊恩是金融型人才，从表面上看，两人关系很好，很少发生矛盾。

技术出身的安迪对财务管理没有兴趣，虽然伊恩是投资银行家，但他只对公司的估值感兴趣，这就产生了一个深层次问题：两人都忽视了对公司财务状况的掌握。

后来，公司爆出了财务总监盗用公款的消息。这个故事表明，即便董事会成员关系融洽也难保公司运转不出问题，因为他们的角色没有实现互补。它还告诉我们，良好的关系包含了很多维度，即便是硅谷的企业创始人和董事会成员也容易在这个方面犯下致命的错误。

创始人 /CEO 应该如何管理董事会？董事会又该如何掌控公司的创始人 / CEO？这个答案或许对企业的成功与否至关重要。

从理论上来说，解决这两个问题非常简单。企业的创始人 /CEO 应该以下述五个特征为基础来雇用董事会成员：对企业的支持和忠诚度；独立意见；相关经验；对企业的贡献和财务能力；与 CEO 的关系。

理论上，董事会的目标是支持企业的创始人 /CEO 将企业的价值最大化，并确保 CEO 做得很好。当 CEO 达不到董事会的要求，比如不能令企业价值最大化时，董事会有权更换 CEO。

但在现实世界中往往并非如此。董事会和 CEO 之间、董事会内部之间会存在一些政治斗争。CEO 在雇用董事会成员时可能并不是因为他们的经验、专业知识或投资能力等，而是因为他们能够无条件地支持他。尽管有时董事会给出的建议是良策，但同样会令 CEO 感到威胁。

还有一种可能性也常常会发生。无论是董事会还是 CEO 都不清楚他们的角色是什么，可能两者都很年轻而缺乏经验，又或许是因为他们都是第一次担任这一角色。

这就是初创型企业的特点，但我们需要知道这些角色是什么，或者至少应该知道在成熟的企业中这些角色应该怎么做，这样才能有利于我们对如何甄选理想的 CEO 和董事会成员有一些了解。

>>> 解析两者关系

一般来说，创始人 /CEO 和董事会之间的关系分为三种。

第一种是依赖关系。在这类关系中，CEO 完全不希望董事会有独立的思想。他寻求的仅仅是董事会能够无条件通过自己的决策，因此常常会拒绝任何独立的意见，即使这些意见非常有价值。董事会成员之所以会无条件支持 CEO 是因为他们从心理上缺乏担任董事会成员的信心。

第二种是独立关系。在这类关系中，董事会成员认为他们是独立的。或许他们有自己的公司，只是因为这家公司很有前途而投资了它。这些董事会成员往往非常有经验，CEO 挑选他们是因为看中他们宝贵的经验、专业和技术，CEO 和董事会之间很可能很熟悉或者甚至完全不认识。这些董事会成员会大胆地提出意见，即使这些意见可能不受欢迎，甚至会让 CEO 感到难以接受。

第三种是相互依存的关系。在这类关系中，董事会成员不仅具有独立性和专业性，而且会支持企业和 CEO。这些董事会成员既忠诚又独立，能够保证他们给予 CEO 所需要的支持但又不盲目，而且如果有需要的话他们也愿意独当一面。

理想的董事会和 CEO 的关系是既相互依存，又半依赖半独立，但这往往非常难以实现。大多数董事会都是依赖型的，这是董事会与 CEO 之间一种不健康的关系，这种关系往往基于一些动机，例如没有安全感、自我陶醉、利己主义、贪婪等。有少数董事会是独立型的，这类董事会更倾向于满足自身需求而不是服务 CEO，这种关系往往在董事会不断地否定 CEO 的意见、直至双方无法一起顺利工作时结束，最终各奔东西。

创始人 /CEO 需要寻找一个可以与之相互依存的董事会。这需要双方都具有一定的独立性，也需要董事会对创始人忠诚。此外，董事会还需要与 CEO 沟通，因此，即使董事会和创始人之间意见不同，但双方的最终目标依然能够保持一致。

当然，大多数创始人 /CEO 试图追求一种相互依存的关系，至少从根本上是这样考虑的。而许多创始人 /CEO 导致了一种不健康的董事会关系却浑然不知，而且还错误地相信这是一种健康的、相互依存的关系。

即使创始人 /CEO 有建立健康关系的信念，许多其他因素仍将阻止这种关系的出现。因此，董事会成员和创始人 /CEO 都需要清楚地认识这些因素，这样他们才能努力地向那种相互依存的关系迈进，即使有其他的因素从中阻挠。

>>> 关系随企业发展而改变

在一家初创企业，董事会的目的是支持 CEO。然而，一旦公司从初创期进入到扩张期，事情就开始发生变化了。创始人可能是一名非常优秀的技术人员，但不一定是一名称职的 CEO，因此，在这个阶段董事会可能期待一位新的 CEO 来替代他（她），否则企业可能会面临倒闭。

不论企业处于哪个发展阶段，大部分 CEO 都希望能够保住自己的工作（也有一些创始人非常有自知之明，他们选择在适当的时候离开公司或转换在公司里的角色）。但是，随着企业的成长，董事会的目标可能会发生巨大变化，与 CEO 之间的关系也必然会随之改变。尤其是当企业进入扩张期时，董事会和 CEO 的目标常常无法达成一致。除非企业非常成功，否则董事会和创始人 / CEO 之间的关系会随着企业的成长而不断恶化。

换言之，董事会与创始人 /CEO 之间的关系在企业成立之初可能是相互依存的关系，但随着企业的发展，这种关系可能变成依赖关系或是独立关系。在这两种关系中，董事会和创始人 /CEO 将无法在一起有效地共事，双方矛盾会越来越多。

>>> 关系缘何恶化？

当一家企业最初开始运营时，总是充满了激情和乐观主义。创始人有很好的想法，而这个想法往往拥有超凡的魅力，至少是非常有说服力的，董事会成员都非常相信企业背后的概念。

但对于大多数创业者来说，这是个全新的工作，也许在此之前他们可能从未担任过 CEO。有些创业者可能是天生的领导者和管理者，也可能随着公司的发展而积累了经验，成为优秀的 CEO。

但这不过是极少数，对于大多数人而言，他们可能不是优秀的领导者或优秀的管理者，有些人可能兼而有之。经历过一段时间后，董事会逐渐发现了这个问题，而这也是双方关系开始恶化的起点。一旦董事会开始对 CEO 有这样的看法，那么，双方之间的关系必然开始向独立型关系转变，CEO 将开始失去董事会对他的信任，事情开始走向下坡路。

如果企业非常成功，这样的情况可能不会发生。即使发生了，可能也不会产生多大的影响，因为企业非常成功，每个人都乐见其成，即使 CEO 不是一个优秀的领导者或管理者。

但是，如果企业不成功或者经营不善，那么，CEO 必然就会陷入困境。大多数初创企业很难有一个漂亮的业绩，因此必然会面临这样的情况。

在这种情况下，无论是 CEO 还是董事会都希望事情能有所改变。CEO 可能希望停止那些在他看来对他的领导地位有破坏性影响的事情；董事会则可能希望强迫 CEO 多听取董事会的建议。如果 CEO 不这样做，董事会在某个阶段中可能会希望能摆脱这个 CEO，或者将他换到别的岗位上去。他们希望引入一个在他们看来更好的领导者和管理者。一旦事情发展至此，想要重新找回或建立一段相互依存的关系几乎是不可能的。

>>>CEO 的最佳方案

对于 CEO 而言，忽略那些不满的信号或抵制它们非常简单，但如果这样做，事情可能会越来越糟。当 CEO 开始发现董事会对他有所不满时，他可以做一些事情在某种程度上改善双方的关系。比如征求董事会的建议，并确保会采纳他们的一些建议；任命董事会成员中的一小部分人专注于一个项目，并给出自己的意见；任命董事会成员中的一人作为顾问，甚至是 CEO 的导师，减轻董事会和 CEO 之间关系紧张的程度；与董事会进行特别会谈，讨论 CEO 与董事会之间的关系；在召开董事会会议时，向董事会展示自己已经意识到了他们的不满和自己在某些方面的问题，向董事会寻求解决建议；寻找一位在某个领域有专业经验的非董事会成员，任命他为 CEO 和董事会的特别顾问；向董事会提出自己需要改变角色，比如只担任董事长，并任命其他人担任 CEO；或者创始人继续担任 CEO，并任命其他人担任 COO（首席运营官）；在有些初创企业中，最恰当的任命是让 CEO 担任首席技术官（同时留任董事长的职位），并任命其他人担任 CEO；任命一名外部顾问，就如何提高企业业绩向董事会提出建议。

以上这些仅是一些建议。但是，其中的一些方法可能确实有助于 CEO 形成核心策略，使他能够继续留在公司甚至是增加他的可信任度，而不是继续失去董事会的信任，最终不愉快地离开公司。

>>> 董事会的解决方案

如果创始人 /CEO 不愿接受以上的建议又该如何？这种情况常常发生，这时就取决于董事会是否采取行动。

这些行动在创始人 /CEO 拥有整个公司或公司的绝大部分的情况下产生的效果很有限。让我们假设现在的情况并非如此，董事会拥有公司的控股权，这时他们可以做出以下选择。如派出一名董事会成员与 CEO 进行一次私下交谈；建议 CEO 聘请一位教练或顾问（一个可以与 CEO 私下沟通敏感问题的人）；从董事会中选举一名成员作为代表同董事会与创始人 /CEO 沟通敏感问题；就有关问题写信与 CEO 沟通；建议定期召开全天会议，对公司未来的战略进行深入探讨；与能够和 CEO 交谈的家人或公司合伙人进行深入交流；要求增加投资，以争取对企业战略、管理方法，包括 CEO 进行调整；给 CEO 发一些与本公司目前面临的问题类似的情况报道；投票决定并引入外部顾问来评估企业的经营情况；建议选举一位董事会成员担任正式的 CEO 顾问或者 COO。

在以上所列举的适合董事会采用的解决方案中，我没有提到正式投票开除 CEO。除非必要，否则这是最坏的解决办法。在事情发展到最坏的情况前，尽量以缓和的形式解决问题才是上上之选。CEO 与董事会公开争吵是一个很严重的问题。

但如果 CEO 拥有整个公司或者拥有公司的控股权，董事会无法强迫他做自己不想做的事情时该怎么办？我认为董事会仍然可以参考上面提到的一些建议。毕竟公司的 CEO 可能是一个聪明的、有自知之明的人。只要建议是真诚的，他应该愿意听取。

董事会与 CEO 关系的黄金法则是试图达到一种相互依存的关系。如果 CEO 和董事会成员能够共同坚持这个目的，他们一定能够克服许多对企业、CEO 和董事会成员的未来产生破坏性影响的商业难题。

在公司中确保维持这种互相依存的关系，对公司发展和股东利益来说都是好事。如果中国版硅谷中的企业都能做到这一点，中国版硅谷本身也能在更高的层次上受益，这就是“1 加 1 大于 2”的道理。

第 13 章　中国需要更多的女性创业者

《纽约时报》近来刊发了一篇报道，文章的主人公、亿万富豪周群飞女士是全球瞩目的商务人士，她创办的蓝思科技（Lens Technology）是全球最大的电脑及手机屏幕生产商，为苹果公司提供了大量产品。周群飞女士年轻的时候很穷，她凭借自己的努力创办了这家公司，成为一位成功的创业女性。在中国有多少女性像她一样创办了自己的公司呢？

我还看过另一篇描写一位美国女亿万富豪的文章。这位主人公名叫伊丽莎白·霍姆斯，她在 19 岁那年成立了公司。这也是一位依靠自己的力量创办拥有全球领先技术的世界级企业的女性创始人，她创办的 Theranos 公司研发出了一种新的验血方式，这种技术被称为“芯片实验室”（lab-on-a-chip）。

我的女儿在硅谷工作和生活。最近，我让她帮我介绍一位硅谷的女性创业者，最好是最近才创业的。她认识很多硅谷人，但却没有我描述的这种人。她向一些同样在硅谷生活和工作的朋友打听是否认识这样的人，得到的答案依然是否定的。

可见，即便在美国，乃至在硅谷，女性创业者也是少而又少的。伊丽莎白·霍姆斯非常成功，但这种成功看来仅属于个案，我相信周群飞女士在中国的成功同样如此。

这并不是说女性不愿创办企业。实际上，在2011—2012年间，美国女性创办的企业数量比男性更多：女性创办了40万家公司，男性创办了20万家。女性确实比男性开办了更多的公司，但出于种种原因，公司规模都很小，其中有88%属于一人公司，年营收最多只有100万美元左右。与之相比，男性创办的公司通常会越做越大。

出现这种情况的原因可能是因为很多女性更愿意把公司开在家里，这样她们就能边工作边照顾家人，而男性就没有这类压力。因此，尽管女性可能具备创办大企业的水平和能力，也不会真的去那么做，因为她们把家庭和孩子放在第一位。

在美国，女性创办公司的数量比男性更多有一个特殊原因：为了鼓励女性创业，联邦政府有一个特殊的采购规则，会针对女性和少数族裔运营的公司给予优惠。因此，事实上很多由女性创办的公司背后还是男性在发挥作用，女性打头阵只是为了更方便地获得政府订单。结果就像许多法律一样，这项政策并没有发挥预期效果。尽管初衷是鼓励女性开办公司，但它实际上已经蜕化成为大公司向联邦政府出售产品时获得优惠待遇的旁门左道。所以就目前来看，美国这项唯一用来鼓励女性创业的政策事实上是失败的。

如今女性的平均结婚年龄越来越晚，按理说这可能导致更多的女性投入更大的精力去创办能逐渐发展壮大的科技公司，但实际情况并非如此。因此引出了这样一个问题：为了改变这个局面，我们能做些什么呢？

>>> 女性创业的必要性

为什么说鼓励女性创业是件重要的事呢？抛开那些感性的理由不谈，先让我们来看看女性创办的公司越多越好的客观原因吧。

对一个国家来说，拥有世界领先科技的公司越多，国家的全球竞争力就越强，未来人民安居乐业的基础也就更牢靠。很显然，单单依靠男性来创办公司是无法实现这一点的。有更多的女性参与创业，就会有更多的新公司来帮助国家实现经济增长，提升国际竞争力。

还有一点就是，放眼世界各国，接受高等教育女性的比重都高于男性。包括中国和美国在内，如今大学生中 60% 是女性，40% 是男性，毕业生的比例也是如此。科学、工程和医学以往是男性的传统领地，如今这一局面也有了改观。如今在美国，学医的女性数量已经超过了男性，科学领域同样如此。虽然学习工程的女性还是没有男性多，但如今也在迎头赶上。

很多新技术的研发有赖于接受过高等教育的人，如此一来，接受高等教育、获得高级学位的女性数量的增长，就成为更多女性投身创业的重要原因之一。伊丽莎白•霍姆斯和周群飞创办高科技企业，就是建立在她们提升自身水平的基础之上的。

>>> 女性人生阶段的特点

女性的人生阶段与男性是截然不同的，对大多数女性来说，她们的人生阶段是以自己有无孩子来划分的，具体来说，分为“怀孕生子前”“养育孩子中”“孩子长大后”这么三个阶段。因此，要有效地激励女性获得成功，首先要知道她们在人生每个阶段中是如何看待成功的。

1. 在“怀孕生子前”这个阶段，女性尚未肩负起养育孩子的责任。对于有成家生子规划的女性来说，要促使她们创业，你得让她们相信创业与结婚生子之间不存在冲突。在这个阶段，大多数女性从未想过创业这回事，因此她们首先需要鼓励，要引导她们接触这一领域。学习科学技术相关专业的女性是最重要的人群，当然，学习其他专业的女性同样可以。这些女性通常还是青少年，最多是二十出头的年纪，要鼓励她们创业，就要制订正确的计划来对症下药。

2. 对大多数女性来说，在“养育孩子中”这个阶段是不大可能创业的，因为此时她们对孩子和家庭负有很大的责任。在这一时期，除了照顾孩子，女性还要照顾丈夫，照看双方父母的负担也越来越重。此时要鼓励她们创业，你得就此拿出一些有针对性的举措，以便能够非常有效地帮助这些女性创业者解除后顾之忧。

3. “孩子长大后”这个阶段也可被称为“空巢期”，就我的经验，很多优秀的女性创业者和女性企业家就是在这一时期发展起来的。有时候，她们选择创业是因为离开职场太久，自己原本掌握的技能落后于时代的需要以至于找不到工作了。在这个时期，孩子已经长大离家，但女性还需要照顾夫妻双方的父母。所以，要鼓励这个阶段的女性创业，你还得帮她们想一个事业、家庭能够两全的法子。

当然，因为她们脱离社会的时间已经比较长，你还得帮助她们提升相应的技能和信心。还有一个问题是，这些女性的家人可能不支持她们创业，一方面是因为不相信她们有这个能力，另一方面是因为担心她们会因此疏于照顾家人。

总之，要鼓励这一人生阶段的女性创业，就得帮她们克服这些困难。

>>> 女性创业建议

就本质而言，企业创始人是一些意志坚强、有勇气的人。在此，我想针对女性的不同人生阶段给出一些建议，以帮助女性创业者克服前进道路上遇到的困难。

1. 怀孕生子前

假设处于这一人生阶段并且有创业念头的女性是 20 多岁并且即将大学毕业，我给出的建议包括：

学习创业知识 在大学或是在网上学习与创业有关的课程。

参与创业实践 到初创企业或是孵化器去实习或是找一份正式工作，通过实践获取创业经验。

学习销售技巧 可以参加国际演讲会（Toastmasters International）或是类似的组织，在那里不但可以学到很多年轻人缺乏的沟通技巧，还有助于增强自信，这也是很多年轻女性需要弥补的。

与亲人做好沟通 与家人谈话，告诉他们你的职业目标是创业，以此获取他们的支持，尤其是要与他们商量好，一旦在创办公司过程中生了孩子，他们能够帮你照看。

寻觅一位合作伙伴 有研究表明，合伙创业的成功率要比单打独斗高，所以你需要找一位合作伙伴。

2. 养育孩子中

让家人帮忙照顾孩子 这是在上一阶段就与家人谈好的事。

在工作中照顾孩子 当你为自己的公司融资的时候，应该让投资人知道你需要一个在工作时照顾孩子的帮手。如果你加入了一个孵化器，可以要求管理者提供一间育儿室。

合作伙伴 在上一阶段找好的合作伙伴该出场了，这能帮你分担创业压力。

职权对应 作为企业创始人，你不要担任 CEO。可以外聘一位 CEO，自己出任 CTO；如果有创业伙伴，可以让对方担任 CEO，这两种选择都能为你减轻不少压力。

3. 孩子长大后

与老友们恢复联系 向开公司的老友们讨教创业之道。

去创业公司实习或是正式工作。

参加国际演讲会 去那里提高自己的销售能力，增强自信。

寻找一位合作伙伴 此时的合作伙伴可以是你的孩子、爱人或老友。如果合作伙伴是你的同龄人，对方就能理解你在创业的同时照顾年迈父母的需求。

>>> 第二部分

创建有革新力的公司

第 14 章　在市场变局前未雨绸缪

我曾有一个从事金融服务软件开发的客户，他的产品本身很好，但问题是缺乏独创性，实际上是市面上已有的一个产品的改良版。当我向公司创始人指出这一点的时候，他表示这不是问题，因为他的产品很有价格竞争力，而且功能比此前市面上已有的那个产品更好，这么物美价廉的产品不愁销路。

你猜后来怎么着？有一天我们从报纸上看到一个消息：一家新的创业公司开发出了全新的同类产品，与之相比，我这位客户开发的产品以及他效仿的那个产品全过时了，此时他的产品再怎么物美价廉也无济于事了。人家的新产品打开了一个全新的市场，此前他坚持的想法都落了空。

对此，我这位客户当然是感到非常震惊。其实他的遭遇在很多公司和创始人身上都发生过，这告诉我们，不能满足于开发出了一个更好的产品，你还得假设竞争对手可能随时会开发出比它更好的产品。同时，你也需要让自己的公司有能力随时开发出让自己感到震惊的新产品。

与从前相比，如今的世界具有越来越多的不确定性。我们该如何适应这样一个世界呢？需要让自己变得更激进或更谨慎吗？更激进的结果可能是欲速则不达，更谨慎则可能失去很多机遇，甚至将企业的发展逼上绝路。那么，究竟如何是好呢？

>>> 来自地理大发现和太空探索的启示

回首过去，几千年来，勇敢的人们一直在努力探索世界。那些探索充满危险，因为没有地图，你不知道自己下一步将到达哪里，甚至不知道地球的形状，也不知道自己会不会一直走到天尽头然后坠入万丈深渊。在探索的路上，你会遇到很多猛兽，会遭遇凶险的风暴，也会面对断粮断水的问题。即便不是大多数，但很多探险者走上的确实是一条不归路，他们再也没能活着回到家乡。虽然如此，人类在探索之路上仍然前仆后继，即便他们明知其中充满艰险，甚至可能付出生命的代价。

如今，人类探索的疆界已经拓展到太空。把人送上火星的计划已提上日程，虽然以目前的技术，这将是一趟有去无回的旅程，但仍然有成千上万的人期望能参与这一探索活动。

毫无疑问，有一天人类将涉足更多的星球。那些星球与地球的距离大到难以想象，探索的过程必然危机四伏。但未来的人们依然会无比豪迈地驾驶星际飞船开始旅程，哪怕从此再也不能回到地球，再也不能见到自己的亲朋。

为何人类会做出这等举动？是什么样的内在力量驱使着我们去探索未知，哪怕连失去生命也在所不惜？通常来说，想尽办法求生是人的本能。真的有什么事物具有令人难以抗拒的魅力，能让人将生死置之度外，心甘情愿地去做那些看上去愚蠢而且非常危险的事吗？

人类对探索本身有着无尽的追求，哪怕探索的结果可能是一无所获。我们探索是出于以下目的：

1. 我们可能会发现一些有用的东西，它们能帮人类将自身的发展延续下去；

2. 我们可能会发现一些目前看来用处不大的东西，但放眼未来，这些东西可能会很有用；

3. 即便空手而归，但我们依然能从这个探索的过程中收获宝贵的经验。这些平时无法获得的经验恰恰能帮助我们克服平时遇到的种种困难；

4. 我们希望能遭遇此前从来不曾经历的挑战；

5. 探索能让我们更有自知之明，能更清楚地看到自己的长处和不足，并在发挥长处、弥补不足的过程中完善自己，造福他人；

6. 我们能找到一些帮到他人的方式方法，哪怕这些方式方法毫不利己；

7. 我们想成为第一个吃螃蟹的人；

8. 我们希望了解自己不熟悉的事物，看看其他地方、其他的人、其他的生活。即便这种了解没有直接的用处，但我们希望能借此充实完善自己的知识结构，并对以后的日子有所助益；

9. 即便探索的新事物确实毫无用处，但我们就是好奇，就是想知道；

10. 我们想向他人展示自己的勇气和好奇心。

而另一方面，勇于探索确有一些明白无误的益处：

1. 如果不勇于探索，就不能成为自己所在领域中发现新事物的第一人，而成为此类“第一人”通常具有重要价值；

2. 如果不经常探索，就很容易沦为最后一个获知新事物的人。如果你是商界人士，这种局面会非常不利，将对你的公司以后的发展或是你个人的职业生涯产生致命威胁；

3. 具有探索精神的企业往往都是行业中的佼佼者，而且具有很强的盈利能力；

4. 多探索恐怕好过少探索；

5. 大量的探索行动最终会无功而返，但这不等于我们付出的努力是白费力气。

开拓和探索有助于我们更好地应对不确定性，它让我们懂得应如何保持进取精神以发现新事物。同时，当我们冒进的时候，它能及时做出警示从而让我们变得更谨慎一些。当我们探索的时候，我们会一直努力尝试如何能在现有条件下做得更好，并学会及时做出改变以避免失败的厄运。

显然，具有开拓精神应当是企业应当具备的素质之一。对个人来说同样如此，这有助于我们提高自身的职业潜能并拥有更好的职业表现，甚至还可能促使一个人开始创业。

>>> 如何创建开拓创新型企业?

要建立一家具有开拓创新精神的企业，必须专注于以下五个方面：

1. 鼓励开拓创新行为；

2. 培养开拓创新能力；

3. 鼓励员工发展开拓创新精神；

4. 鼓励客户发扬开拓创新精神；

5. 知道如何找到并进一步培养企业中的开拓创新型人才。

在员工中鼓励开拓创新行为，是企业的要务，以下是几种实施方法：

交换位置，增进员工间的互动：为什么不经常变换一下员工的办公位置呢？这样能鼓励员工与平时彼此不大说话的同事多交流。和以前不熟悉的同事多接触，大家或许能共同挖掘出一些新主意、新视角以及实现工作目标的新途径、新方法。

颠覆等级制度：为什么不取消高管和经理们独立的办公室呢？让部分甚至全部企业管理人员和基层员工在同一个空间工作，他们彼此交流会更容易。硅谷的很多高科技公司就是这样做的，企业的高级管理者能够借此了解到基层员工的真实想法。

做些尝试：为什么不要求你公司的某些部门制订出正式的开拓创新计划呢？比如产品开发计划。为什么不准备一笔开拓创新行为预算呢？这种预算与研发预算不是一回事，因为两者努力的方向截然不同。

引进一些局外人：如果是一家国有企业，可以考虑引进一些来自私营企业的人才，反之亦然。同样，也可以考虑为企业引进一些来自其他国家的人才，此举能为企业带来截然不同的视角和崭新的开拓创新渠道。

让挑战老板变得更容易：最佳创意往往来自基层员工，但这些人通常没有将自己的想法直接告知老板的勇气，因为他们觉得这样做不礼貌。据我了解，这种心态是中国文化的一部分，但如果中国的企业想像许多西方企业那样拥有开拓创新文化，并有能力去开发新的产品和服务，就必须做出改变。为此，你应当建立具有开拓创新精神的企业文化，让基层员工明白，以某种尊重有礼的方式向老板表达不同意见是没有问题的。如果一个公司决定做出这种改变，就应当开展面向公司所有人的培训，以此向大家展示如何通过富有成效和合作性的方式实现这种转变。这种做法的好处在于，它不会挫伤任何人的情绪，也不会引发管理方面的问题。

善于利用不同的资质：企业应该去挖掘这样一些人才——他们具有企业所处行业一般不要求具备的资质。美国运通公司一款非常重要的新产品——亲情卡，其创意就是来自一个没有金融专业背景而是拥有人类音乐学博士学位的员工，他的优势在于能从与众不同的角度去思考问题。所以，作为企业管理者，你应当要么雇用一些具有独特资质和职业技能员工，要么鼓励现有的员工去学习一些新技能，并给他们学习新技能的时间。当然，如果你想把这些学会了新技能的员工留住的话，你或许还应当向他们提供学习经费贷款。这样一来，当他们学成之后想跳槽时，首先不得不掂量一下还钱的压力。

不惧怕失败：过去，许多探索者都没有找到他们想找的东西，很多人甚至在探索的过程中丢掉了性命，但他们的探索给后来者提供了有价值的参考，让后人懂得如何克服遇到的障碍和困难，如何找到解决问题更好的方式。企业应当具备这样一种态度：即便开拓创新失败了，但虽败犹荣（至少应当以这种态度来看待第一次失败）。在美国的商业文化中，最具有积极意义的一条就是：只要行为诚实，不坑人骗人，创业失败了也不必感觉丢脸。事实上，企业家创业失败后不气馁的精神在美国是非常受人尊敬的，这也是值得许多中国企业效仿的态度。

>>> 激发员工的创新能力

以下是一些可以用于在企业中培养和激发开拓创新能力的措施，包括：

创新：对企业而言，一个比较容易采用的有益开拓创新的方式是偶尔把队伍拉到外地去开个研讨会，这样能有助于大家产生一些有创意的好点子。这种做法的重点在于让大家离开公司这个环境，否则他们会陷于公司的事务性工作难以自拔。也就是说，要让员工们脱离日常工作环境，鼓励他们跳出条条框框去思考问题。

建立多样性：为企业引入不同类型的员工，有助于培养企业的开拓创新文化。前面已经谈到可以雇用一些外国人，那么是不是还可以考虑雇用一些残障人士，甚至雇用一些性取向与众不同的人呢？雇用一些比大多数员工更年长或更年轻的人怎么样？邀请一些 15 岁以下的青少年参加产品设计规划会议怎么样？让一些看上去与大多数员工截然不同的人参与产品的规划设计过程，很可能获得非常有价值的突破。

情景规划：你有没有想过如何应对不同的局面？有没有开展过商业模拟？这是培养企业开拓创新能力的另一条重要渠道。在美国，有专门提供商业模拟服务的企业，它们能帮助你的企业找到更合适的发展方式，并检验不同状况下参与者的反应。

任务冒险：在美国，这通常被称为“拓展训练”。企业会组织10—20名员工参加探险活动，比如长达几天的漂流活动，每天需要露营过夜，必须自己动手做饭。这是发现团队以及个人长处和短板的好机会，也可以借此衡量公司的开拓创新能力。

开展培训活动：何不提供一些学习机会作为员工福利呢？可以考虑开展一些能提供不同类型知识技能培训的活动，比如出钱让销售人员去上会计课程，以此拓宽他的业务视野。公司还可以从大学、非营利性组织、政府部门或是其他公司中请些专业人士来讲课，他们会带来不同的想法，或许这些想法对你的企业恰恰至关重要。

工作轮岗：有时候，让员工到他从未去过的业务部门轮岗是非常有益的做法。例如，可以让会计部门的员工去销售部工作一段时间，或者把负责产品的员工暂调到财务部。通常轮岗员工对新部门的业务一无所知，而这正是轮岗的目的——他们将不得不尝试新事物，并且从新的角度来看问题。同时，他们也会为自己加入的新部门带去新视角。关于这个策略，还有另外一个实施方法——把员工或管理者借调到另外一个企业工作，甚至借调到非营利性组织或政府部门去。作为回报，你的公司也能得到来自其他机构的管理者。这是打破工作心理定势的另一个方法，同时还能为企业带来一些新的资讯。对那些已经在某个岗位上待了很长时间的高级经理或主管来说，这种轮岗方式很有意义，因为他们已经厌倦了长期从事同一类工作，甚至早已因此疲惫不堪。

设定挑战性目标：这种“具有挑战性的目标”是指对挑战者来说很难达到的工作业绩指标。它可以是一个经济指标或是产品计划方面的指标，也可以是一个发掘解决问题新途径的目标。制定挑战性目标任务的目的在于，通过这种“知其不可为而为之”的努力尝试，让参与者的智力水平和心理素质得到有效提升。即便参与者最终没有完成挑战性目标任务，但他也在精神层面经受了考验并获得了一定程度的提高。经历这些之后，他们已在一定程度上脱胎换骨，这有助于他们在未来的工作中更好地开拓并保持开拓的习惯。

>>> 鼓励客户发扬开拓精神

企业的客户是企业最重要的利益相关者，没有客户就没有生意。而对于有志于树立开拓探索精神的企业来说，想方设法让客户参与企业建设是非常重要的。

设立挖掘客户开拓创新精神的岗位：企业中可以设立一个叫作“客户开拓”的新岗位。这不是一个市场营销类岗位，其职责是与各种类型的客户保持联系，了解他们看待世界的方式，了解公司的产品和服务是如何帮到他们的，了解他们自己还有哪些想法和需求。这个岗位就像一个专题小组，而两者的不同之处在于，专题小组大多是临时组织，而这是一个长期岗位。该岗位的另一个职责是，挖掘出那些具有开拓创新精神的客户。找到这样的客户之后，企业就可以从这些客户身上寻找启示，从而判断自己应当从哪些方面深化开拓创新。这一做法将显著地提升企业这方面的能力。

利用社交媒体：如今人们越来越离不开社交媒体，而社交媒体也是识别客户的有用方式。通过来自社交媒体的信息，企业可以判断哪些客户具有开拓创新精神，并有意识地与这些客户在这些方面开展合作，这有助于企业变得更加具有开创性。

邀请具有开拓创新精神的客户深度参与企业事务：具有开拓创新精神的客户完全可以为企业所用，这是企业拓展开创性的良好途径。如何让这类客户发挥战略性价值呢？或许可以考虑聘请他们成为企业事务的志愿者，或许可以在彼此之间建立一个关于公司事务和产品发展评价的长效反馈机制，或者，请他们直接加盟企业如何？

>>> 找到并进一步培养企业中的开拓创新型人才

各国都有富于开拓创新精神的企业家代表，他们为自己创办的企业也赋予了这种精神。在中国，阿里巴巴的马云就是典型的代表，美国的此类代表是特斯拉电动车公司的创办者埃隆•马斯克（实际上他来自南非）和 eBay 的创始人皮埃尔•奥米迪亚（其实他来自法国），英国的代表则是维珍航空的创始人理查•布兰森。

大多数富于开创精神的人都曾有过离职经历，原因在于这些优秀的人才并没有得到其供职企业的赏识。于是他们选择离开，并创办了自己的企业。

作为企业的管理者，你的职责就是在自己的企业中找到这类人才并帮助他们在企业中实现成长。然后你就可以利用他们非凡的能力，将企业建设成为极具开拓创新精神的企业。

这里提出的一些建议，希望能够帮助你在建设一家具有开拓创新精神的企业的过程中确立合理的行为方式，培育相应的能力，找到相应的人才。这些有助于你合理应对不确定性，并将其转化成为自身优势。

在市场发生惊天变局之前着手去做吧！

第 15 章 用灵活的企业文化保持公司活力

我曾在一家获得投资的新创软件公司工作，公司位于波士顿地区—— 一个人称“东海岸硅谷”的地方。当时这家公司聘用了一位新 CEO，就叫他戴维吧。戴维以前是做销售的，经验丰富，为人很好，也很聪明，开朗外向，积极乐观。但他也有一些销售人员具有的通病：不重视产品本身，不重运营，忽视财务管理，没有长远战略。

结果，他来公司几个月之后产品部门就崩溃了，财务人员也提出了抗议。因为他没有提出产品和运营的规划，其他部门的运转也是一团糟。那时候公司的财务数据非常难看，为了向投资人掩盖事实，他还使用了一些手段来粉饰数据。

当然，投资人后来识破了他的花招并把他开除了，结果我成了新一任 CEO。公司为此付出的代价是浪费了一年宝贵时间，也浪费了投资人的不少钱。我们从中得到的教训是，即便是一家拥有好产品的成功企业，也可能由于在管理上缺乏建设性和协调性而遭遇成长的危机。后来我们的公司回到了正轨，但要是不走这段弯路的话，本来还能发展得更好。

对于创业者来说，他们能从此事中获得哪些借鉴呢？

公司是一个组成复杂的组织，内部包括很多各自运转的部门。不同的部门，其行为、利益和目标各不相同，如果它们彼此间过于独立，公司最终将难以为继；如果不允许各个部门有一些独立性，其主动性和积极性又将遭到抑制，公司的发展前景同样不妙。

对于公司的管理者来说，应当如何调节不同部门间的利益和行为，以使其能够通力合作，从而团结一致地实现公司的整体目标和使命呢？尤其是，管理者该如何化解不同部门间不可避免地存在的利益冲突呢？

>>> 四个领域四种文化

审视各家公司不难发现，一般每家公司都有四个组成部分，它们分别履行着以下四项职能：销售和营销、产品开发、运营和质量控制、财务。当然，在不同的公司里，这些职能的分类和组合可能有所不同，但大的职能领域不外乎就这四个。

这四个职能领域有着不同的目标，每个领域都需要不同的技能组合、行为方式和思维方式来配套。有时候，不同职能领域中的人甚至连相貌体格和衣着风格都有所不同。

四种文化主导着四个职能领域的运转，这不仅体现在专业方面，也体现在人际交往中。每个职能领域的团队往往会视其他职能团队为竞争对手，还可能感到这些对手对自己不大友好。换句话说，四个职能领域通常有不同的文化。于是，在绝大多数公司里，存在着四种截然不同的文化。

有统计表明，公司的 CEO 大多出身于销售、运营、产品和财务这四个主要的业务领域。当然，也有些 CEO 来自其他领域，比如偶尔会有法务部门的人士得到晋升从而执掌整个公司，但绝大多数情况下，CEO 还是来自这四个主要领域。

正如下面将要谈到的，虽然实际并非必然如此，但通常来说，公司文化的类型是由 CEO 的专业经历和背景主导的。也就是说，如果 CEO 之前在销售领域的经历较多，那销售文化就会成为这家公司文化的主体。同样，如果他或她拥有在产品、运营或财务方面的丰富经历和背景，公司也会产生与之相对应的职能文化。而结果是，大多数公司的企业文化会以这四种文化中的某一个为主导。

>>> 互不买账的四种文化

下面让我们来看看，分别由上述四种职能文化主导的公司，它们各自有哪些显著特色。

销售文化：在这样的公司里，销售被视为最重要的事。销售人员经常看不起产品人员，甚至对从事产品开发和质量管控的员工怀有轻蔑态度，觉得他们是在浪费时间。

对销售人员来说，最重要的通常是赚钱，而不是注重客户利益，或者着重于帮助客户及本公司实现可持续发展。销售人员有时会将自己明知不合适的产品卖给客户，因为在以销售业绩为导向的薪酬激励政策下，即使可能有损客户利益的销售行为也能得到奖励。但从长远来看，这不利于公司的声誉和未来发展。

在销售文化中，最重要的财务指标是营业收入而不是利润，更不是毛利。而毛利其实很重要，如果不重视这个指标，就无法对产品的附加值做出考量，也无从得知客户对此的看法。

在销售文化中，销售行为本身通常比收款或客户付现款更重要。由此可能导致的结果是，公司的应收账款数额巨大，但其中相当一部分无法收回。所以，在销售气息浓厚的企业文化背景下，公司的真实销售业绩是值得怀疑的，其利润也可能比账面显示的低得多。

产品文化：这种文化与销售文化完全不同，而且在很多方面与后者截然相反。在产品文化中，重点是给产品添加更多的功能和特色，即便客户并不需要这些。

在这种文化里，“销售”往往被视为一个肮脏的词汇。销售人员经常被人瞧不起，他们的工作似乎低人一等，技术研发和产品开发人员才是公司里地位最高的人。

在客户这边，他们的需求无人倾听，因为他们被看作是不知道自己真正需要什么的人，似乎公司的产品研发人员比客户自己更了解他们的实际需求。通常公司会在产品研发方面投入巨大，但这种努力并不被市场接受。

在这种文化里，产品研发人员总是沉浸在不切实际的产品设计构思中。他们的想法从商业角度看行不通，但即使营销人员告诉他们这样的产品并不是客户想要的，他们还是会一意孤行，哪怕这样做会威胁到公司的生存，而且这种事经常发生。

运营和质量控制文化：在这种文化中，运营效率以及产品或服务的质量才是公司追求的重要目标。

这种文化通常由工程师主导，他们追求的是不惜代价地提高产品质量，而不管其设定的质量目标是不是高得离谱。在这个类型的文化中，销售人员的形象是负面的，因为他们经常言而无信，并试图把没有得到质量管控人员首肯的产品推销出去。在这种文化中，企业管理者对产品质量的重视甚至连客户都会觉得有些过头。

秉持这种文化的群体主张将现有产品的质量推向极致，而不重视产品创新。他们认为在创新方面投入精力会损害他们最看重的产品质量和性能。在运营和质量控制人员的主导下，公司很少甚至根本没有创新活动，而且对新产品研发和加强市场营销的规划抱有成见，因为这些活动都会被认为背离了公司的产品质量导向。

财务文化：这种文化主要关注两类事物：首先是成本，目标就是尽可能压缩成本；其次是规程，目标是确保事事都按章而行，即便有时候规章本身制定得并不合理。

财务文化与销售人员完全不相容，因为后者被视为不懂成本控制、花钱大手大脚的人，同时他们还不爱遵守规章制度，行事过于随性，而财务文化本身是非常严谨的，容不得玩笑。财务文化也看不惯产品文化，因为后者技术至上的理念被视为过于脱离财务现实，不利于压缩成本和提高短期盈利能力。

秉持财务文化的群体往往对产品本身一知半解，正是由于不了解，他们更倾向于压制后者。此外，财务文化认为产品管理人员在成本控制方面做得不够，因为他们总想把钱花在产品功能的改进方面，而这种努力能达到的最佳效果也就是锦上添花而已。

财务文化一般还很反对企业战略，因为战略涉及大视野和长远考虑，而财务文化一般更看重短期效果，它认为大视野和长远考虑会让企业陷入财务困境。

>>> 文化冲突的后果

公司文化的来源有两个：一是来源于 CEO，二是来源于公司的发展史和成立背景。在第二种情况下，公司会聘用一位与其历史和背景相符的 CEO。一般来说，小公司的文化遵从第一个来源，而大公司的文化遵从第二个来源。当然，凡事也都会有例外。

当公司文化由 CEO 决定时，决定的依据几乎总是他或她的特定专业背景。有销售背景的 CEO 会在公司里推行销售文化，有产品背景的 CEO 会倡导产品文化，有财务或运营背景的 CEO 也是同理。

每家公司内部都存在矛盾冲突，很多时候，冲突的产生根源就是上述四种不同的文化。虽然从理论上说，产生这四种文化的职能部门的大目标是一致的，也就是要实现公司的成功发展，但它们各自的工作背景和具体目标毕竟还是很不相同的。

当公司的文化明显过度集中于四种文化之一时，不被局外人所知的公司内部冲突会变得更多。当偏重某一种文化的 CEO 确立相应职能部门在公司中的优势地位时，其他三个部门的员工会感到愤愤不平，他们会把大量时间和精力用在跟公司主流文化对着干上，但他们会做得很巧妙，不会轻易被人察觉。

当一种文化在公司中占据主导后，其他三个不受重视的职能部门的活力和发展动力将趋于下降，这会导致公司面临销售、运营、财务或产品问题。每个部门都会说问题是他人造成的，四个部门之间的冲突将由此加剧，而公司整体面对的麻烦也会因此变得更大。

在最坏的情况下，这种冲突的连锁反应可能导致公司倒闭。不过更有可能的是，CEO 不会放任这些问题，他会使用坚决手段去对付那些与他偏好的文化背道而驰的人。在这种情况下，那些公司主流文化的反对者会离开公司。一方面，这会降低冲突的烈度，但另一方面，这也会导致公司各部门间的力量失衡，从而容易在经营绩效方面产生更大的问题。

>>> 如何减少文化冲突?

为了减少公司内部的文化冲突，CEO、董事会和公司管理层各自需要做如下一些事情：

1. 聘用一位具有多职能领域工作经验——例如，同时拥有销售、运营或者财务、产品部门工作经验——的 CEO，这会好过那些把全部职业生涯都放在一个领域的 CEO。

2. CEO 应当采取一定措施，确保自己不会不恰当地偏重于一种文化而忽视了其他几个。当然，出于短期绩效的考虑，有时候可能会因为一个好的商业理由而将企业资源更多集中于某一个职能领域，但在长期中，CEO 对每种文化的注意力应当保持相对均衡。

3. 为这四个职能部门聘用或者提拔管理者时，要力图选择那些在不同职能领域中都有工作经验的人。这样的人更知道如何实现不同文化的均衡，以此促进公司顺利发展。

4. 在公司内部设置至少一个有四个职能领域代表共同参加的管理委员会，在这个机构中，大家的地位平等。

5. CEO 和公司其他管理者的言行所传达出的信息应当是，他们会对四个职能领域做到一碗水端平；他们不应偏向任何一个领域，还应积极劝导手下员工不特别倾向或反对任何一个领域；公司高管应当总是倡导公司利益高于某个职能领域利益的理念；他们还应当用实际行动来证明自己确实秉持这一理念。

6. 对员工和高管进行交叉培训，比如说在开展销售培训的过程中，邀请产品、运营和财务部门的同事参加。让他们看到销售职能的重要性，并借此机会使他们从公司发展大局的高度更好地理解销售的重要性。

7. 调派员工到他没有工作经验的职能领域工作。例如，调一个财务部门的员工去销售部门，让他在那里积累 6 个月的销售工作经验。

8. 对某一个职能领域的管理工作展开研讨时，邀请其他领域的代表参与。

9. 在对公司的整体发展战略展开研讨时，邀请所有职能领域的人员参加，并确保每个领域的地位同等重要。

10. 定期轮流向四个职能领域传递信息，对其做出的成绩表示赞赏，以此显示正是由于该部门的持续努力，才使公司取得了良好绩效。

11. 公司管理者应该利用一切场合和时机，通过自己的言行，对四个职能领域内全体成员具备的经验和技能表达敬意。

对创始人来说，做到以上这些很重要。它能让公司上下在压力面前依然保持良好的协作关系。创始人的作用不只是消除企业中经常会出现的内部争斗，还应当团结众人一起为了公司的主要发展目标努力奋斗。

做到以上几点的话，公司的神经会变得更为机敏，应对各种挑战的速度和效率都将大大增加。这会让你的企业运转得更加有效率，即便在困境中也能高速成长。当然，这对打造中国版硅谷也是大有裨益的。

第 16 章　合适的领导风格可实现公司爆发式增长

当你着手创办一家公司的时候，可能以前从没有过创业和领导企业运营的经历，这时你可能会对自己的领导风格不大有信心，或者觉得自己根本谈不上有什么领导风格。不过，即便不知道解决方法，也不妨碍你提出正确的问题。

如果你的公司正在快速扩张，为公司确定一个合适的领导风格就显得更加重要。在领导公司运营的过程中，如何让你的个性发挥积极作用？带领公司迎接什么样的机遇，进入什么样的市场？用什么样的方式管理员工？

在本章中，让我们通过一些硅谷企业的例子来研究这些问题，看看这些企业是如何解决这个问题的，中国的创业者可以从他们的经验中得到一些收益。

>>> 强势抑或宽容？

CEO 应当采用怎样的领导和管理风格呢？这是一家新晋公司要面对的首要

问题之一。一般来说，领导风格分为两类：强势型与温和型。强势型领导的特点是目标明确，纪律严明，务实，注重结果，集权式管理。宽容型领导的特点是开放式管理，分权，具有探索性，注重激发员工天生的创造力。这是两种截然不同的管理风格，无所谓哪种好哪种不好。你只要知道这两种风格适用于不同的公司和市场环境就可以了。

需要指出的是，这两种领导风格并不构成创新型公司与非创新型公司间的分野，它们都能被应用于这两类公司，至于具体采用哪一种，主要取决于 CEO 和企业创始人的想法。

在一家创新型公司里，强势型和宽容型领导风格都有用武之地；即便是一家比如主打大客户服务的非创新型公司，这两种风格也都同样适用。关键是你得明确地知道自己公司的发展目标，并了解这两种领导风格各自是如何服务于这个目标的。

在此，让我们以苹果和谷歌这两家著名的公司为例，来看看强势型与温和型领导风格是如何在现实中运用的。苹果公司是运用强势型领导风格的典型，而谷歌是宽容型领导风格的典型，但正如我们所知，这两家高度重视创新且领导风格截然不同的公司都在各自的创新领域取得了成功。

在分析苹果公司领导风格的时候，我们讨论的是乔布斯时代的苹果。因为在新任 CEO 蒂姆•库克的领导下，苹果公司与以往相比已大相径庭，研究如今的苹果公司已经是另外一个话题了。

在乔布斯的领导下，苹果公司是一家纪律严明的企业。乔布斯是一位结果导向型企业家，同时也是一个非常严苛的老板，经常对下属提出不公平、不合理的要求，有时甚至很粗鲁。不管你如何评价他的领导风格，他的风格确实取得了很好的实效。他手下的人不得不让自己随时保持最佳的工作状态，实际上，他们常常因此有超水平发挥，而这恰恰正中乔布斯的下怀。

乔布斯掌控苹果公司时，这家公司的权力高度集中，旁人提出的任何计划、想法都必须在得到他的批准后才能实施。这种集权管理有效地统一了公司上下的思想和行动，由此，苹果公司才研发出一系列可靠性和兼容性均属一流的产品。在苹果公司，乔布斯一个人说了算，每一项工作的细节都必须得到他的认可，这使得苹果公司的产品质量和服务水平能够在全球各地保持高度一致。

有些员工可能不喜欢这种领导风格，认为这会限制自己创造力的发挥。像这样的员工在苹果公司是没有发展前途的，因为这家公司无意培养个别员工的创造力，而是致力于通过提供统一的产品和服务来创造一致的客户体验。

强势型领导非常重视成本控制，这种领导风格追求的目标之一是创造高额乃至超额的利润，这意味着产品的高价值将转化为高价格和高毛利。为了追求利润最大化，强势型领导会将生产成本降到最低，哪怕这将挤压供应商们的利润空间。所以，强势的领导风格并不仅仅针对自己企业的员工，还会影响到商业生态链上的销售商和供应商。深受生产企业这种高度集权管理影响的销售商和供应商，是无法按照自己的意愿开展业务的。

再来看看谷歌的领导风格。谷歌总是强调自己非常注重员工创造力和发展机遇的提升，所以长期以来谷歌都允许员工在为公司工作的同时另起炉灶。谷歌的员工每周最少可以拿出半天的时间来做自己个人的项目，公司对此不予干涉。显然，这种事在乔布斯治下的苹果公司是绝不可能出现的。

苹果公司追求的是包括苹果电脑、iPhone、iPad 等电子设备在内的一个产品系列。而谷歌追求的是产品的多样化，所以很难采用大一统的思维方式与行事原则。除了搜索引擎这个核心产品之外，谷歌已陆续研发出安卓系统、谷歌眼镜、电子邮件、地图与导航、超高速宽带服务、互联网气球、无人驾驶汽车等产品。这家公司统一的产品线甚至没有产品配套计划，它推出的是一系列涉及领域广泛的产品，其中的一部分将获得成功，但大部分都会像信息及社交网络服务 Google Wave 那样走向失败。

退一步讲，即便谷歌有统一的产品线，它也不会像苹果公司那样，将硬件、软件和服务牢牢掌控在自己手里。安卓系统就是这样一个例子，虽然它是谷歌公司研发的，但在实际应用过程中，不同的经销商能够根据自家产品的需要对其进行修改，结果是市场上出现了多种多样的安卓设备。谷歌的这种举措最大限度地迎合了不同用户的不同需求，但同时也产生一个问题：多样的安卓系统造成用户体验很不一致，有些体验的效果令人失望。

谷歌产品是开源的，而苹果产品不是，这是两家公司产品的显著差异。另外，两家公司对自身专利产品采取的市场策略也是不同的，前者允许他人申请专利授权，而后者完全不允许。

虽然这两家公司在对待员工和对待产品的方式上有着如此巨大的差异，但它们都获得了巨大的成功。苹果公司富可敌国，利润率高得惊人，谷歌的情况也大致如此，其搜索引擎的获利能力同样令人印象深刻。

谷歌公司的企业文化不像苹果公司那样无情，但它同样希求获取最大利润。耐人寻味的是，虽然谷歌不像苹果那样一切以绩效为考量的中心，但它也达成了自己理想的经营目标。实际上，谷歌常常走向另一个极端：投入大量人力和财力去研发一些还完全看不到盈利可能的新项目。如此说来，与苹果公司相比，承受风险在谷歌的企业文化中占有更大的比重。

>>> 风格取决于历史

在一定程度上，苹果与谷歌经营风格的差异源于其不同的发展历史。史蒂夫·乔布斯在取得最终的成功之前曾经历了多次失败。

虽然乔布斯是苹果公司的创始人，但曾由于主导开发的产品市场反应冷淡而惨遭公司董事会解雇。他被赶出苹果公司后成立的 NeXT 电脑公司和皮克斯动画公司也都曾走过一段坎坷的发展道路，当他重返苹果公司后才获得了最终的成功。

初创苹果公司时，以及后来创办 NeXT 电脑公司和皮克斯动画公司时，乔布斯开展了一系列创新性尝试，但最终都以失败告终。他的强势领导风格很可能源于这些失败经历，因为他明白，管理涣散，忽视成本控制，或是在缺乏有效管控的情况下同时推进多个项目都会导致失败。

与苹果公司相反，谷歌在推出第一款产品——搜索引擎之后立刻一炮而红。这家公司的创始人在创业之初就获得了成功，他们没有被解雇的经历并在公司上市后赚了很多钱。与此同时，他们还让员工自主地开展项目试验。成功来得非常迅速，没有任何失败经历，这个过程中，公司的管理相对宽松并启动了许多高投入的项目，但其中的很多项目都未获成功。

谷歌从自身的经验出发，认为宽松的企业管理风格行之有效，没必要去改变它。所以，当我们审视一个企业采取的领导风格时，有必要考察企业创始人的经历背景。

>>> 风格取决于个性

企业创始人的个性和行为习惯也会深深地影响其领导风格。

谷歌的创始人拉里·佩奇和谢尔盖·布林与乔布斯的个性完全不同。乔布斯很难与人达成共识，而前面这两位非常崇尚团结合作，哪怕他们各自都有能力做出良好的决断。乔布斯完全不是一个利他主义者，而谷歌创始人则完全相反。后者从大学教育经历中获得了良好的分析能力，而乔布斯毫不掩饰对正统学习和专业教育工作者的反感，他喜欢凭直觉行动。

在其他方面，这三个人却很相似：都高度重视创新，对客户的新需求都有着高度的观察力。但他们是以不同的方式追求着自己的创新事业。总之，乔布斯是指挥官型的领导，而谷歌的创始人是协作型领导。

>>> 两种风格的哲学基础

强势型领导风格与宽容型领导风格的差异是有其哲学基础的。强势型领导唯成功是瞻，他们基本上不信任他人，并试图通过约束他人的行为来降低人们做出错误决定的几率。如果你的企业拥有具有远见并且强势的创始人，就可以通过采用这种管理风格来取得成功。

宽容型领导认为，允许员工更多地尝试创新和经历失败对企业发展来说是一件好事，因为启动足够多的项目能有更多机会让成功的项目对冲那些由失败造成的损失。宽容型领导乐于信任他人，并给予他们更大的空间去做自己想做的事。

当然，这两种领导风格都有其弊端。强势型领导风格往往对员工限制过多，致使他们最终不得不离开公司，去别处实现自己的抱负。人们往往憎恶这种高度集权的领导风格，因为它不允许他们成长，至少是不允许他们按照自己想要的方式成长。而宽容型领导风格会导致高成本和更多的失败，这将加大公司关张的风险。但值得一提的是，这两种领导风格有一个重要的共同点，至少我们能从谷歌和苹果看到这种共同点：它们有非常酷的一方面。最聪明的人、最有创意的人都想进入这两家公司工作，因为它们追求的事业都非常酷，非常令人兴奋。如果你曾在谷歌或苹果工作，这一经历将使你受益终生，因为人们会因你曾在一个令人兴奋和充满创意的地方工作而对你刮目相看。

从这个角度讲，对于新创公司或正在成长期的公司来说，采用哪种领导风格并不是最重要的，最重要的是你的公司是否真正追求卓越。

>>> 你当何去何从？

现在我们要回到本文开头提出的问题。创业时你应该采取强势的还是宽容的领导风格呢？以下是在你做出决定前需要考虑的几个问题：

1. 你是什么性格的人？什么样的工作环境让你觉得最舒服？

2. 哪种领导风格最有可能导致你创业失败？是过于信任他人的宽容风格还

是会迫使手下员工与你分道扬镳的强势风格？

3. 你过去有过因为采取强势或是宽容的领导风格而失败的经历吗？当时要是你采取了另一种领导风格结果会怎样？

4. 你准备如何让公司具备那些酷的基因？采取哪种领导风格更有利于实现这一点？

5. 你的产品以及面对的市场是什么样的？它们适应哪一种领导风格？有同类公司的经历能为你提供相关经验参考吗？

6. 你的人生目标是什么？是赚足够多的钱还是帮他人实现理想？你唯一在意的或者说主要在意的是金钱还是个人综合潜能的提升？

最后请记住，本章内容是试图为你正在实现爆炸性增长的公司提供一个领导的框架性建议，这种选择不是唯一的。而且，管理风格也不是要么严苛要么温和，这两个极端之间有很多合适的结合点，也许这些点会是你更好的选择。不过，上面提到的所谓严苛和温和，至少给你提供了一个评价选择的参考标准。

给你的公司确定一个最适合的领导风格，不但有益于你和你的公司，对于创建一个更加成功的类似于硅谷那样的科技集群也是大有好处的。

第 17 章　读 MBA 是否有助于提高创业水平？

在写这一章的时候，我发现了一个有些奇怪的情况：我试图从自己认识的创业者中找出一个有 MBA 学位的人，结果发现一个都没有。

多年来我结识的创业者中，有不少人有其他学位，也有很多人没有学位，但就是没有拥有 MBA 学位的。当我进一步考虑这个问题时才发现，我认识的那些有 MBA 学位的人都去大公司工作了。我猜他们从没打算过自己创办一家公司，一直的愿望都是进大公司工作。

那么，MBA 学位对创业这事有帮助吗？要知道，从无到有地创办一家公司并为其建章立制，与参与管理一家已经存在而且规章明确的公司是完全不同的。拥有 MBA 学位对于管理一家正在实现爆炸性增长的公司，或者挽救一家濒临倒闭的公司是否有用呢？它在中国版硅谷这种环境中又能发挥多大作用？下面我们就来分析一下这些问题。

如今无论在中国、美国还是欧洲，很多往届和应届的大学毕业生都有意攻读 MBA 学位。MBA 证书被视为致富道路上的通行证，它可以让人成为企业高管甚至首席执行官，它还被视为进入那些薪酬水平和事业前景都属一流的公司的门票。那么，这些想法靠谱吗？

>>> MBA 学位的优势和劣势

MBA 学位带来的绝佳优势包括：

1. 通晓商业知识，明白估值、市场营销、资本成本和金融等不同环节彼此是如何联系在一起的；

2. 获得金融、市场营销和管理类的专业知识；

3. 从教授们那里学习世界一流大公司的运作方式；

4. 在校友间建立人脉关系，从中找到一些可能日后对自己有帮助的人。

但 MBA 学位也会给学子们带来一些他们闻所未闻但的确值得注意的劣势，主要包括：

1. 教授们教的都是如何管理大公司，而不是如何经营小公司；

2. 教授如何在一家发展成熟的公司里工作，而不是教你怎么去创业；

3. 你在课堂上学到的那些知识在大公司中几乎没有用武之地，在管理小公司或自主创业过程中更用不上；

4. 你学到的是技能而不是行为方式，而后者才是具备领导才能的关键因素，即便你掌握了一些管理学知识，但在实战中还是不知道如何领导团队；

5. 你在学校学习的是财务管理而不是创新创业，以至于搞不清财务素养与商业智慧的区别。MBA 毕业生因此会犯下的致命错误，我们已经透过美国的金融危机看到了。

那么，该不该去读 MBA 呢？以下这些分析和建议可供你参考。

>>> 你想在什么样规模的公司工作，或者想自己创业？

你的理想生活是什么样的？当然，你可能不知道，但有些人知道。即使你以前不知道，但当你找工作时，就应该想想自己真正想要一个什么样的工作环境。你想在大公司工作还是在小公司工作，或者想自己经营公司？选择不同，需要考虑的东西也是不同的。

如果你想在大公司工作，攻读 MBA 可能是明智之选。它能让你掌握在大公司中通行的纪律和常识，会教你大公司的管理文化以及它们思考问题的方式。你还能学到许多在大公司中生存的秘诀，比如如何获得提升。

但如果你想把这些知识用在小公司的职场上，那可不是什么正确选择。商学院教你的那些知识和技能很难甚至完全不可能用来管理小公司。因为在大公司里你只是团队的一部分，只参与部分决策；而在小公司里，你往往要完全靠自己做决策。当然，如果你已经把自己的小生意发展成大公司，MBA 学位还是有用的，但这种情况并不多见。

在大公司里，每个人都有自己的特定角色和履行的职责。如果你身处市场营销部门，就不必去做财务和产品类的工作，所以你不会想到要去成为一个处事灵活的多面手。但是在小公司，你可能必须承担多种工作，这会形成一种完全不同的心理模式。从大公司跳槽到小公司的人，往往正是因为这个原因导致事业发展不顺。

要是原本在大公司工作的你想自己创业，情况会比跳槽到小公司更糟。在大公司工作必须遵守公司规定，就像军人必须遵守部队条例一样。在这种情况下，你已经习惯了事事都要唯上司的马首是瞻。而这种习惯对创业来说是致命的，因为创业者通常都不按常理出牌，他们会按自己的想法自行其是。如果由于某种原因你不得不离开大公司自己创业，这两种行为习惯之间的巨大落差很可能导致你创业失败。

在大公司工作和自己创业差别巨大，你很可能因此失败。当然，并非没人能跨过这道槛儿，有个别天赋异禀者能成功，但你很可能不是他们中的一员。

>>> 你想做老板、高管还是职员？

另一个大问题在于，你是想当老板、当高级经理人还是仅仅只想做一个职员呢？年轻的时候你可能会说你就想做 CEO，除此之外别无他想，但大多数人都当不上 CEO，而且即便能当上也干不长。

就算你是 CEO，你也不是企业的主人，老板另有其人。做企业高管（包括 CEO）与做企业老板差异巨大，不同角色的心理状态完全不同。作为老板，你是在为自己工作，所以会很在乎自己正在做的事。而作为一名高管，你可能在乎也可能并不在乎，而且就算你在乎，在乎的程度大抵也赶不上老板。

作为老板，你必须亲自解决很多棘手的问题，但与此同时，你也能做自己的主并且能挣到更多钱（虽然真能赚大钱的老板并不多）。很多人之所以选择做老板，通常是因为他们更看重独立性，这样他们就不必像那些大公司里的人一样循规蹈矩。当老板的另一个好处是不会遭到解雇，而身为职员，哪怕是高管甚至 CEO，都有可能被解雇。老板还能自作主张，不受公司中他人的左右。

当然，作为老板，企业经营失败也就意味着失业。所以你得好好想想自己究竟想成为哪个角色。大多数想当老板的人都不愿意当职员，尤其在大公司里当职员。对这样的人来说，攻读 MBA 学位只是在浪费时间。

当然，大多数人并不认为做职员是自己人生中的理想状态，社会舆论让人们觉得做老板或高管才是最佳选择。但对你来说这通常不是最佳之选，因为也许你不喜欢承担责任，或者也许你已经成家，照顾孩子占去了你的大部分时间，已无暇他顾。在这些情况下，攻读 MBA 学位都在是浪费时间，有那工夫你还不如研究一下如何装修房子。

>>> 做个发明家、操作员或工匠怎么样？

很有可能你既不想当老板、高管，也不想当职员，因为觉得这些角色或职位都很无趣。比如很多 IT 专业出身的人就不愿意当经理人，因为他们喜欢编程，不喜欢承担高管和老板们要承担的那些职责，他们既不想为支付账单而操心，也不想管理那些桀骜不驯的员工。

像这类人一般会成为发明家、操作工或工匠。那些成为工匠的人，他有可能真是喜欢动手制作家具或珠宝这类东西；操作工是指那些操作机器的人，有些人可能会觉得这工作很枯燥，但也有人喜欢做这些事，要么是因为他们喜欢做这种一成不变的工作,要么是他们想把更多精力留给自己的家庭或业余爱好。也许他们业余时间在当地篮球队做教练，而且把大部分个人精力都放在了这上面。这是一种于社会有益的状态，对于做出如此选择而不是立志成为一名前途远大的企业高管的人，我们应当给予充分的尊重。

有些人会在拿到 MBA 学位后才发现，他们其实更想成为一个发明家、操作工或是匠人。我就认识一些拥有 MBA 或博士学位的人，他们厌烦了大公司的工作，也不想创业，就想当一个自己动手制售物件的工匠。他们只是出于喜欢才做这种工作，不但能以此赚钱谋生，而且能保持独立性，还不会被解雇。像这样的人，就应该去技校或设计学校学习，而不是考商学院。

>>> 听说过“事业天花板”吗？

山峰，如你所知，是山的最高处。身为 MBA 毕业生，大多数人都会把成为 CEO 作为自己事业的顶级目标。当然，绝大多数人都无法实现这个目标。

他们中的很多人还是能成为企业高管，但这也就算做到极限了，他们在事业上不可能更进一步。这种现象在美国十分普遍，在中国也越来越常见。这类人在公司里已经没有更好的事业前景，因为下面的那些职位比较低的年轻人，比他们更聪明能干，要求的报酬更低，这有利于降低公司成本。

随着年龄渐长，许多高管都会面临事业的“天花板”。年轻时他们并不会考虑这个问题，因为那时他们根本意识不到这一点。但当你有了 MBA 学位和丰富的大企业工作经验后，面对“事业天花板”时该怎么办呢？其他公司也不想聘用你，它们想用那些更年轻能干的人，他们还有发展空间。此时，MBA 学位也帮不了你。

>>> 学个别的专业怎么样？

如何成为一名出色的企业管理者呢？如果你想自己创业或是做点小生意，“创业学”这个专业更适合你。我不知道中国的大学里是否开设了这类课程，而美国的很多大学都有。因为它们意识到，对于那些不想在大公司里工作或是想自己开公司的人来说，攻读这种学位是更好的选择。

美国社会非常重视创新和自主创业，虽然多数人与此无关，但也有很多人会选择创业，其中有些人挣了大钱并成为行业中的佼佼者。这种事同样会发生在中国，但也可能不那么容易。中国正在大力倡导自主创新，创业学学位能让你为之贡献更多，从而帮助国家更有效地与美国竞争。

不过，创业学虽有用，也大可不必囿于此。如果你想创办一个创新型小企业，何必非要去攻读创业学呢？何不去读一个纳米科学的学位或是读一个两年的医疗设备专业之后就去创业呢？即便根本不读学位也行啊！

在美国，有一个鼓励某些年轻人离开大学去创业的项目。在该项目中，著名的创新者、贝宝公司（Paypal）的联合创始人皮特·泰尔，为达到一定条件的愿意休学创业的大学生提供经济资助。而很多著名公司的创始人，比如史蒂夫·乔布斯，以及谷歌公司的创建者们，都没有 MBA 学位，他们中的很多人甚至都没上过大学。

在美国，这种项目正在得到发展。其支持者认为，对某些人——当然不是大多数人，更不是所有人——来说，与其去读一个学位（包括 MBA）还不如直接找份工作或是自己创业，因为这类人必须在实践中才能学习。这个主张的理由是，与进各类学校学习相比，有些人在现实的工作实践中能学得更快更好。对这些人来说，到大学里听那些从来没有创业或开公司经历的教授讲课纯属浪费时间，因为他们只是以一个旁观者的角度研究如何办公司，并没有实践经验。

>>> 究竟何去何从？

以上说了这么多，并不意味着 MBA 学位毫无价值。有时候，它非常有用、价值非凡，它能帮助你在职业生涯中有所成就。但同时你必须牢记，MBA 课程的研究对象是大公司，尤其是上市公司。如果你的兴趣不在于此，那对你而言 MBA 学位可能就没什么用了。而且一般来说，如果你真想学习如何管理大公司，自己看些书或学个在线课程同样能达到目的，大学并不是唯一的和最好的学习渠道。

对多数情况下的多数人来说，MBA 学位并不那么有用。读还是不读，还是要三思后再决定。主要是你得先明确自己的生活目标，然后才能做出真正正确的决定。

一个人的想法和观点会随着年龄和阅历的增加而发生变化，正如前文所说，除了读 MBA，生活中还有各种各样的方向可以选择，而且这些其他的方向可能更适合你。即便你立志当一名优秀的职业经理人，除了读 MBA，也还有很多更加行之有效的办法助你成功。

在美国硅谷，有 MBA 学位的人通常是找不到工作的。有计算机专业学位的人，有其他专业学位和奇思妙想的人，没上过大学但是足够聪明并有创新精神的人，才适合在硅谷找工作或自己创业。

我估计中国的情况也差不多，中国版硅谷也会更看重人的创新性，而不是首先看他有什么学位。在这个环境中，商科学位其实是不利于求职的，因为人们会认为你头脑中有了太多固化的知识，在面对看似不可能完成的任务和需要白手起家的时候，会缺乏足够的灵敏度。

第 18 章 输也要输得漂亮

我很喜欢吃冰激凌，尤其是一份包含多种口味的冰激凌，因此非常钟爱“本杰瑞”（Ben & Jerry’s）这个冰激凌品牌。可能你对这个牌子感到陌生，它是美国第二大冰激凌制造商，在美国家喻户晓，但这个成就并不能归功于它的创始人。

虽然本杰瑞的产品很出色，但人们普遍认为这家公司的营销做得很差。部分原因在于本和杰瑞这两位创始人都是做产品出身的，在市场营销方面是外行。而且这两位进入这个行业也不是为了发财，他们都是那种乐于造福社会的人。他们向慈善机构捐赠了大量产品，由此带来的问题是，慈善机构很喜欢他们，但公司股东很讨厌他们。

后来本和杰瑞把公司管理交给了外聘的职业经理人，在依然不见太大起色的情况下，他们卖掉了公司。到此时为止，公司虽然运营得不是太好，但也没有倒闭。为什么我对这个案例特别感兴趣呢？毕竟它的经营谈不上出色，也没有为股东以及本和杰瑞赚到太多的钱。原因就在于，虽然用传统的标准衡量，本和杰瑞是失败的，但他们的心态很开放，也非常有自知之明，不会试图掩盖自己的错误和失败。他们的这种心态和做法能让自己学到很多东西，换句话说，他们虽败犹荣。

当你创办新公司的时候，不能抱着必胜无疑的念头，因为很多创业公司都倒闭了。万一创业失败了，从失败中吸取教训就是了，也就是说，输也要输得漂亮。

以前我写过不少文章来谈如何成功创办一家企业的问题，但有时候，甚至是大多数时候，创办企业难免会遭遇失败。作为公司创始人兼 CEO，当你游走在失败的边缘时该如何是好呢？

首先，我们要厘清一下“失败”的内涵。失败可以分为好坏两种：“好的”失败是指你竭尽了全力也没能让公司活下来，但从失败中学到了东西；“坏的”失败是指你创办公司的努力没有得到相应回报，也没能从中学到任何东西。

如果你正面临一次“坏的”失败，我实在爱莫能助，但如果你遇到的是一个“好的”失败，那就读读本文吧。其中会谈到一些导致失败的原因，能让你学会应对各种失利情况，最后还会花一些篇幅来讨论如何从“好的”失败中获得转机，可能会给你较大的帮助。

我们先来谈谈那种迫在眉睫的失败，意思是说不是公司开始面临危机或仅仅是某个项目没做成，而是已经到了生死存亡的关头，比如，可能下周就得被迫关门。

本文主要讨论企业的两种生存危机，一是财务危机，二是行为方面的危机。这两种危机都会让公司难以为继，此时，你应该如何应对呢？

首先，不能恐慌，虽然这是一种正常的反应。面对如此糟糕的情况，怎么能做到不恐慌呢？很重要的一个选择是：暂时放下手头的这些麻烦，做点其他事换换脑子。当然，这确实说起来容易做起来难。我给你的建议是可以花些时间在你的兴趣爱好上，或是去运动几个小时，喜欢做什么就做什么，比如爬山、健走、跳舞等。

我这个建议看起来有些站着说话不腰疼，但实际并非如此，因为其中自有深意——你必须让自己的大脑休息一段时间，停止思考有关失败的问题。这样一来，在面对必须解决的那些麻烦的时候才不会感觉困惑。当你让自己的大脑去想其他的事，或是从事一些与公司业务无关的体育活动时，大脑会开始自动梳理问题的头绪。在这个过程中，它会清除所有你没必要关注的非紧急事件，从而全身心地投入到那些必须解决的最重要的事情上。

实际上，进入这种梳理模式的时候，你已经走上了解决问题的正轨，即合理思维。这时，你的大脑可以集中精力思考一些有针对性的解决方案，而不是被那些毫无意义的忧虑填满。

进入梳理模式之后，首先要弄清楚的是企业遇到了哪一类问题。前面说过，真正危及企业生存的，只有财务问题和行为问题这两种，而这两种问题的解决方法截然不同。因此，你首先需要识别自己遭遇问题的类型，然后分门别类地加以解决。但有的时候，财务问题也属于行为问题，那应该如何正确区分呢？

如果企业的管理活动本身没什么问题，而且即使公司快倒闭了，你还能很好地掌控公司，那企业遇到的就是财务问题。也就是说，由于产品、销售、竞争对手或其他原因，导致公司无法维持基本运转，而且资金很快就要见底。这种情况下，是错误的产品、错误的销售方式，或是强有力的竞争对手导致了企业面临危机。这个问题确实很棘手，但解决起来要比化解行为问题导致的危机要容易得多。

如果企业存在管理行为方面的问题，情况就完全不同了。这方面的问题包括公司内部的派系之争、合伙人之间的矛盾，以及员工出于对公司管理层的不信任而离职等等。企业主可能反过来会认为员工并没有在工作中投入足够的努力，但这确实属于管理者的行为问题。身为老板却没有处理好这样的情况，责任在老板而不在员工。

>>> 如何化解财务危机？

当企业的资金链即将或是已经断裂的时候该怎么办？

首先，要聘用一位业务能力极强的会计师，而且这个人必须是你欣赏并且信任的。绝不要任用想借助欺骗手段掩盖企业财务问题的会计，当然，大多数会计人员都不是这样的人。除此之外，你聘用的会计师还要对你非常坦诚，否则你就难以了解企业财务状况的真相，这显然无益于问题的解决。不要把宝贵的时间浪费在试图粉饰太平的人身上，这样感情用事是不可能解决问题的。

其次，必须遣散企业用不着的员工，哪怕对方是你的朋友、家人或者其他你非常喜爱和信任的人，若做不到这一点你就无法解决眼下的难题。但做这事是需要技巧的，不要打电话或是发电子邮件通知员工被解雇的消息，你得单独跟每一个即将被辞退的人谈谈，开诚布公地向他们解释企业的困难。如果你这样做，他们会因你的坦诚而更加尊重和信任你；如果不这样做，他们会记恨于心并在企业最需要帮助的时候出来捣乱。

第三，联系所有债权人，诚实地告知他们企业面临的困境。不要试图掩盖实情，因为不管怎样他们还是会猜到的。为了自己的信誉着想，你应该告诉他们全部事实，并告诉他们，如果宽限一些时日，他们还有可能拿回部分欠款，如果没有耐心等就很可能什么都得不到。如果你坦率地告诉债权人自己犯了经营方面的错误，他们很可能会给你时间扭转危局，没准儿还会试着帮你。反之，要是你对他们撒谎，告诉他们你会还钱的，他们就不会再相信你并可能落井下石，这对你来说显然将造成更大的伤害。这事你也要亲自去找他们面谈，不要通过电话或电邮说，否则他们可能会认为你在试图隐瞒些什么。

第四，如果你有客户，应该联系他们告之企业现状。最主要应当让他们知道的是，你可能无法再与他们开展业务合作，而且不想隐瞒这一点，这样做有助于你更好地应对目前的困境。不过，当你准备这么做时，更好的方式是找一个可能会以某种形式帮助你的客户。也许对方会考虑买下你的公司或是公司的部分资产，哪怕出价不高也好；也许对方会给你提供一笔贷款帮你走出困境，因为他们不想失去你这个产品来源，他们甚至有可能通过购买你公司其他产品的方式来帮你维持下去。与前面两种情况一样，你需要登门去面对面地解释实情，让他们看到你的诚意，这样他们才会考虑帮助你。如果在电话里说这些事，他们很有可能会觉得你不够真诚，在这种情况下，他们可能会继续追债甚至到法院去起诉你。

>>> 行为危机的应对之道

行为导致的企业生存危机是指由 CEO 的行为导致公司经营失败或破产的情

况，通常存在合作关系破裂、管理团队分裂等情况，或者是企业的核心成员不再为公司创始人暨 CEO 工作。

行为危机总是更难处理，因为对一个企业的创办人暨 CEO 来说，要承认自己的行为存在问题很不容易，即使这个问题已经显而易见。对企业创始人暨 CEO 来说，要化解这个问题其实也不难，基本原则是，即便不相信自己有任何行为上的过错，也不妨让自己相信他们可能是对的；即便你认为他们不对，也可以让他们觉得自己可能是对的。只要做到这一点，很快便可大事化小。具体来说，可以采取以下措施：

第一步是，CEO 应当拉开自己与眼下问题的距离，这需要 CEO 指派一两个人来代理他的工作。这样一来，与 CEO 起冲突的人就不必直接面对他，而是与代理人沟通工作。

这种解决问题的关键在于 CEO 要任命一个自己很信任的人，而这个人还要被其他员工所信任。还有很重要的一点是，这个代理人必须获得一个正式任命的头衔，以便让公司里的每个人都知道他现在能够当家做主。通常的做法是 CEO 任命一个自己信任的人担任 COO，既然这个 COO 也是其他员工信任的人，那么对 CEO 心怀不满的员工也会认为自己能从这个获得正式任命的人那里得到支持，而不必还要去找 CEO 请示。

在这种情况下，公司是由 COO 做决策，而 CEO 附议。公司会议都由 COO 主持，CEO 只是参会者之一。此时，包括董事局会议在内的各种场合中，各方能够通过 COO 展开对话，这有助于和平解决分歧，同时也能为 CEO 挽回一些面子。

以上这个解决方案，是以公司创始人暨 CEO 不离开公司为前提的。因为若他想离职，问题就会有另外的解决方法。在公司创始人暨CEO不离职的情况下，还需要做下面这件事。

最重要的是要聘请一位行为和管理方面的专家，为公司创办人暨CEO提供一些改变行为方式的建议，以便换一种方式来管理公司。CEO很可能不愿意这么做，但如果他确实想保住自己的位置，最终会采纳这个方案的。除了给CEO提建议之外，这位行为管理专家还要跟公司中的其他人谈话，就公司存在的问题征询他们的看法，并告诉他们，CEO会为了让公司走出困境而努力改善自己的行为，这能让反对CEO行为的人感觉舒服很多。

聘请行为管理专家有两个意义：一是切实帮助CEO改变其行为方式；二是具有象征意义。CEO或COO可以因此告诉公司中的其他人，CEO已经认识到自己的行为存在过错，并真心地想解决问题，因此才外聘了一位行为管理专家，有了专家的指导，他将来一定能成为一名更好的企业管理者。如果公司高层能将这样的信息传递出去，很快就会收到成效，企业的危机能迅速得到化解。在很多此类案例中，问题涉及的各方都会因此放松下来，因为他们看到了CEO解决问题的诚意。

如果CEO决定了采用这个方案，就要持之以恒地听取专家的建议，如果半途而废，员工们会认为CEO缺乏足够的诚意，企业危机便会重燃。通常来说，CEO需要在几个月甚至更长的时间里持续听取行为管理专家的建议，自己的行为方式才会真正地发生改变。我认为，CEO至少应该在一年的时间里每个月与行为管理专家见一次面。

上面这些事做完之后，还有另一件事需要做——CEO在董事局会议或员工大会上公开承认自己曾经有过不正确的管理行为，但已经在采取措施解决这个问题。这样，企业面临的这场行为危机就会得到化解，只要CEO不重蹈覆辙就没有问题。

>>> “好的”失败是成功之母

在企业发生财务危机或行为危机的时候，若 CEO 没有按照上述建议行事并导致了企业经营失败，这就属于“坏的”失败，因为 CEO 没能及时恰当地应对问题，也没有从失败中学到任何东西。

如果 CEO 依上述建议而行甚至做得更多，最终还是失败了，这属于“好的”失败。我认为，这并不是真正的失败，而只是公司在创业中遇到的一个非常普通的问题。采取了恰当的应对方式之后虽然并未及时解决困难，但这些做法会成为前车之鉴，让 CEO 在未来更为恰当地应对企业的生存危机。遭遇逆境是提升领导能力和技巧的好机会，能化解逆境的 CEO，不但头脑相当敏捷，而且具有高度的自省能力，这样的人今后必将成为更加优秀的企业领导者。

创业有成有败，无论成败，只要能让自己有所进步就好。在硅谷，“失败”也是创业者的勋章，因为毕竟他尝试过了。要是他能再开始新的创业就更好了，因为这一次他有了更多的经验。

总而言之，失败是一个健康的技术生态体系的重要组成部分。如果你能做到输得漂亮，就会在这个生态体系中居于更有利的位置。中国版硅谷在这方面也要多想想，只有这样才有可能击败美国的竞争对手。

>>> 第三部分

如何让员工更具创业精神

第 19 章　员工持股利己利他

你知道吗？ 2004 年谷歌公司上市的时候，有超过 900 名谷歌员工瞬间成了百万富翁，超过 220 名持有期权的员工因公司 IPO 而获得的财富总量更超出了他们自己的想象。没错，他们是雇员，但他们也是企业的主人，他们正是因为拥有企业的所有权而致富的。

我有一个名叫乔治的朋友，他以前在一家中等规模的公司里做程序员。他的专业技术很棒，但不是特别敬业，过着朝九晚五的白领生活。有一天他突然决定创业，投身到了纽约的数字娱乐产业中。然后他就像变了个人，开始没日没夜地工作。他的太太原本是一个工作轻松的公务员，加入他的创业公司之后也迅速变身，经常通宵加班。这种事我以前还真是没见过。

那时候股市发展得不错，他们的梦想是未来通过公司上市一夜暴富。为了实现梦想，他们投入了全部身家，受他们这种作风巨变的感染，我也投了些钱。

但公司很快就不行了，于是他们又去上班，回到朝九晚五的轨道上，对待工作的态度也和以前一样，是能少干就少干。显然，他们对待工作的态度与是否拥有公司所有权是紧密挂钩的——给别人打工时得过且过，给自己工作时激情澎湃。为了克服这个问题，硅谷公司的通常做法是给员工分配股权，这能让员工感觉自己是企业的主人。

>>> 多重意义

硅谷公司分配的股权有多种形式，包括股票、期权、限制性股票、影子股票、员工股票期权计划等。这些形式间存在很大的技术差异，但激励员工发挥主人翁精神的效果是相同的。同时，员工还可以和公司谈，可以通过降低薪酬标准的方式换取更多股权。早期创业公司的财力通常都比较有限，这种付酬方式能够节约公司的现金流。这些都是硅谷创业之道的一部分。

其中显然存在一个规律——想让员工付出更多劳动，公司就得付出更多股权。当通过股权与公司绑在同一辆战车上之后，员工们就会开足马力工作，因为这样做就有望实现公司与个人的共同富裕。

不过，给员工分配股票或期权只是一个开始，正如下文我要分析的，这一激励措施能将公司的发展前景推上新的台阶。而且，这种做法不但有益于本公司和员工，从长远看，还可以造福于全社会乃至全人类。

意义之一：发挥主人翁精神

分配股权是一个有力的激励手段，员工会突然发现，如果公司发展顺利的话，自己的生活至少能达到小康水平，这种水涨船高的关系能够有效地改变员工的行为方式。

分得股权的员工会转而用老板的视角思考问题，他不再像以前那样总盼着增加员工福利，他甚至会希望降低福利标准以增加公司盈利，因为公司的利润高了，股价也会更高。出于同样的理由，他也会乐于放弃奖金。总之，这时员工的表现有点儿像是企业的投资人和老板。硅谷企业应该让每个员工都成为公司的股东，因为这是硅谷如此成功的最大秘密之一。

另一个推动硅谷成功的秘诀是，要按照员工贡献的大小而不是职务的高低来分配股权。哪怕职位最低的员工，只要为公司的发展做出了突出贡献就能分得更多股权并因此致富，这种规则显然能为硅谷吸引到更多的人才。

意义之二：助推创业之风

当员工因为持股致富之后，其中一些人会投资自己开公司，他们的财富因此也有可能进一步增长。同时，他们还会邀请朋友加入团队，并如法炮制地在自己的公司里实施股权激励计划。如此一来，员工成为主人翁的这种模式会在社会上进一步扩散，也会激发更多人的创业欲望，如此形成良性循环。

意义之三：支持风投发展

还有一些因持股致富的员工会投资硅谷的初创企业，加入其董事会。他们还可能成为风投基金的有限合伙人，这种方式能在更大的范围内挖掘创业人才，让他们的疯狂创意和强烈激情改变世界。当然，投资风投基金的这部分富裕员工也有可能因此赚到更多的钱。在这种循环模式之下，硅谷成了一架赚钱机器，而这是一个成功硅谷的应有之义。

意义之四：促进公益事业

还有些致富的员工会投身公益事业，资助非营利组织解决贫困、疾病、环境污染等社会问题，这能在一定程度上分担政府的职能。此类义举有助于那些此前由于贫困、疾病或缺乏受教育机会而与市场脱节的人回归社会，他们未来也有可能成为创业者。硅谷的创业大军有可能因此进一步发展壮大，员工持股计划形成的良性循环也会得到强化。

你或许知道，比尔•盖茨和巴菲特联手推动了一项名为“捐赠誓言”（Giving Pledge）的劝募善款活动，其内容是号召富豪们承诺在生前捐出一半财产用于慈善公益事业。已经有很多在硅谷发家的科技行业富豪行动起来了，比如比尔•盖茨本人。像脸谱网的联合创始人达斯汀•莫斯科维茨也与夫人一起加入了“捐赠誓言”活动，他目前在硅谷还拥有一家创业公司，显然这能让他日后为慈善事业贡献更多的力量。如此看来，员工持股计划显然有助于推动解决很多全球性的社会问题。

现在你更加了解其中深意了吧，员工持股计划不但能调动公司内员工的积极性，还能将由这一转变形成的积极效应扩散到其他企业乃至全社会。这样一来，会有更多的财富投入到更多的企业中，也有利于科技集群的发展。科技集群越发展，就会创造出越多的财富，形成滚雪球一般的良性循环。当然，这里所说的良性循环不仅包括财富增长，还包括慈善事业发展的良性循环——更多的捐赠可以解决更多的社会问题，就会有更多的受益者加入创业大军，他们能创造出更多财富，实施更多的员工持股计划，也会有更多被捐赠出的财富用于解决更多的社会问题……这是一种对全人类都有巨大影响的良性循环。

从这个意义上说，创业者这个人群的重要价值不仅仅在于能够创建伟大的公司，能够开辟新市场，为社会提供新产品并创造更多财富，更在于他们能够推动上文所说的这种良性循环，这样的创业者是对社会贡献最大的人。这时，我们对创业者和企业家的影响力有了一个新的评判标准，即看他能够在多大范围内构建这种良性循环，是在本地的几家企业之间，在几家跨国公司之间，还是在全球范围内。

像“捐赠誓言”这样的活动显然有助于在全球范围内制造良性循环，它能让财富源源不断地投入到慈善公益事业中去,以此帮助各国政府解决社会问题。但这还不是全部，慈善的良性循环的价值在于，它能调动起全社会更多的力量来共同面对社会问题。

>>> 扬长避短

员工持股有种种美妙之处，像我所在的两家公司都实施了股权激励，大家因为股价上涨而喜气洋洋。但凡事皆有两面，创始人也应当注意规避其不利的一面，问题之一是股价下跌造成的影响。当行权价格高于股票市场价格的时候，员工的股权就砸在手里了，虽然他们的股东身份没有变化，但变现困难会挫伤他们的积极性。一旦出现这种情况，创始人必须及时安抚员工，让他们看到前面的曙光。

要实施股权激励计划，借以吸引想致富和想行善的人加入公司。

要针对股权激励计划开展员工培训，让他们对由股价涨跌导致的行权利弊有所了解。

要让员工看到，持股计划除了有助于公司取得商业成功，还能对社会进步产生积极作用。

我认为，中国在打造自己的硅谷的时候，判断这项工作成功的标准并不仅仅是看催生出多少家拥有伟大产品的企业，甚至也不是看创造的财富总量是否超过了硅谷。真正的标准应当是看中国版硅谷激励了多少创业者来创造财富和慈善的良性循环，以及这种循环的影响力水平。中国乃至世界各国都在关注中国版硅谷的走向，看它的慈善影响力是局限于本地还是能够扩展到更大范围。

中国版硅谷的终极成功标准是创建世界性的慈善良性循环，只有这样才能与美国硅谷展开真正的竞争，否则，即便拥有再多的创新性产品，也不能说影响力已经与美国硅谷平起平坐了。

第 20 章　创业企业的成功秘诀——商业敏感

无论在风险投资公司或是初创企业中，仅仅做一个好的领导者是不够的，仅仅有创新也是不够的，还需要有很好的商业敏感度才能够成功。

与此同时，企业中只有一个人有很好的商业敏感度也是不够的。如果这个人是整个公司里唯一一个有敏感商业嗅觉的人怎么办？如果这个人不是公司的 CEO 怎么办？我们必须考虑到谁有商业敏感度，公司里其他的人是否也有商业敏感度，如果其他人的商业敏感度很低，那么谁会取得最后的决策权？因此，仅仅几个人拥有商业敏感度是不够的，整个团队的商业敏感度也是非常重要的。

下面有两个有关商业敏感度的个案研究。

>>> 个案一　具有高商业敏感度的领导人或许起不到什么作用

我曾经的一位客户是一家咨询公司，这家公司有三个合伙人，我们暂且将他们称为马特、乔治和佛瑞德。马特很有创新能力，同时非常朴素。因此他关于企业运营的想法是：企业必须有非常创新性的服务，但绝对不能在研发方面增加任何的投资。他也是一个有些固执的人，在三个合伙人当中，他是最强硬的那个。但是他并不是一个好的领导者，他和员工及客户之间的关系并不是很好。公司的另外两个合伙人和员工与客户的关系都非常好，因此他依赖他们来弥补他这方面领导能力的不足。

乔治也是一个非常具有创新能力的人，但他挥金如土。他喜欢非常昂贵的车，喜欢和客户一起吃豪华大餐。最糟糕的是他希望花很多的钱来开发新的服务项目，但事实上这样大的花费是绝对没有必要的。马特认为他们应该只投资一点甚至是不追加投资，而乔治认为就算是未来的一年甚至很多年将面临亏损，也要进行大额投资。

佛瑞德和乔治是完全不同的两种人，他完全不相信开发新的服务有什么作用。他在咨询行业有非常丰富的经验，非常了解已有的咨询方法，并且对它们运用自如。佛瑞德非常聪明，以优异的成绩毕业于非常著名的大学，并且在一些小企业中担任过CEO。他只是不相信新产品和新服务，因为在他的经验当中，新的产品或是服务总是失败的。

此外，佛瑞德一点都不喜欢花钱，他认为坚持已经被证明有效的那些工作方法，并且投入尽可能少的资金是通往成功的唯一道路。这种方法总是能够获利的，尽管利润不高，但它是稳定且无风险的。他认为马特和乔治太专注于开发新服务，这种工作方法风险很大，并且很有可能会导致失败。

这是三个完全不同的人。有时他们能够赚到钱，但有时因为乔治花费太多而导致亏损。有时由于佛瑞德坚持不能为客户提供新的服务类型而导致他们失去了那些喜欢尝试新服务的客户。公司的盈亏完全由特定时期那位能掌握最终决定权的领导人来决定。

很明显，这三个人当中只有一个人有真正的商业敏感度，他就是马特。他用新的工作方法吸引了新的客户，这些客户已经愿意为购买这些新产品而花更大的价钱。马特也没有投入过多的成本，因此以他的方式领导企业能够为企业带来很高的利润。虽然佛瑞德也坚持低成本，但他的服务有些无趣，而他的客户也只愿意以低价购买这些服务。

乔治的领导方式赚钱很难。虽然他为客户提供了非常有意思且非常新颖的项目，但是他不能像马特那样设定非常高的价格，而且他的工作成本也总是很高，因此他几乎总是在亏损。与马特相比，乔治的优势在于他的客户很喜欢他，而马特的客户虽然并不那么喜欢马特，但是他们都非常喜欢马特所能提供的项目。正如你所想象的那样，这种状况没有持续很久。乔治首先离开了公司。

这是件好事，因为马特和佛瑞德在一个重要的低成本方面有着相同的见解。但是不久，他们之间又出现了分歧。马特试图说服佛瑞德接受他令人兴奋的新项目，但是佛瑞德不喜欢用这些新方法来提供咨询服务。因此马特继续运用传统的工作方法创造着可观的收益，而佛瑞德几乎没有收益，有时甚至还会出现一些小额的亏损。

他们暂时保持了彼此的合伙关系，最主要的原因是马特需要佛瑞德，因为佛瑞德与员工和客户的关系很好，而马特并不是这样。在员工和客户的眼中，马特是一个比较傲慢的人，而佛瑞德则是一个有魅力又务实的人，是客户和员工喜欢的类型。 但过了一段时间，他们之前的矛盾变得更加严重。因为佛瑞德赚得很少，马特觉得自己一个人单干能够赚到更多的钱。佛瑞德也对于马特一塌糊涂的人际关系感到非常不满。

因此不久后，他们也分道扬镳了，成立了各自的公司。马特留住了一些之前的客户，所以他的公司也能保持盈利，但是他能留下的旧员工的数量很少，因此他的销售成绩和收益都大不如前。佛瑞德也留住了一些他的客户，但是他们愿意支付的费用很低，所以佛瑞德的状况也愈来愈差。

>>> 个案二　革新者或许会给企业带来伤害

个案二是一家工程领域的大型企业。我的客户是一家由阿诺德领导的集团公司。阿诺德是一名革新者，他非常乐于接受新事物和新想法。他喜欢新的点子，喜欢引入新的观念，总是比其他人先认识到那些能够使企业在行业中更具竞争优势的新观点。阿诺德是一个出色的沟通者，他的客户和员工都非常喜欢他，尽管他并不是一个好的管理者。

阿诺德有两个问题。第一个是他在新产品研发上总是投入过多的时间和金钱。阿诺德有很多想法，因此他常常在研发新产品上投入很多资金，而且，他不仅仅开发一件新产品，还同时进行很多个开发项目，因此他的研发成本总是过高。为此，他经常与公司的CEO和其他部门的同事产生分歧，尤其是财务部门。

阿诺德的第二个问题是他没有意识到自己只是公司的一部分。阿诺德所在的公司的创新性不是很高，而且不相信新点子。公司最初聘请阿诺德的原因是认为公司需要更多的创新性。但阿诺德进入公司后，他们并不适应阿诺德的做法。公司对成本非常敏感，公司的 CEO 曾经担任过财务工作。在阿诺德的高投入和快速开发新产品的工作风格上，管理层不停地争论着。

阿诺德知道他与这个公司的工作风格存在很大矛盾，但他又不清楚该如何解决这个问题。因此，他找到了我的公司，来咨询关于如何解决这些问题的建议。我们评估了他和他的员工，并分析了这家公司的财务文化。我提醒阿诺德，他和他的公司之间在很多方面都存在着很大的隔阂。

其中之一是花销，他需要极力削减他的成本。第二个是他需要控制开发新产品的想法，应该减少新产品的数量，并且开始密切关注公司里其他员工的意见，来权衡他开发新产品的计划是否更容易被接受。此外，他还应该去掉那些风险大的想法。

阿诺德理智地接受了我的建议，但在实践中他并没有改变很多，或者说他改变得并不够。大约一年后，阿诺德从他的新公司打电话给我，向我问好。他被他的旧公司解雇了，他们决定按照阿诺德加入公司之前的状态继续经营公司。阿诺德错失了从内部改变这个企业的机会，而失去了他也是这家企业的损失。

>>> 案例分析　领导力或商业敏感解决不了所有事

我们能从上面的个案分析中学到什么？有九个问题需要注意和思考。

第一，真正有效的商业敏感度意味着像马特那样在拥有创新性的同时，采用保持低成本的方法。

第二， 像佛瑞德那样只是一名好领导是不够的，必须有像马特那样的商业敏感度才能够成功。

第三，如果你是企业内部唯一有敏锐的商业敏感度的人，这可能会使你无法很好地与你的企业融合，就像马特那样。

第四，拥有低成本的方法但没有创新性，意味着商业敏感度较低，就像佛瑞德那样。

第五，仅仅有创新性是不够的。大多数革新者都像乔治和阿诺德那样，他们使用的方法大多成本很高，所以通常情况下他们都会失败。

第六，在一个有许多不同风格的人的企业中，如案例一中的马特、佛瑞德和乔治，通常情况下他们会分道扬镳，因为他们的财务风格相差甚远。

第七，在设立一个初创企业时，需要仔细审视你和你的合伙人、管理团队和高级员工的财务风格及商业敏感度。如果他们缺乏商业敏感度或者风格差异太大，对你来说都是个问题。

第八，你也需要客观评估你自己的商业敏感度水平，即使你非常聪明或者有非常高的学历，也并不意味着你就拥有敏锐的商业敏感度。

第九，如果你愿意的话，你的商业敏感度的类型需要逐渐与你公司的财务类型相匹配。

如果你想加入一家企业，你需要看该企业的财务风格是否与你自己的相符。以下是四点指导。

第一，大多数中国私营企业实现了低成本运营但缺乏创新性，这样的企业无法实现大规模的盈利。

第二，大多数初创企业具有创新性但运营成本高，它们常常会赔钱。

第三，大多数大型企业并不具备很高的创新性，同时投入的资本很多。除非它们处于新兴的迅速发展的市场，否则很难盈利。

第四，一些企业在具有创新性的同时将成本控制得很低，通常盈利性好，然而这些企业常常有一个对员工苛刻的创始人。这或许对企业很好，但对员工甚至是高级管理者来说，他们都不喜欢这样的方法。好消息是这种企业常常能够赚很多钱。

如果你是一位运营初创公司的创始人，你需要谨记如上我所提及的要点。要知道，领导力并不简单等同于赚钱。硅谷中最好的公司往往最终也赚到了大钱,要相信,你创造的越多,你的公司估值越高,你在科技公司中的地位就会越高,结果自然是赚钱也越多。

第 21 章 初创公司如何更具创新性

科技型创业公司未必都具有创新性。我知道的一家科技创业公司，尽管他们有非常优秀的科技人才，但却对新兴事物全无兴趣。所以即使他们从事 IT 服务领域，也在该领域做得相当不错，但却从来没有赚过大钱。

如果你的公司与上述公司相似，那你缺少吸引创新者的酷因子。一旦你身处其位，将很难打破这种束缚，为创新者提供一些具有吸引力的条件。

所以初创公司一定要理清怎样才能让公司更具创新性。特别是当你身处硅谷，希望向投资人展示你如何具有可以击败竞争者的高水准的创新能力时，这一点显得尤为重要。

在科技类初创企业中，领导者往往只关注技术本身的创新性，而忽略了能够决定企业成败的“软件”创新。

初创企业不一定具有创新性。但无论如何，为了企业的生存和发展，是值得去追求创新的。大多数情况下，在科技类初创企业中工作的人要比其他企业的人更具创新性，但这类企业在初创企业中只占很小的一部分。大多数企业都是小本生意，例如餐馆、复印小铺、家庭企业或加盟店等（至少在美国是这样的）。在本章中我将主要来谈科技类初创企业。

要想使初创企业更具创新性，你必须关注两个方面：人才本身和文化。然后需要确保这样做能够增强创新性而不是像有的情况下，会葬送公司的前途。

>>> 如何挑选创新型人才？

在讨论创新型人才的话题前，首先要清楚创新不是创造。更具创新性与具有创造性是两种不同的概念。具有创造性指的是设计出新的想法或方法，而具有创新性是指将一个有创造性的想法付诸实践。

坚持不懈之于创新与创造性之于创新的作用同等重要。许多初创企业没有意识到这点，结果雇用一些创造型而非创新型人才。创造型人才往往是一项任务或计划的断送者，因为他们通常有很多想法，但很难确实地将一个想法付诸实践。真正的创新型人才会坚持一项计划或项目，因此他们更有可能获得成功。

但这就像是一个精密的天平，只有很少的企业能够取得成功。在美国，人们经常在讨论一个被称为“一万小时”的创新方面的法则，即一个人不花上一万小时是不可能实现创新的，也就是说需要用大概十年的时间专注于一个特定的领域。这就是为什么需要一个创新者而不是创造者的原因。创造者创造想法但无法完成，一个创新者才能够将其完成。

但雇用创新型人才很难。一个真正的创新型人才几乎总是做能够实现创新的事情，即使他以前从没做过这个工作。仔细的询问会帮助你找出谁是真正实践过创新的人才，而谁是并没有实际做过但有希望成为创新型人才的人。

我们还要意识到教育水平与创新无关，像硕士、博士这样的高学历并不能说明这个人是否具有创新性。事实上，通常高学历的人才都缺乏创新性。过去的 20 多年间，美国的一些著名的创新型人才都没有完成他们的大学学业。例如微软的比尔•盖茨、戴尔电脑的迈克尔•戴尔，以及脸谱网的创始人马克•扎克伯格。高学历只能表示这个人已经依照像 MBA 这样的课程提纲完成了学业，或是依照那些已经发现问题的人制定的方向完成了研究。

同时，大公司的员工也不一定就具有创新性。虽然从传统意义上来说，他们是非常聪明的。通常初创企业喜欢雇用一些曾在大公司工作过的员工，因为大公司的名称比较引人注目，而且人们通常以为大公司的员工对于公司成功的秘诀也能有所了解。如果一个人来自大公司或是政府，他很有可能并不是你所需要的创新型人才。但这也有例外，那就是这家公司刚创立不久，而且它的创始人还在位，例如谷歌。在大多数大公司中，一旦创始人离开，所有的创新型人才也就跟着离开了。从另一个方面来说，来自大公司的员工对初创企业来说也有一个问题。这就是他们从来都不需要像小公司的员工那样在工作中扮演各种角色。他们总是在大的集团或团队中工作，即使其中的几个甚至很多员工都普普通通也没有关系，因为无论如何企业都能够赚钱。

还要注意的是，非创新型人才通常无法识别创新型人才。如果让一名非创新型人才负责招聘工作，即使他很聪明，他也几乎不可能找到真正的创新型人才。这是因为两者在认知能力方面存在差异。因此，如果让人力资源部来负责创新型人才的招聘，无论负责招聘的人多么有经验，十有八九都会以失败告终。

这就是为什么许多创新性很强的初创企业随着企业的成长与成功逐渐地失去了创新性，因为他们使用非创新型人才去试图寻找创新型人才。创新型人才不喜欢为不懂得创新的老板工作。通常情况下他们不喜欢在非创新型初创企业工作，也不喜欢去用非创新型人才面试他们的公司工作。

大多数创新型人才没有金融触觉。寻找创新型人才难，寻找有金融触觉的创新型人才更难。大多数创新都是亏损的，大多数创新者缺乏或没有敏感的商业触觉，因此找到创新型人才并不意味着就万事大吉。

现在，必须剔除那些不适合介入商业事务的人才。这是一个难题，你要么拥有一个有经验的创新型人才发掘其他创新者，要么请专业的心理评估来帮助解决这个难题，找出那些不会让你亏损的创新型人才并将之安排在商业职位上。

>>> 文化也会影响创新

文化对初创企业的创新起着至关重要的作用，我在这里总结了“十条注意”。

第一，家庭通常是个问题，大多数初创企业都为家庭所有。他们缺乏创新性并且花费低，但这并不适用于科技类企业（至少在美国是这样）。让家庭参与创业有很多的优势，但这些优势并不包括创新性。如果在一个科技类企业中有过多的家庭成员参与，这个企业往往比其他的企业更加缺乏创新性，因为这个企业中的大多数人都缺乏创新性。

这个教训告诉我们除非确定所用的家庭成员都具有非常高的创新性，否则尽量少地让家庭成员参与到初创企业中去。尤其在发展中国家，对老人的尊重或许会成为创新的绊脚石。因此，如果想创新就不要让你的家庭牵扯其中，否则会有太多因为家庭关系而不是创新性或有潜力的人来影响企业的发展。

第二，需要多样性背景的员工。一旦一家企业开始运营，由于大家的背景、教育水平相似或来自同一个地区，企业很容易走向单一的文化。而来自不同背景的人们可能更具创新性，产生创新型的文化。企业文化不应过分地专注于资格，相反，它应有意照顾到一些“孤独者”或者“局外人”，只要他们能够基本上融合到公司的运作中来。

第三，不要指望专家具有创新性。成为一个专家就意味着被教导用特定的方式思考，或相信专家相信的。因此，最好的专家通常都是最差的创新者。如果在你的企业文化中有太多专业人员，这将对企业的创新产生反效果。重要的是你应该试图雇用一些非专业人士，这些人可以帮助你走出专业的束缚。

第四，层级是创新的敌人。企业内等级层级差异越小，越容易吸引创新者的加入，也有助于他们发挥其创新性。以创始人或 CEO 为例，一个平易近人、与雇员打成一片的创始人或 CEO 更容易创造一个创新型的公司。

第五，如果想要增强创新性的话就不要为公司高层设立单独的办公室。在美国最具创新性的一些企业中，企业高层包括 CEO 在内都是和员工坐在同一个办公室的。这些高层仅仅在打私人或保密电话，或者讨论机密内容的时候才使用私人办公室，其他时间都与员工一起坐在开放式办公室中。这意味着任何一个级别的员工都能够直接和他们对话，这样可以减少员工与高层领导谈话时的恐惧感，而且使他们的意见更加真实。集思广益和头脑风暴有利于产生最多最好的创新。

第六，鼓励有建设性的不同意见。建立一个听取不同意见的氛围非常重要，至少在做最后决定之前应该允许不同声音的出现。这样有利于创新者畅所欲言，否则他们很可能会把自己的想法放在心底，企业的创新性就会减弱甚至是消失。

第七，鼓励一些私人项目和内部事务。一个成功的企业会允许它的员工做一些私人的项目。谷歌就允许它的员工有一定的时间来完成私人项目，这些项目并不是正式交给他们的，但这些项目对于实现突破有非常大的潜力。尽管，这在一些收益差的企业中可能很难实现，但还是有可能让一些人员围绕与公司有关的特定主题凭借他们的热情而工作。通常是这些私人的非正式的工作使企业获得最多最好的突破。

第八，每年至少举办一次战略和创新研讨会。企业往往很容易过分专注眼前的任务而忽略了未来。企业通常都能非常确定他们目前所走的路是正确的，但忽略了市场的新发展和新趋势。而这往往有可能突然改变企业的商业性质。这类会议需要注意的有以下几条：每个人都要参加，尤其是创始人；每个人拥有平等的发言权；愚蠢的想法也很欢迎，因为往往最愚蠢的想法是最具创新性的；创始人或公司的高层不应主导这类会议，应当请中层的非管理人员或外部的中立者来主持会议；应该有会议记录，这样与会人员就能了解会议的重要性；会议应当通过至少两个还没有尝试过的项目,作为多样化发展模式的一种方法。

第九，鼓励“臭鼬工厂”。在美国，臭鼬工厂是指自我管理，无须对传统管理层级负责，并且在一定程度上可以与其他公司部门有所不同的团队。臭鼬工厂是解放思想的重要方法，使人们得以从不同的角度去思考问题，而不受专家甚至是其他创新者的制约。

第十，将失败作为一个可以接受的结果。我有一个同事，在她每封发出的邮件下都有“快点失败”的署名。意思是只要是从公司的角度为达到一个有价值的或新颖的目标，失败都是光荣的。然而，失败必须要快，以避免产生瘫痪的后果。企业应该允许和鼓励试验，但是项目要在相对较短的时间内得出结果。这样，才不会把更多精力花费在已经注定要失败的项目上，而影响那些原本有潜在价值的项目。

创新并不完全是好事，只有创造了商业价值它才是好事。问题是大多数创新者都不重视商业问题，甚至是把商业价值当作是他们的敌人。这是一个有关管理方面的工作，它必须用以下六个方法来实现企业内部高水平的创新性。其一，强调创新的最终目标并不是新事物，而是通过竞争差异化得出的高收益性。其二，鼓励通过创新产生收益的快速途径，而不是探索如何获得更多的创新。其三，设立严格的研发最终期限。其四，鼓励员工在项目上有冒险性，但要确保该项目是相对短期的。其五，最具风险性的项目应该直接向创始人报告。其六，一些项目最好在创始人的保护下通过类似臭鼬工厂的模式非正式地完成。

大多数高产的企业都能够成功地将优秀的创新和商业敏锐性融合在一起。要实现这点其实并不简单。最创新的企业未必是最成功的。只有将创新和商业敏锐性成功融合的企业才能取得成功。

第 22 章　让创新者人尽其才

当我还很年轻时，曾在澳大利亚的一家公司担任中层员工。当时我们想找到一位可以胜任大量数据分析工作且具备创新能力的员工。后来我们还真找到了一位，暂且称呼他为罗纳德。

罗纳德是一个英国人，口音较重，这种来自上流社会的口音使得许多人对他并不感冒，也不信任他，但他确实非常聪明，在英国牛津大学获得学位。罗纳德很与众不同，但许多人形容他比较怪异。

罗纳德简直是一个创意机器，有许多绝妙的创意，当然大多数听起来有些离奇、疯狂和怪异。我们的工作需要创新者提出一些数据运用的新方法，如数据存在哪些问题、如何改善等，在这些方面，罗纳德给了我们许多非常有用的建议，他的创意非常令人佩服。

能想出这些创意非常好，但是罗纳德也有自己的问题。他自己并不知道这些创意之间的区别，他搞不清楚那些创意是疯狂还是实用，对创意是好是坏不能做出判断。而且，很明显的，他几乎完全没有社交能力，即使他能找到实施其创意的方法——而实际他从来没找到过——他也没有能力将人们组织起来和他一起完成工作。

所以最终罗纳德什么也没做成，到最后不得不以辞职的方式悄然离开公司。我们的计划亦以失败告终。

通过这件事，我们也意识到如果一个人虽然有无尽的新创意，但却不能与人共事而一事无成，这种人充其量也就是富有创意，而与创新性还差得远。

一般我们会很容易混淆创意者和创新者的区别，一旦混淆了，未来则会困难重重。如上正是初创公司要非常非常谨慎的事情。

>>> 寻找与识别创新者

如何寻找创新者？这是一个长期困扰初创企业和成熟企业的问题。初创企业需要创新者为企业注入第一股创造全新的、有价值的产品或服务的推动力。步入发展正轨的企业，需要创新者为产品带来新的活力，吸引更多消费者。成熟企业需要创新者为企业带来新气象，对产品革新。寻找创新者需要注意两个重要事项，第一是如何在第一时间识别创新者；第二是如何识别不同种类的创新者，并且将这些不同种类的创新者安排到什么岗位中。

如何识别创新者？首先，要意识到发现创新者不是一件容易的事情，尤其是在创新者们还很年轻、还没有做出什么实际发明创造的时候。尽管偶有例外，创新者通常很害羞、含蓄，而且不喜欢向别人展示自己。因此，你往往很难注

意到他 们。这类人群可能非常谦虚，同时也不擅长与他人沟通交流。许多人认为自己非常具有创新性，但实际并非如此。通常这类人并不会很谦虚，而且常声称他们是创新者。由于他们的这种表现力，你很可能相信他们确实是创新者，但在下面我们将看到有创造力和有创新性并不是一个概念。创新者分许多种。因此，即使你已经成功发现了一位创新者，即使这类创新者在他所处的领域非常出色，但也并不意味着他适合你这个特定的企业和业务。

>>> 创造不等同于创新

许多人都会产生这样的误解，认为创造和创新是同一概念。对许多人而言，这两者是同一件事情。正如一个描述所言："如果你有创造力，你就有创新性；如果你有创新性，那么，你也是有创造力的。"这个描述显示了人们对于创造力和创新性这两个概念的巨大误解。有创造性是指发明出一个新的想法、产品、程序或者事物，通常很少有人或者没有人可以追上他们的想法。这种想法或者产品可能是前所未有、难以想象以及唯一的。但是，在创造的概念中不存在这样的假设，即创造者能够从创造新的想法或产品坚持到该想法或产品被社会广泛接受这一整个过程。一个创造者可能会创造出一个全新产品，但创造新事物与令所有人接受并使用它还有很长一段距离。因此，在这个过程中需要创造者具有一定程度的决心和毅力，因为这可能需要持续几年。当最初的创新激情被残酷的现实蒸发殆尽之后，往往需要付出艰辛的努力来使人们接受和使用这个全新的、他们不熟悉的产品或想法。有创造性与行动相关。创造新事物伴随着激动和快乐，从现有的规矩和框架中跳出，这是一种为创造者提供强烈智慧快感的行动。然而，这与什么是创新相差甚远。

>>> 两个知名案例：比尔·盖茨和马克·扎克伯格

我想我们都认同微软的比尔·盖茨和脸谱网的马克·扎克伯格是不折不扣的创新者。然而，他们两个都没有创造出令他们名扬天下的产品。在比尔·盖茨的发迹史中，他从西雅图电脑公司收购了 DOS，然后用它连本带利地赢得了一大笔财富。马克·扎克伯格，正如我们所看到的，社交网络的兴起并不是从社交网络这个概念本身出现的时候开始的。他的确是从别人那里得到了这个概念，然后通过自己的运营使企业取得了巨大成功。换言之，并不是比尔·盖茨和马克·扎克伯格创造了使他们成功的产品背后的概念。但是，他们对这些概念的贡献不容置疑也不容忽视。他们首要的、极具价值的贡献在于，他们认识到自己从别人那里取得的产品或概念具有巨大发展潜力和价值；其次，他们的贡献在于不畏艰险地坚持了这个想法，动用了一切可以动用的、必要的力量来推动概念或产品的市场化，直到产品或概念获得市场的高度认可和接纳。

>>> 创新者的特质

发布一个新产品很难，如果一个新市场正在因这个新产品而出现，获得该市场的认可会更难。达成这一切将是一个壮举，这需要钢铁般坚强的决心、巨大的勇气、不屈服的精神和彻底的坚持。这需要巨大的动力和注意力来坚持，即使每个人都鄙视这个想法，甚至是嘲笑这个想法。创新者往往是最忠实的追随者。他们能够发现一些新事物的潜力，然后用尽自己的所有能力、决心、勇气、注意力和执行力将这一概念变为现实。这就是创造者和创新者的区别。作为一名创新者应该拥有常人所没有的良好的判断力和执行力等特殊品质。创新者首先要有能够识别可以改变世界的想法或产品的能力。其次，要具备即使这种新产品或想法需要很长时间才能被大众接受，也能坚持的决心和专注力。

换言之，创新者并不是专注于最初的体验以及从中所得到的喜悦，而是随后而来的、长期艰难前行的过程。创造的过程是最有趣的阶段，而创新的过程则是最艰难的阶段。在创造过程中，你享受了最愉悦、最兴奋的第一步，而紧随其后的创新过程，充满了艰难险阻。这将是痛苦的、危险的，往往也是非常无聊的。你必须始终坚信你最初的坚持是值得的，最终你必能成功。

那么，寻找创新者意味着什么？首先，你不能假定你所拥有的创造型人才具有创新性。事实上，他们几乎都不具备创新性。你必须识别出创新型人才，他们具备善于发现创造性想法的潜力，还具备能够坚持实现这一想法的勇气、决心和专注力。

创新者往往都有过创新的经验，甚至是在他们非常年轻的时候。因此，这是一种识别他们的方法。另一种识别方法是他们往往对现有事物和想法持怀疑态度。此外，还有一种方法是他们对工作十分执着并且能够坚持很久，而大多数极具创造力的人都缺乏持久性。

关于识别创新者的实验非常少，不过，有这样一个实验非常有效。它能够识别出你的雇员中哪些是创新者，而事实上你可能从来都没有想过他们具备这种能力。通常这类人内向且害羞，即使他们同样具有创造性，也很少会表现出来。因此，你可以通过一个测试找出企业中的创新者，否则，你将无法知道谁真正具备创新能力。他们可能会离你而去或中途夭折，但无论哪种情况都会使公司失去他们所具备的潜力。

>>> 创新者与普通人的差异

创新者非常少见，为了帮你识别出这类人，下面我来谈谈创新者与普通人有哪些差异。

创新者总爱低估达到目标的困难程度：对他来说，目标总是那么唾手可得，而在一般人看来，这完全不现实。产生这种差异的原因在于，创新者更关注回报而不是风险。在他们的感知习惯中，回报的价值性排在可行性之前，因为他们非常看重取得成功后的成就感，认为只要自己追求的目标足够大，这么做就很值得。

性格内向：我们的研究清楚地表明，虽然不能说是全部，但大多数创新者都是性格内向的人。原因在于内向的人更喜欢独处，这给了他们更多思考的时间，而且内向的人也不在意他人的看法，所以不会因为自己的想法与众不同而感到不安。

性格外向难以成为创新者的一个原因在于，这样的人非常在意别人对他的评价，一旦他认为自己要做的事可能引发非议就会罢手。而内向的人遇到这种情况时反而会更坚定自己的选择，以此表示自己不在意别人的看法。

创新者要颠覆原有事物，打破旧秩序：因为他们觉得自己没有支配旧世界的权力。同时，他们往往非常缺乏安全感，需要通过按照自己的意愿改变世界这种方式，让他人觉得自己是强有力的。

创新者甘愿冒着被解雇的危险搞创新：他们为实现目标总是充满激情，不怕因为自己的信念和做法而丢了工作。如果有人害怕因为搞创新项目而遭到解雇，那他肯定不是真正的创新者。

独狼精神：创新者喜欢独自行事，不喜欢被老板管着。虽然其实每个人都是这样，但创新者的不同之处在于，他们愿意为之付出行动，即自己开公司做老板，因为他们太讨厌被别人支使着做事的感觉了。

胸中总有一团火：若非如此，你就没有足够的精神能量去搞创新，也抵挡不住来自他人的非议，而胸中总有一团火的创新者能做到这些。

创新者未必要有自己的创意：你看，我从没说过“要成为创新者就得有原创想法”这种话，这就是问题所在，创新者不必非得有原创的想法，他们善于搞拿来主义，看到别人还没实施而自己觉得有巨大潜在机会的想法，他们就会拿过来实践。所以说，创新者与普通人的区别并不在于原创创意，而在于前者能看到并利用好别人觉得不可行或没有能力执行的想法。

综上所述，创业者应当努力去发现创新者，而不是自己去创新。当你找到了创新者，他们会帮你做出创新的。

>>> 创新者的类型

并不是所有的创新者都一样。事实上，即使创新者都具备以下基础特质——能够识别新想法的潜力、决心和专注力，他们仍然可以分为三个差别迥异的类型。这三类创新者为高影响力创新者、管理型创新者和哲学型创新者。

高影响力创新者通常对想法本身并不会非常感兴趣，他们会更关注这个想法在未来是否具有盈利潜力。这种人非常朴素，他们通常是非常严厉、要求苛刻的老板，而且注重细节。这类创新者总是能够创造出极为可观的利润。比尔·盖茨、迈克尔·戴尔和马克·扎克伯格都是这类创新者的典型代表。

管理型创新者一般会对想法感兴趣，但他们从不过分沉迷于想法本身。与高影响力创新者相比，管理型创新者更愿意耗费成本将创新想法或产品推向市场，他们的盈利能力往往比高影响力创新者略逊色一些。

哲学型创新者重点关注想法本身，而不是这个想法能够带来多少利润。即使某个想法可能没有盈利的可能性，他们也愿意掏腰包购买这个想法。这是高影响力创新者和管理型创新者都不会做的。

哲学型创新者几乎从来不曾盈利，如果公司是他们自己经营管理，常常以破产告终。他们是高消费者，在将想法推向市场时，他们往往会耗费巨资，他们的花费远高于高影响创新者和管理型创新者。

>>> 雇用不同类型的创新者的时间点

这三种创新者完全不同。对比三者的特点可以明显发现，你应该雇用高影响力创新者，因为他们总能够为企业带来盈利。

然而，事实并非如此简单。首先，这类创新者非常少，穷极一生也可能见不到几个高影响力创新者。其次，高影响力创新者通常非常独立，他们不愿意和自己以外的任何人分享由创新产品或想法而产生的利润。因此，如果你的公司有一个这类人才，未来他们必然会离你而去，创建他们自己的公司。第三，这类创新者很难与之共事。他们不喜欢为其他任何人工作，他们憎恨任何试图告诉他们该做什么的人。即使你拥有一个这样的人才，一旦他们开始着手一个创新项目，他们肯定会在不久后离你而去。

防止这种现象发生的唯一方法是让他们成为公司合伙人，或者把公司的主要部分给他们。相对而言，管理型创新者比较容易共事。尽管他们也很注重盈利，但与高影响力创新者相比，他们对金钱的渴望没有那么强烈。他们更趋向于以企业为导向，因此，比较容易与之共事。他们对成为老板的渴望没有那么高，也不一定会离开他们所效力的公司。大多时间，他们的确能为企业带来盈利。因此，如果你能够找到这样的人才对你而言会是个很好的机遇，尽管他们不像高影响力创新者那样凤毛麟角，但也非常与众不同。

从本质上看，哲学型创新者更像是一个思考者而不是一个商人。这并不意味着他们没有将想法变为产品的能力，但很可能这个产品永远无法盈利。这类创新者不太注重细节，他们通常更加重视如何能够改良一个想法或产品，而不是如何赚取更多的钱。你可能会认为你要尽力去避开哲学型创新者，但其实你不需要这么做。这类创新者是最普通的类型，他们与你所见到或识别出的高影响力创新者和管理型创新者不同，因此，如果你发现了一个创新者，他很有可能属于这个类型。

因此，如果你希望聘用创新者，鼓励寻找创新者，那么大多数情况下你所能够找到的都会是这种类似于哲学型创新者的雇员，通常他们损失过很多钱，或者经历过创业的失败。如果他们为你工作，往往会花费很高的成本来追求一些与原有概念相关的延伸，而这部分延伸会耗费很高的成本，从而导致亏损增加。

>>> 挖掘创新者的长处

在你创立一家新公司时，高影响力创新者是你最好的选择。前提是你并不介意将公司 50% 甚至 80% 的股份给予这位即将为你公司做出巨大贡献的创新者。如果你不想这么做就不要聘请他们，因为如果你仅仅用很少的股权来吸引他们留在公司,最终他们很可能会以一种你最不想看到的方式来结束你的公司。他们甚至会采取一些不道德的、违法的手段来达到目的。

如果你的公司已经成立了一段时间，而且希望通过建立一家新公司来开发一个新产品，管理型创新者是你最好的选择。这类人喜欢在处于发展中期的公司环境下工作，而且不要求拥有大部分甚至整个公司。与高影响力创新者不同，这类创新者在处于发展较后期的公司环境中也能很好地工作。

如果你是一家成熟的公司，哲学型创新者最适合你。这类人喜欢在成熟的工作环境下工作，因为公司能够给他们提供足够的资金来支持并保证实现他们的想法。因为他们过于注重想法本身而不是盈利性，因此，他们往往会耗费大量资金，即使在他们自己无法赚钱的情况下，他们也愿意与你长期共事。在这种情况下你需要一位特别管理者对他们管理。这位管理者必须极具警惕性，既要能够杜绝非理性花费，同时也足够聪明能够使哲学型创新者持续追逐他们的梦想，实现创新。如果没有这样的管理者，哲学型创新者也会离你而去，因为他们非常善于令其他公司相信他们所创新产品的价值。

在寻找创新者时不要混淆创造和创新的概念和本质。你一定要清楚你所需要的是哪种类型的创新者，并运用不同方法对他们进行管理。如果你想确定这些人是创新者还是创造者，那么，使用行为评估是寻找创新者的最可靠方法。

如果你希望创立一家公司，或者你早已经创立了公司，理清不同类型的创新者将非常重要。你需要从产品和商务层面来知晓如何雇用不同类型的创新者，以及他们各自是如何发挥作用的。什么更重要？首先要理清自己是哪种类型的创新者，或许可以避免引发公司失败的致命漏洞。

现在你是否整装待发要加入中国新硅谷了？

第 23 章　情商对初创公司高绩效很重要

前不久，我结识了一个客户，他是一家数字游戏公司的创始人兼 CEO，暂且称他为皮埃尔。这家公司总部在美国，不过不是硅谷。皮埃尔非常年轻，在 22 岁时创立了其第一家公司。他是一个非常杰出的程序员，还找到了一些同样对新兴市场领域挑战感兴趣的优秀程序员。

皮埃尔的游戏公司迅速扩张到了 100 人的规模后，发展却突然停滞了。因为皮埃尔的原因，公司在产品和客户方面遇到了问题：生产不出好的产品，也寻不到忠诚的消费者。

皮埃尔非常有才气，具有一种超凡的魅力，但这也导致了他自我陶醉的心态。他的工作能力毋庸置疑，但于他而言其公众形象是首位重要的，他的许多决定往往聚焦于如何使他看起来更迷人，而不是如何帮助公司改善生产上。公司已经处于亏损的状态了，皮埃尔却还开着一部非常昂贵的汽车，而且在娱乐方面花费惊人。

皮埃尔的表现很快成了董事会关注的焦点，并引发董事会和他争斗起来。

虽然董事会的投资者拥有公司 40% 以上的股票，但皮埃尔知道自己是公司的核心人物，所以打赌董事会不敢拿他怎么样。的确如此，皮埃尔对于自己的作用分析得很准确，但却没算对董事会怎么做。

董事会把他给解雇了。

皮埃尔离开后，公司营收开始实现增长了，尽管没有最初建立时发展得那样快，但现在已然比以前更为壮大了，而且现在公司处于一种和平状态。新任 CEO 是一位有着多年经验的职业经理人，虽然他没有皮埃尔那种魅力和眼界，却能带领公司再次实现发展。

皮埃尔虽然很有才气也很有魅力，但他情商很低。缺乏情商不仅使他自己显得低能，导致他做人的失败，也造成公司业绩很差，甚至差点葬送了公司。

所以情商不只是关乎如何让别人更好地感知自己的问题，也是关乎如何让公司取得更好经营业绩的问题。业绩好，公司才能得到更高的估值，这亦是创始人、员工和投资人都在寻求的目标。

每一个创始人都应该了解关于情商的事情。

情商能激发出人性最美好的一面。

企业家才能是指实现难以达成的商业目标、为企业赚到钱、成功推广产品及赢得客户的种种能力，这些目标一般都要求企业家作风强硬。至于情商，按照维基百科的说法，它是指控制自己及他人情绪的能力，以及识别不同的情绪并利用相关信息指导自己想法和行动的能力。说到这两者的特点，情商重在理解他人及其需求，而企业家才能则致力于开发新产品并借此获利。

提到情商，我们脑海中想到的修饰词往往是“温和”，而企业家才能通常是与“强硬”“严苛”这类词语联系在一起的。从这个意义上说，情商与企业家才能似乎是反其道而行之的两件事。但实际上，我们应当全面客观地审视这两者的关系。企业家提高情商能让他在事业方面做得更好，而不仅仅是让自己变成一个性格温和的企业家。当然，性格温和也是一种高情商的表现。

情商的重要性不亚于智商，接下来让我们看看企业家的情商水平与企业经营状况之间的关系。

>>> 年轻企业家可能面对的情商问题

很多企业家都很年轻,对于他们而言,可能遇到一些与情商相关的特定问题。多数企业家是在二十出头的年纪踏入事业成长期的。在这个年龄段，一个人的人格可能并未完全成型，而且他意识不到这一点。总之，这是一个逐渐摆脱父母的影响、成长为独立成年人的阶段，这个过程会对企业家与他人的交往产生重要影响。未完全成型的人格有时会引致一些问题，除了缺乏安全感之外，还可能有以下非理性表现：通过一些鲁莽、强硬或难以理喻的行为来掩饰自己的不安；无原则地博取人们的欢心；对员工客气得过头。

男性比女性成熟得晚，而企业家队伍里男性要多于女性，这意味着年轻的企业家群体要更加突出地面对这些问题。企业创始人或 CEO 的低情商会危及企业生存，即便是年轻员工也会发现企业领导人的不成熟，由此降低对他的敬意并进而影响自己的工作效率。有些员工还会选择离开，转投那些领导人更为成熟的企业，因为他们觉得在那样的企业中能学到更多东西。

总而言之，企业家的不成熟和低情商会导致优秀员工要么流失，要么生产效率低下，对企业远景没有信心，而这些最终都将导致企业经营失败。这些都会直接体现到公司业绩、收益、利润及公司损益表上。

>>> 低情商企业家的典型特征

其实各年龄段的企业家都可能遭遇情商问题。特别内向的人一般情商都不高，这样的人有的有心理疾病，而且很难甚至完全无法理解他人。但是别忘了，特别内向的人通常比一般人更具创新能力，他们能研发出新产品，而这是创办新企业的基础。

也许你看过《社交网络》，这部电影讲述的是脸谱网创始人马克·扎克伯格的故事。他是一个很典型的性格内向的人，情商很低但非常具有创新能力。他成功创办了新企业，但身边的人都疏远他，包括他的女朋友。扎克伯格的创业是成功的，但很多像他一样内向的企业创始人都受低情商所累，最终导致创业失败。

还有一种与扎克伯格的性格完全相反的企业家，他们非常外向甚至有些自恋。这种人做任何事都是为了让自己能够凌驾于他人之上，其狂妄自大已近病态。前面提到的皮埃尔就是一个典型的外向型自恋狂。

这类人往往擅长销售而且不怎么讲诚信，不管企业的产品质量如何，他们都能成功地推销出去。这看似好事，但实际上这种低情商也会导致企业经营失败。

这种人在人群中很醒目，因为他们非常擅长自我宣传，很难让人忽略他们的存在。相反，内向的企业家经常会主动避免成为关注的焦点，他们不愿意暴露在聚光灯下。当然，这两种低情商表现都是很极端的例子，虽然其中每一种都有值得学习的地方，但实在没必要效仿。

但不容忽视的一点在于，这两种人更容易成为企业家。如果你也想成为一名企业家，有一个问题是：你是这两种人之一吗？如果不是，那你认识这两类人吗？你是否正在他们的手下工作或与之合作？或者，你的配偶是这类人吗？

>>> 企业家应善用情商的理由

无论企业家处于哪个年龄段都需要不断提高情商，这不仅是为了有效地处理工作，更是为了有创造性地与不同身份的人交往，其中包括：

商务伙伴：商务伙伴之间并不只是纯粹的商业合作关系，很多时候你必须信任甚至是爱他们，因为在你资金不足的时候需要得到他们的支持。

员工：这种情况有些类似于商业伙伴。对大多数员工而言，他们工作不仅仅是为了赚钱，他们还非常看重与企业领导者的交情。企业领导的情商高，就会与员工形成更好的人际关系，并因此提高员工的工作效率和忠诚度。

供应商：供应商是企业正常运转的生命线，企业家情商高意味着能从供应商那里获得更好的服务及支持。

投资者：投资者愿意为你的企业投资，不仅仅是因为看好有关产品，更因为他们信任你的为人。

其他支持者：很多人不是企业的商业搭档，却用不同方式给企业以支持，比如为企业做义务宣传，比如在企业遇到困难时助威，让你在即将要放弃的时候重新振作起来。

>>> 情商在企业经营中的重要作用

无论什么年龄段的企业家，来自配偶或伴侣的情感甚至财富支持都至关重要，他们彼此之间的关系是建设性且富有成果的。大量的企业经营失败要归因于企业领导与配偶或伴侣之间产生的矛盾，在创业初期，高情商尤其有助于规避这类问题。

总的来说，在企业的经营中，高情商的积极作用主要包括以下几个：

1. 倍增他人的才干。优秀的企业领导者知道如何正确激励属下，并将激励机制合理地融入到岗位设置和工作环境创建环节之中。人们的需求形形色色，所以要做到这一点需要很高的情商。

2. 促使员工完成看似不可能的任务。有些难度极大的工作目标看似不可能完成，有些企业领导却总能激励人们最终完成这类任务。这种非常难得的能力只有提高情商才能获得。

3. 让员工总是情绪饱满。在企业创业之初，员工经常要担负一些很有挑战性的任务，要和许多大公司同场竞争，此时很容易感到沮丧并丧失信心。而情商高的企业家知道如何让员工充满信心，这种能力是企业的宝贵财富。

4. 有助于帮助人们提高心理包容能力。无论在工作还是生活中，很多时候我们倾向于排斥异己。而情商高的人知道如何引导他人包容由种族、语言、性别、身体缺陷、心理疾病等原因产生的差异。

对于企业家来说，高情商的益处显而易见。他能在经营管理方面更加游刃有余，并因善待员工而提高其对企业的忠诚度。高情商的企业家能够通过给予员工宽容和尊重，使其主动提升自己对企业的价值。

对于讲求实效的生意人来说，高情商的价值还在于能通过以下两个途径来提高决策效率，增进决策效果。

第一，提高看清“硬币反面”的能力。只有真正全面地了解事物的各个方面才能做出最佳决策，高情商恰恰能帮助人们正确了解他人的想法。当你因此而掌握了事物的来龙去脉之后，就能不仅仅出于商业考虑而做出决策，还能照顾到他人的感受和社会效益。这意味着你的决策不单性价比很高，而且综合来看也非常明智。

在当今商业社会，企业家决策时不但要考虑商业效果，还要顾及所做决策对他人的生活和健康、对全社会以及自然气候等方面的影响。如果忽视后面这些因素，即便是当初看起来最佳的商业决策最终也可能导致严重后果，导致经济效益与社会效益的双重损失。

第二，破除企业内部等级制度的弊端。很多时候，决策出自企业中最有权力的人，但他们往往不是制定这些决策的最佳人选。有些高管认为正确决策与身处高位是紧密相关的，而这正是很多错误决策的来源。高情商的人懂得，所处层级与正确决策之间并无必然联系，他们会寻找正确的人来制定决策，不会仅凭年龄、地位、学历等因素来评判对方。

此外，提高情商有助于增进企业家之间的合作。很多研究以及我的公司中的实例表明，企业经营的成功并非靠一人之力就能办到。作为企业家，你得借助合作伙伴的智慧和能力才能取得成功，而另一方面，对方同样离不开你贡献的智慧和能力。

商业搭档之间的关系与夫妻有很多相似之处，处在这两种关系中的人都要懂得适当地妥协，并要时常为对方着想。所以很自然，如果情商高的人能与搭档保持更为长久的合作关系，企业也会因此良好地运转下去。

对于企业家来说，要获得成功，除了要创造世界一流的产品，还离不开优秀的商业搭档。而要保持搭档间的关系健康长久，双方都必须提高自身的情商水平。这大概算是企业家必须提高情商的一个最有说服力的理由了。

>>> 提高情商的几个途径

1. 参加测评。首先你需要了解自己的情商水平，为此，不妨做一些情商测试题，这将让你获得一个良好的开端，最有名的测试题来自心理学家丹尼尔·戈尔曼。如果不习惯做测试题，也可以向配偶或身边的朋友了解他们对你的真实看法，通常他们会给你最中肯的建议。

2. 找位导师。这是另一种提高情商的方法。在与导师共事的过程中，他能够对你的情感技巧和控制情绪的能力加以引导。

3. 提高倾听能力。多倾听他人诉求是提高情商水平的重要途径，有很多这方面的书籍，平时应该多读读这类书并将有关方法应用于每日生活。

4. 读些小说。这听起来似乎与提高情商不相干，但读小说，特别是读一些描述人际关系的经典小说是提高情商水平的最佳方式。

5. 学会运用肢体语言。肢体语言是与他人交流情感的一种方式，这方面的书也有很多，在读书的同时请人当面指导也是有益的。

情商并不仅仅是针对女性或多愁善感之人而言的，情商是影响商业成功的重要因素，特别是当创业者没有豪华创业阵容和雄厚财力时显得尤为重要。情商最终直接反映到公司的业绩中。

如果你是一位创业者，你应该思考一下你自己的情商水平是否可以使自己胜任特定职位，也应该思考一下是否你有足够能力确保自己可以建设性地处理与员工、董事会、投资者及公众的关系。

总而言之，尽管有时候我们难以直接感知情商，但这种难以描述的事物却似看不见的手，在硅谷的每一处发挥着作用。

第 24 章　激情驱动创业公司迈向成功

你看过电影《社交网络》吗？是一部关于马克·扎克伯格创立脸谱网的电影。这部电影描绘了许多创业公司中真实发生的事情，如果你是一个创业者或一家创业公司的员工，很值得花时间去看一看。

电影真实再现了现实生活中的马克·扎克伯格，内向、无趣、不擅社交、书呆子似的一个人，却也非常聪明和有进取心。作为公司创始人，他认识到哪些事情对于公司发展是最重要的，那就是要创造并激发员工的兴奋点和激情，培养他们成为优秀员工。而当许多员工成为优秀员工时，作为创始人自然可以最大限度地实现产品和顾客的价值。

表面上看起来挺无趣的扎克伯格通过举办一次次的派对和活动招募到了他的员工。在旧金山他们一起住在一大所房子中，当然这不仅仅是为了分享生活乐趣，这个大房子也是一个 24 小时不间歇的工作场所；而且所有员工在这种环境中无处可藏。

没有激情的创业公司不能称之为真正的创业公司，如果没有激情，那只是另一间无聊的公司而已，人们做着如往常一样的工作，拿着如往常一样的工资。而扎克伯格很早就意识到激情就好似一种通货，可以把你原本创造的价值放大并提高。

初创公司的创始人及其员工的工作就是要使公司成为令人兴奋、充满激情的场所。让公司不仅仅是作为一家公司那样简单，而是要让其成为员工的一个生活体验场所，即使下班都不愿离开的场所。

我们讨论一个成长中的企业的发展时，通常会关注以下四个主要的推动因素：资金、管理、市场和产品。其实，还有一个因素也至关重要，那就是员工的激情。

如果你充满激情地投入工作，你会影响身边的员工，他们也会像创业者一样投入到工作中来。

有些人力资源管理者觉得，员工在为工作忙碌就代表他们很有激情，但这其实完全是两回事。忙得对路的员工与企业间的关系是积极的：他们乐于为企业奉献，并给予企业正面评价。但是，这种对企业的忠诚度并不能与工作激情画等号。

在我看来，满含激情意味着员工高度关注企业的发展。他们做这份工作的动力并不在于谋生，而是在于认同这个企业，以至于即便没有报酬也愿意为之效力。忠诚度已不足以概括这类行为，这样的员工更像是企业发展目标与价值观的狂热信徒。

显然，这类员工是一个成长中的企业梦寐以求的，但同时这也是可遇而不可求的。那么，如何才能让员工充满激情地工作呢？即便是经验丰富的管理团队和创始人也很难达成这一目标，而对于一个面向成熟市场销售了无新意的成熟产品的大型企业来说，更是难上加难。对于成长型企业和初创企业而言，让员工充满激情同样不易。因为光是拥有新奇有趣的产品和崭新的市场还不够，你同时还得具备其他一些因素。

年轻企业的创始人和管理团队本身有可能也很年轻并缺乏经验，此时就会面对一些问题：因为是初次建立并经营一家企业，所以对企业管理一无所知或知之甚少；知道如何调动员工的积极性，但不知道如何让这种积极性持久；由于经验不足、缺乏自信、傲慢自大等原因而做出一些蠢事；因为是技术背景出身，所以缺乏良好的人际交往能力甚至完全不知道如何与他人打交道。存在这些问题的时候，想让员工获得并保持激情就更难了。这样的企业尽管有可能开发出优秀的产品，但会因为难以赢得员工的认同而走不长久。而且，不单是年轻企业，成熟企业也可能出现这种情况。

>>> 点燃工作激情的 10 条军规

员工的工作激情的重要性显而易见，但是坐而论道的意义不大，企业管理者的关键还是要弄明白如何让员工充满激情地工作。那么接下来，就让我们研究一下能让企业点燃员工工作激情的 10 条军规。

1. 规划发展愿景

规划企业的发展愿景并不简单地等同于立志开发出一款伟大的产品，前者涵盖的内容更多。企业愿景应当包含很多高大上的精神层面目标，比如“让世界更美好”“帮穷人走出困境”“帮残障人士圆梦”等。如果将企业愿景放低到产品开发层面，一旦项目失败，企业就将失去前进的方向并导致激情低落。反之，如果将产品研发提升到实现企业愿景的高度，即使中途遇到一些难题，也能用崇高的愿景来激励大家努力前行。因此，在企业创办之初建立一个宏大愿景，对于激发工作激情来说非常重要。

2. 让员工各尽所能

企业有了宏伟愿景还不够，还要让每一位员工都看到，他的工作岗位和聪明才智对于达成企业愿景来说至关重要。为此，企业管理者应当让每一位员工知道如何从个人条件出发，努力配合企业整体远景的实现。这样一来，宏伟愿景就与企业的每个成员现实地联系起来，人们从精神上有了奔头，知道自己是在为何而战。

3. 时时提醒大家莫忘初心

让员工知道自己应当如何为实现企业愿景而努力还不够，企业管理者还需要就此时时提醒大家。否则人们会逐渐淡忘这些，或者他们会认为你提过一次之后就忘了，还有一种更糟的可能，他们会认为你虽然没忘，但并不真正重视他们的贡献，只是偶尔嘴上说说而已。

4. 发现企业中的活跃分子

每个社会组织里都有一些富有创新力和执行力的人，他们是这个组织的生机源泉。管理者应当有能力在自己的企业里发现这样的人，并知人善任地让其服务于企业愿景。同时，管理者应当与他们并肩作战，这会让对方甘愿发挥自身的聪明才智来奉献企业。他们一旦被调动起来，除了尽其所能，还会感染和带动身边的人共同为实现企业愿景而奋斗。

5. 给部分员工安排特殊任务

作为企业管理者，你可以给部分员工布置一些富有挑战性的任务，这会让其他员工觉得你确实是在想方设法地实现企业愿景。有些领到任务的员工为了完成使命，还会调动自己的私人资源，这将产生“众人拾柴火焰高”的效果，而不仅仅是少数人在为实现企业的愿景而努力。这种方式还有“统战”作用，因为员工的私人关系中有些并没有义务支持你这家企业，有些甚至并不认同企业的愿景，而这样融汇各方力量对企业的发展显然非常有利。

6. 给部分创新力强的员工安排些无关当前愿景的任务

这种建议看似有些奇怪——难道不应该让每个员工都集中精力去实现企业愿景吗？确实，大多数员工应当专注于企业愿景的实现，但也需要安排一些创新力强的员工去做些其他的事，比如规划另一个愿景，因为目前这个愿景没准儿会通向一条死胡同。为愿景而努力没错，但也要有后备计划。

更重要的在于，此举还向员工表明，企业领导不是一个自以为是的人。安排活跃分子去探寻新的企业愿景，并授予他们相应的职权，会让他们感觉到领导的信任以及对其聪明才智的肯定，感觉到领导愿意给他们提供积累经验、提升领导才能的机会，从而增强工作的积极性。

7. 公开表彰为实现企业愿景做出贡献的员工

以上几条都做到的话，你就能够拥有一批能从多角度实现企业愿景的员工。此时，记得要对他们的贡献给予公开褒奖，虽然不必溢美，但确有必要让他人知道这些员工为企业做出的贡献。对受表彰者来说，这是一种巨大的奖赏，因为这意味着他们的付出得到了重视。同时，这种表彰还能产生示范和激励效应，让他人看到，在这个企业里，只要有贡献就能得到相应的肯定。

8. 广开言路，虚心听取

以开放的心态收集意见建议的好处显而易见，但大多数企业的领导者并不想这么做，或者虽号称乐于听取意见建议，但被员工认为言不由衷。虽然很多建议确实缺乏可行性，但至少要让员工看到，他们的建议本身是得到了领导尊重的。

大多数员工并不指望自己提的建议得到采纳，但他们希望领导能考虑一下这些建议，这会让他们感觉自己受到了尊重。尊重是互相的，当他们感觉到自己受到尊重，反过来也会尊重领导，并更尽心尽力地为实现企业愿景而奋斗。显然，这有助于激发员工的工作激情。

9. 开会时让下属先说，自己少说

大多数领导都喜欢开会，那不妨掌握一些借助会议激发员工工作激情的技巧：技巧之一是先让大家发表看法，领导最后发言。这样做的好处是可以在发言前掌握所有人的观点，对于那些观点没有被采纳的人来说也是一种尊重。技巧之二是领导少说为上，因为言多必失。具体来说，领导的发言时间不要超过会议总时长的20%。

10. 与优秀员工一道努力，帮他们发挥自身潜能

那些贡献突出的员工，到其他企业工作或许能做出更大的成绩。作为企业领导，此时你应该成全他们，并帮他们寻找更适合自己的企业。这种做法能够激励其他员工更加努力地工作，并向自己的亲朋好友介绍你知人善任的做法，吸引他们也到你的企业来工作。这无疑是激发员工的工作激情的好办法。

>>> 保持工作激情的 10 条军规

破坏总比建设容易。作为企业的管理者，当你千辛万苦地激发出了员工的激情之后，如何将其保持在一个较高的水平之上呢？以下 10 个管理原则能帮你达到这个目的。

1. 不要容忍尸位素餐的行为

对于工作缺乏效率或是效率比他人低下的员工，应当要求其改进自己的行为，若他做不到，就应当请他走人。因为对于那些努力工作并富有成效的员工来说，当他们看到混日子的同事也过得挺好，并没有因此受到惩戒时，他们的工作激情将遭受打击并会有样学样地开始混日子。管理者没有做到奖勤罚懒是最常见的导致员工工作没有激情的原因，所以千万要注意这一点。

2. 不要放任负面情绪的存在

这也是一个经常出现的情况。有的员工在遵照企业现行规定行事的同时，会对其提出批评意见并试图寻找解决方案，这是可以接受的。但如果员工只是发牢骚而不去想办法解决问题，时间长了就会影响工作激情，因为负面情绪会传染给他人。

解决这个问题的最好方法之一就是召开会议，让员工在会上开诚布公地给企业提意见，然后大家一起寻找问题的解决方法。这样就能将负面情绪转化为正面情绪。

3. 不要在背后指摘员工

这是另一个本不该出现却在现实的企业管理中经常出现的问题。首先应该承认，员工向领导打听后者对其他员工的批评意见是很平常的事，这是办公室政治的一部分。但企业领导应当避免这种议论，因为如果领导随意在背后指摘某个员工，每个员工都会认为这种事也会发生在自己身上，从而不再信任领导，并因此工作再无激情。

当创始人被员工问起此类问题时，可以考虑这样回应对方："我们有很多优秀的员工，你提到的这位正是他们中的一个。而且我从不当着员工评论其他员工的表现，除非前者是后者的顶头上司。要是其他人向我问起我对你的看法，我同样不会告诉他们。"

4. 平等待人

领导对员工要一视同仁，不要有亲有疏。如果领导对员工加以区别看待，受宠的员工或许因此有较高的工作激情，但那些不受重视的员工会不信任甚至怨恨领导。在这种情况下，员工哪还会有工作激情。

5. 要有担当，决策透明

企业领导有时不得不做一些不得人心的决定，不要为此心怀歉意，这只会让人觉得你软弱、不可靠。如果不得不做这类决定，就要当机立断并做到决策透明。

或许公布一项不受欢迎的决定的最佳方式就是召开大会。领导应当在会上向员工通报做出此项决定的理由，并允许大家就此提问或做出评价。这样一来，即便员工不赞成决定本身，他们也会对领导开诚布公的勇气和做法表示敬意。所以说，只要应对恰当，就能逆势激发员工的工作激情。

6. 不要区别对待持不同意见者

这也是一个常见问题。如果领导区别对待自己意见的支持者和反对者，最终没有人会再给你提建设性意见，这很可能导致你酿成大错。还有，支持你的人为了争宠，彼此间存在着竞争，这样的办公室政治也会让他们的工作激情有所下降。所以，记着不要区别对待不同意见者。

7. 要带头努力工作

管理者应当比员工更加努力地工作，否则以你为榜样的员工就失去了效仿的目标，然后他们也会学着出工不出力。当努力工作的员工看到领导和其他同事工作懒散时，心里会感到不满。一些人会因此离职，留下的人有些会和你对着干，因为他们觉得自己之前的付出没有得到应有的回报。这种情况下，员工的工作激情必然会受到严重挫伤。

8. 不要说一套做一套

这与上一条的理由差不多。在企业中，如果管理者要求属下遵循重视质量、守时、诚实、厚德等为人处事的准则，他自己就要率先做到这些，只有这样才能得到别人的尊重。如果管理者只拿高标准去要求属下，而自己胡作非为，哪怕是在报销票据时耍心眼这样的“小事”，也会让员工们竞相效仿，企业整体的工作士气很快就会出现严重问题。

9. 不要无礼指责董事会或投资人

令人惊讶的是，企业管理者经常做这种事，即便是创始人也会吐露对董事会和投资人的不满。领导这样做会让员工有一系列想法：第一，他们会认为领导层不团结，并由此担忧企业的前景，对企业愿景也会心怀疑虑；第二，员工们会觉得，既然创始人能指责他的上司，为什么我不能指责自己的领导呢？由此，领导将收获一堆毫无建设性的多余意见；第三，员工会认为，领导批评自己的上级是因为其内心缺乏安全感，这体现出他的领导能力的不足。员工会因此产生担忧情绪，士气因而将受到影响。应当注意的是，无礼指责与有礼貌地提建设性意见不是一回事，后者是一种正当行为。创始人与董事们心平气和地就彼此的分歧进行沟通，寻找建设性解决方案的做法，是有助于提高员工的工作激情的。

10. 不要迎合部分员工对同事的好恶

很多企业的管理者都有这种不明智的行为。实际上，领导要以身作则地客观评价他人，不能人云亦云，不能为了从众而迎合部分员工对同事的偏见。做到这一点，领导就能赢得员工的尊重。反之，非但得不到尊重，还会影响员工的工作激情，因为没有人愿意追随一位不能勇于坚持正确做法的领导。

创始人满含激情，还能将这种激情带到公司影响整个公司，对于公司未来成功与否具有独特的意义。有工作激情的员工可以极大提高工作效率和成功几率，以及公司的估值。因为工作激情使得这些员工不把自己当成普通员工，他们像公司创始人一样努力工作。

如果你带着激情工作，自然也会将这种正能量传递给顾客、投资者和市场，也无疑将会为创始人和公司带来新的机遇。

相信这些也会为中国新硅谷的创业者们带来帮助。

第25章　拿什么奖励你，我的员工？

给予努力工作、忠于职守的员工奖励是让公司稳步发展的重要措施，在公司发展不顺利的时候采取这些举措尤其关键。支付高薪、发放重奖是主要的奖励方式，但作为老板的你有时可能无力负担，甚至连股权都给不了，这时该怎么办呢？

我在政府机关，确切地说是澳大利亚政府开始了自己的职业生涯。当我成为资深员工时，我就必须要做所有未来高级主管都会做的常规工作。这样做的目的有几个，可以激励员工，给员工一个未来愿景，提高工作效率等等。

实际上当你在政府工作时，你并没有那些在经商时可以拥有的实权。比如你不能凭自己的意愿就给某人升职、加薪，或给某人一份好工作。你甚至不能因为员工表现不佳而辞退他们，也不能给予他们与工作不相关的、需要花钱的任何形式奖励。

当我以前在政府工作时，我总觉得怎样奖励员工是个不好解决的问题。但是仅仅几年后我意识到在政府工作也给了我培养这种技能的机会。事实上，在政府中工作你必须要学会这种技能，即如何不用钱来激励员工。

当我真正开始在创业公司工作时，我才认识到我以前的工作经验对我运营一家初创公司有很大的帮助。毕竟当你在经营一家创业公司，特别是在公司刚开始运营时，你通常没有多少钱，你给不了员工多少钱，他们有好业绩你也给不了他们奖金和其他需要花钱的奖励。

当然，你可以提供给他们股权。股权不是钱，仅是一张欠条而已。你可以承诺员工当公司开始盈利并成功时与他们一起分享财务回报。但是我们都知道，这种公司未来会成功的说辞并无任何保证，甚至看起来不可能性更大些。这时，你必须有很强的说服力，将这种赚钱的低可能性描绘成最大可能性，让员工相信这个美好的愿景。

如何在不用花钱的情况下激发员工热情的技能，无疑在生活中的其他领域也是非常实用的；而如何学习这些技能也是提升自我管理水平和个人能力的一个重要方面。

下面我将列出一些方法，让你可以选择用直接发钱以外的形式来奖励员工，这样至少可以帮你减轻一些资金压力。也许你永远不必采用这些方法，但有备无患总是件好事。

要知道，无论什么水平的员工都需要两样东西：使命感和人生目标。大量研究表明，大多数员工的工作目的不仅限于赚更多的钱。他们觉得生活中总有些事比挣更多的钱来得重要，比如自己的人际关系、家庭以及助人。因此，在考虑采取何种方式激励和奖赏员工时，需要考虑这些方面的动机。

你可以支持员工为这些非物质目标而努力，而不必向他们发放更多的工资或奖金。反之，即便通过发钱能在短期内赢得他们对你的感激之情，但如果你只是给他们更多的钱而不去关注他们的基本动机，就可能失去他们对你的尊重。作为老板，你应当做到长期帮助他们，帮助他们生活得更快乐，有更多的人生收获。你可以从以下几个方面入手达到这个目的。

>>> 为员工提供职业指南

大多数人都希望在事业发展方面获得帮助，尤其是对年轻人来说，他们通常不清楚自己的选择对个人发展有利还是有弊，也不清楚什么样的选择才是最好的。就此，你可以通过以下几个方法来帮助他们。

对员工的职业发展提供帮助和建议，告诉他们最佳的职业道路何在，以及现在应该如何着手。

如果现在所处的工作岗位不能最大限度地发挥员工的才能，那就帮他们认清这一点并与他们并肩工作，以此让他们看到更好的职业发展道路，甚至还可以帮他们在其他公司找一条更有助于他事业发展的职业道路。

帮助员工在本公司或其他公司谋求更适合他们的工作和职位。

为他们提供一些具有普适性的人生规划和专业技术辅导，以此帮他们进入最好的人生轨道。

>>> 为员工提供深造机会

对很多员工来说，提供学习机会是一项重要的激励。因为学习有助于提升他们的职业价值，还包括其他一些方面的价值，比如可以成为异性眼中更有吸引力的配偶选择。在用学习机会作奖励措施这方面，老板有很多可以做的事，包括：

支持员工攻读在职学位。为此，可以给他们提供学习的时间；提供与他们正在学习的专业相关的岗位；为他们报销购买学习用书的开销；以公司的名义向他们就读的学校和导师提供支持，比如给在校生提供实习的机会。

给员工放学术假。可以给资深员工放几个星期或几个月的假，让他们去学习与职业相关的东西。他们学到的技能对自己、对公司都有好处，而且这些收获是无法从日常工作中获得的。

给员工提供游学资助。也就是出资让员工去游学，到其他国家和新环境中见识一些新科技、新产品。

派员工外出参会。这能让他们感受到与公司内部会议完全不同的气氛。

提供海外旅行的机会。去实地感受一下他国的政策、政府、企业、产品及服务，这些都是他们平时看不到的。

安排员工上短期课程。让他们去参加为期 1—4 周的短期课程，这能学到新技术和新方法。

帮员工出版作品。有些员工可能希望将自己拥有的某些独特知识以出版物的形式传授给他人，或是计划写作并出版小说或非虚构作品。对于这样的员工，老板应当给他们提供支持和建议，并帮他们完成出版计划，这对他们来说将是一笔宝贵的精神财富。

>>> 帮员工解决个人难题

有些员工正在寻找个人生活方向并为此寻求支持，也许他们的家庭生活出了一些问题或是与伴侣有了矛盾。此刻向他们提供帮助和支持比直接给钱更有价值，你可以通过以下几种方式帮助他们：

为员工提供婚姻及人际关系咨询。你可以出资聘请专业心理治疗师为员工提供此类咨询服务。

帮员工提高心理健康度。实现这个目的的方法有很多，比如为员工安排一些有助于提高情绪健康度的训练课，比如冥想、瑜伽或专注力培训。

帮员工提高个人能力及生活能力。有一些员工特别害羞、内向或是缺乏自信，他们有必要学习如何克服这些问题，以便更加自信地面对生活。公司可以考虑出资送他们去参加一些培养表达能力、演讲技巧的课程，或是学一些表演课程。

为员工提供体育运动的机会。众所周知，体育运动能让人变得更加健康快乐，还是化解抑郁等精神健康问题的有效方法。公司可以花钱给员工办一些健身房的会员卡，或是请专业人士来公司开设武术、舞蹈等课程。

>>> 成为员工家庭的后盾

员工都有家庭，无论家人年轻还是年老，他们基本上都会有一些因家庭而生的特殊需要或问题。公司为遇到这些问题的员工提供支持具有很大的价值，可选途径包括：

批准事假。每个家庭都可能遇到突发情况，比如家里的老人、孩子或是亲属迫切需要帮助。此时公司给员工最好的支持方法之一就是慷慨地批给他们事假，让其去处理家里的急事。

为员工照顾孩子提供便利。对员工尤其是女性员工来说，照顾孩子相当重要。公司可以为此添置一些儿童护理设施或是为此类社会公用设施提供赞助，从而为员工照顾孩子提供方便。

请员工及其伴侣吃个饭。有时员工伴侣的精神健康水平和幸福感与这位员工本人的同样重要。作为老板，你可以试试偶尔跟他们单独地，而不是在大型聚会上见面。通过这种方式你能更好地了解他们，并知道你的员工及其家人的实际需要。

帮助员工的家人克服不良嗜好。并不是只有美国人才会遇到家人吸毒、酗酒等问题。如果你的公司员工中有谁的家庭成员正面临这样的问题，公司除了抱以同情之外，还可以提供一些途径让员工获得来自专业机构的咨询、照顾及设施方面的便利，以此帮助他们解决这些问题。

为员工提供心理抚慰。有时你的员工会遭遇家人去世或遇到其他导致心理创伤的问题，此时若其家庭不完整或是离家甚远，缺少来自家人的关爱支持就成为另一个大问题，员工遇到近亲去世的时候表现会尤为明显。此时，若是公司能派一位心理顾问倾听员工的倾诉，对员工来说将是极大的安慰。

帮员工照顾家里的老人。越来越多的员工正面临父母或亲属日益年迈的问题，老人不但可能身患疾病，日常生活也离不开他人照顾，很多时候员工与这些亲属还不在同一个城市生活。公司除了向面对这些问题的员工表达同情之外，还可以提供假期让他们回家与亲人团聚些日子，或是为患有老年痴呆症等疾病的老人提供一些专业支持。

允许员工弹性工作。公司可以提供弹性的工作安排，以便让员工们有时间照顾家人。弹性工作安排包括在家工作、非全日工作和弹性时间安排等不同方式，与高薪和奖金相比，这种方式能更加有效地帮助员工解决实际问题。

为员工子女提供实习机会。为员工的孩子提供无薪实习机会是帮员工解决实际问题的一个有效方式，因为这能给员工的孩子们提供工作经验和职业帮助，并帮他们规划就业方向。这些都是你的员工非常看重的东西。

>>> 帮员工制订退休规划

早晚有一天员工都要退休，虽然有些员工还有十几年才到退休年龄，但他们已经开始为此忧虑，考虑届时以什么为生，退休后该做些什么等问题。以下是一些可以帮助这类员工的方法：

为员工提供退休辅导。公司可以请专业人士来帮助员工挖掘自身潜在的特殊技能或兴趣爱好，以便让他们退休后能老有所为，老有所乐。

为退休员工提供发挥余热的机会。有些已经退休或即将退休的员工具备公司需要的某些技能，公司可以派专人对这些员工的技能情况加以记录整理，并为其提供相应的用武之地。一般来说，公司只需为之提供很少的报酬即可，有些退休员工甚至可能愿意无偿奉献。

举办一些退休的准备性活动。公司可以为即将退休的员工举办一些活动，借此让他们了解公司为帮助其适应退休生活提供了哪些支持。

>>> 认可员工的工作成绩

通过一些特别的方式对员工取得的成绩给予认可，是提升员工职业忠诚度的有效方式，这比直接发钱的效果要好。以下是一些特别有效的具体方法：

对员工给予特别的瞩目。公司的 CEO 或是领导层成员可以当众走到某位员工的办公桌前，问候并感谢他/她为公司做出的贡献。此时并不需要准备礼物，或者只需要一个非常小的礼物就会产生非常积极的效果。

当对公司有特殊贡献的员工走进公司大门的时候，安排前台接待员对其给于特别的问候是个不错的办法；公司 CEO 或高级主管在茶歇时间给员工端去一杯茶或咖啡也是个好主意。

给员工授予荣誉称号。公司可以向某些资深员工授予特殊奖励头衔，比如“公司大使”这样的称号，并为他们佩戴特别的徽章，邀请他们出席某些商务聚会。

获得这类头衔的员工可以享受一些特殊待遇，包括：子女到公司实习；参加专门的培训课程；提前得到晋升；获得高管在公司大会上的公开表彰；等等。

>>> 帮员工实现助人愿望

很多人并不满足于自己得到帮助，他们还想帮助其他人。如果这类员工看到自己供职的公司也乐于助人，或是愿意帮他们助人，他们会更尊重自己的公司。在此，公司有如下一些事可做：

参与慈善活动。由员工提名确定希望资助的慈善机构，由公司出面捐款。

为员工参与慈善活动提供便利。公司可以为去参加非营利组织或者慈善机构活动的员工准假，这种假期既可以是每周固定给 4 个小时的，也可以是每年给 1 个月的。

红利捐赠。很多美国的公司会拿出一定份额的利润捐给慈善机构，如果你的公司也这么做的话，可以用捐赠总额除以员工人数，以便告诉大家每人给慈善机构捐了多少钱。也可以把这种捐赠看作虚拟的奖金，也就是说，以捐助慈善事业的方式给员工发奖金。

生活中有很多事比钱更重要，如果你能采用以上某些方法，将毫不意外地得到员工某种形式的尊重。当然，要是你既能采用以上的某些方法，又给员工加薪、发奖金，那就更受大家欢迎了……

当你要创立自己的公司时，这些技巧必不可少。每个创始人都需要熟知这些方法和技巧，每个经理和执行人员也同样需要了解。为了最大限度地发挥创业公司员工的能力，同时把费用降至最低，你需要多次运用这些方法和技巧才能熟练掌握。

在创业早期公司没资金的情况下保持员工的热情与激情可不是一件易事，这也正是为何不是所有创业公司都能存活下来并取得成功的原因。

第 26 章　健身是硅谷成功的秘诀吗？

你知道吗？现任苹果公司的 CEO 蒂姆·库克是一个健身狂，Google 的联合创始人谢尔盖·布林热衷于自行车骑行，而 Hulu 的前创始人杰森·基拉尔则是跑步爱好者。我也喜欢跑步，所以我对其他喜欢跑步的企业家们也比较感兴趣。

>>> 硅谷是体育锻炼之谷

有无数的文章在探讨硅谷是如何创立并发展的，都意图揭示硅谷的独特之处。硅谷有很多创业投资家和天使投资网络，还有斯坦福大学及其著名的计算机科学课程。那里企业家精神盛行，活跃着很多移民至此的企业家。而对那些勇于冒险、自由思考的人，硅谷也总是青眼有加。同时，在硅谷创办公司的手续很简便（其实在美国的其他地方也同样如此）。毫无疑问，以上这些因素促成了硅谷及硅谷公司的巨大成功。

但在此我要告诉你一个此前无人提及的秘密，这与加州居民的健康习惯，特别是他们的运动水平有关。我要说的就是，体育锻炼是促使硅谷和加州获得成功发展的秘诀之一。

从统计数据来看，加州的吸烟人口比例在全美位列倒数第二，这意味着那里的肺病和呼吸道疾病的发生率非常低。更重要的是，低吸烟率使更多的人有机会参与体育活动，特别是跑步之类的有氧运动。需要强调的是，加州的体育运动水平排在全美第六，这与尤其热爱跑步和自行车运动的加州及硅谷居民的表现很不匹配。

在此我要介绍一下加州的地理特征。它大致分为三个区域：一是北加州，旧金山和硅谷就坐落在这一地区；二是南加州，那里的主要城市是洛杉矶；最后就是洛杉矶以东的“内陆帝国”（the Inland Empire）地区，即加州的内陆地区。南加州和内陆帝国的经济条件要比北加州落后很多，富人主要集中居住在旧金山和硅谷，而最富裕地区居民的健康状况会更好。

基于以上分析，加州的体育锻炼水平统计并不准确，它错误地评估了北加州人的健康状况。因为这种统计涵盖全部加州，其中也包括贫困地区，而那里的居民很少从事体育锻炼。与之相对的是，硅谷居民在体育锻炼方面的表现，即便不是全美最出色的，也是最出色的之一。

>>> 体育锻炼全面有益身心

你可能会说，硅谷人很健康是好事，但这与他们的创业创新精神及创业积极性有什么关系呢？而且，热爱运动不是意味着要占用创新创业的时间吗？为了搞清楚这个问题,我们有必要了解一些关于体育运动和认知能力关系的知识。让我们看看运动在短时间内给我们的影响。

有研究表明，当一个人持续奔跑 15—20 分钟之后，其智商会有暂时但显著的提升。但这种提升无法持续，运动结束后的 40—60 分钟内，这种效应会开始慢慢减退。所以，跑步实际上是获得了一个让自己的智商在几个小时内不受约束地增长的机会。那些硅谷人士在运动时会更像是超人或女超人，他们有机会借此酝酿思考也许在平时显得难度很大的关于新产品、新服务的创意。

坚持每天跑步相当于每日接受涡轮增压级别的脑力锻炼，成百上千的硅谷企业家每天都在这样做，这已成为他们拥有的强有力的竞争武器。如果他们的竞争对手不运动，就会处于巨大的竞争劣势之下。

运动的好处还不止于此。人们通常认为，人的大脑会随着年龄的增长而逐渐出现萎缩，由此造成神经元的减少，这意味着认知能力将逐步减退。但最近的研究表明，事实并非如此。

如果你经常从事跑步之类的有氧运动，就能促进神经元的再生。以前的研究认为这是不可能的，但实际上坚持定期运动的确会达到这一效果，会让大脑的功能会变得更强。经常进行有氧运动的人，即使年龄增长，大脑功能也会持续变强，认知能力与日俱增。这意味着，即使年龄不断增长，那些热爱运动的硅谷人也会持续获得更强的思维能力，这不再仅仅是年轻人的专利。

对那些相对年长的 CEO、风投人士和程序员来说，运动将使其脑力不会随着年龄的增长而减退。纵观整个硅谷不难发现，这对提升企业的竞争绩效有着巨大的积极影响。相应地，如果公司高管和员工们不定期从事体育锻炼，公司将因此面对巨大的竞争劣势，因为他们的大脑机能和认知能力将低于硅谷的平均水平。

针对体育运动开展的研究还有一些有趣的发现。研究表明，运动并不只对竞争效率有影响，更主要的在于对心理健康和幸福感提升有正面影响。目前的研究已知，剧烈运动促使人脑分泌的化学物质会使人感觉更加幸福。同时，对一个容易陷入沮丧情绪的人来说，定期体育锻炼会比药物或理疗更有助于缓解消极情绪。

以上说的这些与硅谷有什么直接联系呢？其关联在于，每个国家都面临着来自国民心理健康水平的挑战。社会越发展，国民的心理健康问题就越多，并导致抑郁症、滥用药物、药物依赖成瘾等问题。这些问题存在于世界上每个有人的地方，其中自然包括美国、加州乃至硅谷。

心理健康问题、抑郁症、低水平的幸福感都会导致生活缺乏目标，并由此导致生产力水平低下。如果社会中的大部分人坚持体育锻炼，这些问题就不会那么普遍，使命感、敬业精神、发展事业的雄心都会有所提升，而这些将有利于社会的进一步发展。对硅谷来说同样如此，更高水平的运动能力会转化为更强的使命感、幸福感及更高的生产力，这些都有助于社会的综合发展。

对于美国等发达国家而言，肥胖症是一大困扰，而这也逐渐成为一些发展中国家要面对的问题。如今出现了一个明显趋势：经济条件不好的人更容易变得肥胖，而富裕人群的体重则更趋于标准。也就是说，可以通过观察人的身材去判断他的经济状况。

肥胖造成的问题在于，罹患 II 型糖尿病代谢综合症、高血压等疾病的机率会随着体重的增加而增加。身患这些疾病的老年人还可能得阿尔茨海默氏病，也就是俗称的老年痴呆症。这些疾病都极大影响着国民的整体健康水平，其中也包括心理健康水平，并导致认知能力低下。

硅谷人很少患有以上疾病，因为他们习惯保持一定强度的体育锻炼，他们老了之后也不太可能患阿尔茨海默氏病。换句话说，硅谷人高水平的运动能力可以转化为一种竞争优势，使其得以减少患病，降低医疗开支并提高生产力。

>>> 成功复制硅谷的诀窍

每个国家都想打造自己的硅谷。当政策的制定者和企业家们试图共同努力来建设一个硅谷时，他们会不约而同地想到一些建设因素，比如创办孵化器，开办带有计算机系的大学，增加资金来源，保护知识产权，提供特殊的税收优惠政策等。毫无疑问，这些因素对于建设中国的硅谷来说也是至关重要的，但是对于成功来说，这些仍只算得是必要不充分条件。

成功打造一个新硅谷的关键因素在于实现目标的雄心、高度的社会责任感，以及高水平的心理素质和认知能力。只是少数人拥有这些素质是远远不够的，一个高科技发展带中的大多数人都来提升这些素质才能确保实现整体意义上的成功。

研究表明，心理特征乃至外在的肥胖都具有传染性。因为如果肥胖的人见得多了，人们就会觉得肥胖是一件普遍而正常的事，会自然而然地效仿那些导致肥胖的不健康生活习惯。建设新硅谷与之同理。高质量的身心健康水平、高度的社会责任感和认知能力等等都需要得到广泛传播，以使高科技社区里的每个人都受此熏染，形成良好的行为规范。高水平的体育锻炼同样具有传染性，一旦这种“病毒”传播开来，将使每一位社区成员从中受益。

总之，要成功地打造一个新硅谷，就应当让其中的每个成员都具备上述素质，而体育锻炼是关键一环。加州硅谷之所以如此成功，除了得到来自高科技、金融家、企业家、政策制定者的强力支持，更在于其蕴含的精神力量优于其他同样盼望获得此类成功的国家和地区。这种精神力量可以通过体育锻炼来形成，由此给身心带来的积极影响将在整个社区传播开来。

在尝试建立新硅谷的时候，必须设计好整个流程，让每个参与其中的人都受到上述正能量的熏染。否则，就算建造了基础设施，引进了必须的高科技和资本，也会由于精神力量的缺失而导致计划失败。这种必须的精神力量应当达到加州硅谷的水准，否则就谈不到成功地打造一个新硅谷。中国的硅谷也可以很成功，这在很大程度上有赖于精神力量的发挥。而精神力量的形成，则有赖于一批热爱体育锻炼、精力充沛的人。

>>> 第四部分

估值策略

第 27 章　你的公司会成为独角兽吗？

提起独角兽，你或许会想起那匹传说中的额头上有一只角的马，有的还长着一对翅膀。独角兽既然是传说中的生物，肯定非常稀少。

但是今天我们所指的独角兽，却是一类刚兴起的公司，同样，这类公司也很稀少。我们称那些在很短时间内实现快速发展、估值达到 10 亿美元规模的公司为独角兽公司。大多数独角兽公司是美国公司，如优步、Palantir、Airbnb 和 Snapchat 等公司，但是现在中国也出现了一些独角兽公司，如小米、滴滴、美团等公司，这种现象清晰表明如今中国的创业公司也开始迈向独角兽公司。

成为独角兽公司，意味着公司不仅仅局限于美国或中国地域，而是开始在全球领域发展。

虽然目前已经有不少的独角兽公司（大部分位于美国旧金山的硅谷），但相对于所有创业公司数目而言还仅是一个非常小的比例。独角兽公司有一些共同的特点：

1. 大部分公司有联合创始人。

2. 至少有一位联合创始人曾创立过至少一家其他的公司。

3. 创始人大都不年轻，大多数 30 岁出头或近 40 岁。

4. 大部分联合创始人曾在一流大学受教育，大都获得工科学位；或者他们干脆从学校辍学、根本没有获得任何大学文凭，比如马克·扎克伯格。

5. 他们来自不同的技术领域，但都在相关的领域处于领先地位。

6. 所有公司都有一项产品或服务获益于互联网效应。

除了以上所说的这些特点，我们并不能给你提供一个如何复制独角兽公司的魔术公式。不过，如果你已经研究出一项非常独特的产品或服务，我们可以指引你如何最有可能地把公司培育成独角兽公司。

>>> 采取系统的估值方法

中国创业公司的资本正以前所未有的速度呈爆发式增长。历史告诉我们对创业公司投入的资金越多，他们的花销也就越大。政府或者国企投资的公司更是如此。

得来容易的资金吸引了有远见的企业家，同时也吸引了江湖骗子。但即使有远见的企业家也常常挥霍资金，有时甚至金额巨大。即使是有能力的专业财务人士编制的财务数据，也不太可能体现这些问题。因为管理团队通常不会意识到费用过高，即使意识到，他们也会尽力掩盖。所以需要更科学的方法监控。

用更科学的方法才不会让管理团队被财务数据所蒙蔽，以为自己干得不错，而其实恰恰相反。更科学的财务管理方法才会防止创业公司管理团队常有的自欺欺人，虽然他们干劲十足、表现出色又诚实可靠。

创业公司能够成功的关键并不是良好的财务管理或者优秀的产品，而是对要达到的价值和估值的关注。这需要一个估值模型将管理行为和估值结果挂钩，还需要有条理的估值管理方法。

>>> 它能成功吗？

估值模型是一个将当前财务业绩与目标市值挂钩的模型。这一模型持续反映出目标市值在多大程度上能够实现。

创业公司总希望他们的财务报表技术上完全正确，就是那种财务专业人士愿意看到的，准确反映收入支出的一套数字。这是不正确的。

即使创业公司有称职的财务管理，但是没有估值模型，股东看到的财务报表无法体现公司是否朝着投资人与管理层设定的目标市值前进，这根本没有意义。特别是从这些财务报表无法得知管理团队的行为是推动了还是妨碍了计划实现。

一个创业公司的估值模型应该满足各方的要求，包括投资人、创始人和审计师。不过最重要的是，不管公司的目标是什么，估值模型应该持续体现财务数据与管理团队是否具备实现企业目标的能力之间的关系。

换句话说，建立估值模型的目标就是对这样一个问题的持续反馈：这家创业公司能成功吗？财务管理告诉你一个公司的财务状况，估值模型告诉你财务数据反映出的管理行为是会成功还是失败。对一个创业公司来说，这才是关键。

>>> 它有创造力吗？

创新性是创业公司的命脉。如果不够有创意就无法成功。常有些创业公司缺少自我创新，只是一味模仿他人，却只是东施效颦。估值模型必须能体现创业是否有创造力，还是只不过跟风而已。

通常人们认为投资人希望的是公司能够开发销售自己的产品。这个观点实在大错特错。投资人对两件事感兴趣：公司的可能达到的估值是多少？管理团队是否具备必要的商业智慧来实现这一估值？

投资人主要通过毛利率了解公司潜在估值。盈利能力对大多数创业来说没有意义，事实上，如果只注重眼前的获利而失去未来的估值，反而对公司不利。毛利率必须比竞争对手高。因此估值模型的关键在于展示出公司与竞争对手毛利率的未来趋势。

要获得高毛利率，需要有创新精神的管理层。否则，就无法超过竞争对手。所以估值模型必须从产品毛利和工艺创新两方面反映创造力水平。

如果毛利所反映出的创造力不够高，意味管理团队存在问题。CEO 和 / 或投资人必须采取行动改变这一状况。

估值模型必须体现一个创业公司与同领域内的其他公司或其他创业公司相比，毛利率是高还是低。它必须能持续反映公司是否朝着正确的方向发展，是否需要采取相应的调整措施。

>>> 它够节省吗？

创业公司尤其是资金充裕的公司常有的问题之一，就是费用过高。发生这种情况通常有两个原因，一是管理者因资金突然充裕而陷入了一种自我陶醉中，二是管理者没有创业经验或者曾在大型企业工作多年，习惯了大公司的挥霍无度。

估值模型的设计必须能够让公司管理者发现这种趋势，才不会让公司过早地被这些问题毁掉。

具体来说，财务数据必须清楚显示公司用于研发、销售、营销和管理上的费用与收入的百分比，如果可能还要与竞争对手比较。这样能够直接看出哪些管理活动不符合公司经营目标。

创业公司的费用应该比竞争对手低甚至低得多，这样才能刺激工艺和产品创新。如果投资人看到高额费用，包括高额薪水与福利，立刻就会想要换掉管理团队。从管理者开什么车，或其他方面（出差坐什么舱等、住什么酒店、在餐厅的花销）也能发现这些问题。

估值模型的目的是告诉管理团队或投资人，公司的费用结构是否与估值目标相符，才不会在他们耗资巨大想要纠正时，却发现覆水难收，为时已晚。

>>> 想达到多少估值？

创业公司只有一个终极目标，那就是达到一个高估值，把自己卖个好价钱。估值模型必须持续告诉人们这一估值目标能否达到，董事会和管理层才能就此制订一个切实可行的估值管理方案。

因此一个创业公司从开始就必须清楚想要达到多少估值，这里指销售或者利润的倍数。估值目标必须比竞争对手的高。估值模型必须持续反馈就公司的盈利能力而言能否达到估值目标。

这就是说估值模型必须包含与同类公司的比较数据，即估值指标的比较。从这些数据要能看出各方的创造力水平，最好通过毛利率的比较。如果估值模型中的财务数据并未显示公司的业绩指标优于竞争对手，那管理团队或者投资人就是在自欺欺人。

换言之，建立估值模型的第一步就是定义估值目标。所有工作都是以达到这一目标为中心。财务报表是了解能否实现这一目标的关键工具。

>>> 成功意味着依据估值目标制定管理行为

只有当管理团队的行为特质是适合的，一个公司才能成功。这里的“适合”并不是指适合开发或销售产品，而是指他们具有商业智慧，能够实现投资人或创始人设立的目标。

激发管理团队商业智慧最基本的动力是要达到估值目标的愿望。估值模型必须明确体现管理团队行为特质与公司成功可能性的关系。

商业智慧体现在两方面。一方面是管理团队的创新行为。这体现在毛利率上。如果毛利率不够高，那就不仅仅是财务问题，还存在管理问题，反映出管理团队缺少足够的创新能力。那么公司需要采取行动，要么更换管理人员，要么想办法改进。

体现商业智慧的另一点就是管理者和创始人的资源行为，这体现在创业公司或高或低的费用标准上。如果标准过高，就会通过财务数据反映出来，这不只是财务管理问题，而是财务数据背后人的问题。如果确实存在问题，同样，要么更换管理人员，要么予以改进。

创业公司在雇用与培养管理人员过程中，必须关注这两种基本行为。财务数据能够反映人的行为。通过正确的估值模型，我们能够发现管理行为是否能推动公司达成既定估值目标。

因此估值模型就是一个行为模型。财务报表所反映的都是管理行为。业绩无法达成的原因也是在于行为而不是数字。如果不改变相应的行为而一味追求漂亮的数字，那么创业公司是不会有所发展的。

建立估值模型就是为了体现人的行为与创造力和费用标准的关系。它必须体现管理团队里每个重要成员的行为驱动力能够推动公司的费用和毛利率达到估值目标的要求。

估值模型必须让每一位管理人员了解，他们自身的管理行为能够推动各项指标的达成，从而实现公司所设定的估值目标。具体来说这意味着为达到既定财务指标，要有条理地制定管理团队每一位成员的管理行为准则。

如此，我们超越了财务管理的技术含义，将创业公司的估值目标与实现这一目标的个人管理者和整个团队的行为能力连接起来。估值模型持续反映在多大程度上实现了这一目标。它不仅体现目标与团队之间，也体现目标与个人之间的关系，或许因为制定管理行为准则是构建估值模型中必不可少的环节。

>>> 非物质刺激是估值模型的一部分

每个创业公司都有促进管理人员达成估值目标的激励机制，通常是以期权或股票的方式。传统上认为这些激励机制是有效达成业绩最大的动力。

然而，行为经济学的大量研究以及实践经验清楚地表明，物质刺激不一定是达成业绩的最大动力。事实上，也许反而是最不起作用的。研究结果和经验明白地告诉我们，往往非物质刺激才更重要，包括得到同事的认可、个人成就感，或是对自己的工作抱有的信念，即精神上或理性上认为自己所做的事对公司、对社会是有意义的。

估值模型必须包含业绩激励机制，将物质刺激与个人和团队的业绩和估值结果挂钩，应该定期评估才能持续反映刺激是否有效。

但是估值模型也同样必须包括上文所说的非物质刺激。由于它不是金钱方面的，看起来也许没什么必要。然而非物质刺激有助于达成财务指标与估值结果，是估值模型至关重要的部分。

这就解释了为何谷歌允许其员工请假从事个人研究项目，以及有些创业公司允许员工从事公司以外的公益和社会活动。估值模型可以设定从事这些项目的时间与期权的转换率，从而形成非物质激励。

比如，公司可以因为一个管理团队成员在公司外从事某种社会活动而授予他期权，因而增强了他的成就感。我们不认为创业公司因此损失了前进的时间和能量。相反，它也许比传统方式产生更大的激励能量，从而达成更好的业绩。简言之，估值模型要达到更好的效果，必须包含精神层面的激励。

>>> 终极目标——持续估值管理

我要说的是财务管理对创业公司或其他任何公司来说只不过是价值管理的工具。一个关注自身发展方向的公司必定有自己的估值目标，以及追踪目标达成效果的模型。这就是估值模型。

因此创业公司会采用持续估值管理的方法。创业公司必须像其他公司一样注重结果而不是手段。它们必须时刻了解自己的业绩，而不是在只有当审计师每年来查账的时候。

如上所述并不能保证你的公司一定会成为一家独角兽公司，事实上没有什么能保证，成功者大多是运气很好，以及在正确的时间做了正确的事情。

如果你的公司快速发展，且有潜力发展为一家规模很大且具影响力的公司，就算你的公司还没达到独角兽公司的级别，你也应该考虑采用一种新的估值方法。通过采用新的估值体系，你可以规划正确的方法和事情，将公司引导向你规划的方向。

祝你的公司成为新的独角兽公司。

第 28 章　采用巴菲特估值法

我有个朋友创立了一家公司，暂且称他为杰拉尔德。杰拉尔德是一个非常出色的销售人员，非常有魅力且思维开放，能找到非常优秀的员工为他工作。

但杰拉尔德也有自己的问题，他不会为公司、产品或服务做估值。一个在别人眼里只是普通的产品，在他眼里往往成了非常与众不同、超具吸引力的产品。

杰拉尔德常犯如此错误。他有着非常优秀的销售能力，他向投资人或银行描绘其将要并购的公司，将其渲染成拥有非常棒的产品或服务(而事实上并非如此)，经常能说服投资者或银行支持他去发起一项并购，并很快可以筹集到所需的资金。要命的是，杰拉尔德做出一项收购决定的速度特别快（那种武断的快速），快得公司顾问和投资者还来不及组织力量阻止他的决定，并购就达成了。

杰拉尔德的公司曾经是上市公司。刚上市时，股价飙升，每个有期权的人都非常高兴。但因为杰拉尔德的行事风格，公司情况变得很糟糕，公司都没有足够的收入去支付利息支出，更别提偿还本金了。最后银行叫停了公司贷款，公司被迫出售，杰拉尔德分文未得地离开了公司。最后公司估值急剧下降至零，再没有一个股东愿意投资，当然所有持有期权的员工也没有得到一分钱。对于有如此天赋的杰拉尔德来说，公司以如此的方式结束实在太令人伤心了。

大部分书和文章在提及公司估值时都会涉及损益表和财务数据等内容，但少有提到创始人、CEO 或管理团队的行为造成的影响。在这一章里我们将要谈谈如何评估人的行为举止，希望有助于将公司估值最优化。

>>> 估值实例

设想你是一名股票分析师，要分析一只股票。这家公司利润很好，市盈率为 20 倍，营销率为 3 倍，有一款产品广受欢迎，销量不断攀升。这家公司由它的创始人经营。

假设现在创始人去世，由他的弟弟接管这家公司。他的弟弟从来没有经营或者创建过公司，也几乎没有任何商业经验。现在这家公司价值几何呢?

如果用传统方法分析这家公司的股票，它的价值没什么改变。但毫无疑问它的价值降低了一些，也许是降低了很多。这就是现代股票分析的根本问题所在。

这并不只是一个假设。公司创始人、CEO 和高管人事变动时有发生。通常不像以上的例子那么突然，但实际上，突发状况确实存在。

我们来看一个真实的例子。2010 年，惠普公司 CEO 因为性骚扰问题（事实证明他是清白的）而被迫辞职。CEO 马克·赫德曾将惠普公司扭亏为赢，显著提高其盈利能力，获得了极大成功。权威人士分析，惠普公司的股价不会因此事件而受到影响，因为公司还拥有很多高级管理人才。但结果是，公司股价下跌了将近 10%。有什么公司股东知道而股票分析师不知道的信息吗？

现代股票分析方法的问题就是它通常分析不出什么结果，而且恰恰是在需要它发挥作用的时候，即外部环境或者管理层发生重大变化，或者两者同时出现的时候。大部分受教于现代股票分析法的投资者分析时不但不考虑创始人或者 CEO 变动带来的影响，而且根本不会考虑管理层变动这一因素。

就因为这个原因，大部分并购估值常常是错的。也是因为这个原因，大部分专业投资人，包括最优秀的投资人会错得离谱，虽然他们不是经常犯错。大部分个人股东如果忽视大盘指数而直接买卖股票通常会赔钱也是因为这个原因。

董事会和投资人常常选错公司管理者，有如下几个基本原因：

1. 混淆了个人魅力与成功的经营成果

通常董事会、投资人甚至一个家族会选择一个不了解的人作为管理者，都是基于这个人的口才与自信。能成为 CEO 的人都有很强的个人魅力。

但是越来越多的证据，包括著名作家吉姆•柯林斯（《从优秀到卓越》的作者）和我个人的研究都表明，个人魅力越大管理能力越低，经营成果也越差。我个人的研究还显示，越外向、个人魅力越强的人，商业智慧通常越低。

大多数人选择管理者，是判断这个人是否有个人魅力、性格是否外向、是否具备明显的自信。所以很多董事会和投资人依据这种个人特性选择的 CEO 和高管只会给公司带来亏损而不是盈利。

2. 无法判断管理者所宣称的在以前的工作中取得的管理业绩是否真实

当然，大多数经理人不会承认公司盈利不是自己的功劳，即使他们也对此抱有怀疑。事实上，大多数人根本不会意识到这个问题。投资人选择错误的经理人或 CEO 还有一个更根本的原因。这就是很难证明他所宣称的在以前的职位为公司创造的利润是他的还是其他人的努力。

部分原因是公司创始人与职业经理人心理属性上的巨大差异。一个公司的盈利模式是由创始人开发的，接受管理的经理人只是执行这一模式。所以在一个需要变革的新职位上，很难判断这位职业经理人是否适合，因为很可能在之前的工作中，他对创造公司的盈利模式没有任何重大贡献。

进一步说，这位管理者在前一个职位上，他的部门或者公司可能是盈利的，但并不是因为他的努力，而是他的前几任管理者的功劳，即使他们不是创始人。通常管理者或管理者的举措需要几年的时间才能看到成果。这是管理上的时间差问题。投资人和董事会在选择新的管理者时常常无法认清并纠正这一问题。

当公司利润状况很好，大多数经理人相信这是他们的经营得当。因此当公司确实因为他们的经营不当或者不作为造成盈利下降而被炒鱿鱼时，他们会更加难以接受。因为这种想法会极大地打击大多数管理者的信心。

3. 公司创始人从来没有担任过 CEO 的职务，投资人既无法从之前的业绩判断，又不善于判断何谓好的管理者

如果创始人以前未担任过 CEO，投资人就缺少一些判断此人是否适合这个职位的依据。这些事情经常发生在创始人身上。作为一个创始人必须要有一些独特的个人优势，当然也不是说作为一个上市公司的领导者就必须要有这些特质。

但是大多数创始人在公司上市后并不愿意放弃 CEO 的职位，即使他们也知

道自己并不是最合适的人选。其实在大多数案例中，不论是创始人还是董事会都不知道创始人是否是合适人选。而当局势变得清晰，表明创始人的确不合适时，他或她才会不情愿地放弃职位。

4. 猎头公司与董事会选择 CEO 的目的不同

最后一个问题是大公司往往通过猎头公司寻找经理人或管理者。猎头公司的收费是基于被聘用管理者第一年的报酬和奖金。因此他们常推荐充满自信而魅力十足的管理人，因为董事会或投资人更喜欢这类人。就像我们上面说到的，这类人往往就是经营失败的例子。

而且，经理人的业绩好坏与猎头公司的收费没有关系，只要推荐的经理人被雇用，即使业绩很差，猎头公司照样收费。

就这样猎头公司收了钱，找到一个自信满满、充满魅力的管理者，受到董事会的欢迎，却是个经营上的失败者。而董事会需要的不是华而不实，而是脚踏实地赢得成功的管理者。

还有很多事实表明这种矛盾给挑选管理人和随后的估值结果带来很大的问题。然而董事会还是愿意雇用知名的猎头公司，因为如果这位管理者失败了，猎头公司的名声能够保全董事会的名声。

>>> 问题：估值方法无法将“领导才能”纳入评估要素

显然现代估值方法无法将“领导才能”正式纳入评估要素。我们所说的“领导才能”是指商业智慧。大多数公司认为，虽然通常是错误的，他们有办法判断一个人是否具备领导才能，即使这种方式是非正式的；诸如人际沟通能力和领导技巧等。但是，即使那些公司自认为可以正确判断一个人的领导才能，他们也不得不承认，无法判断他是否具备商业智慧。

什么是商业智慧？这是管理者能让企业盈利的能力。另一种定义是，它是一种创造资本的行为倾向。

我们的研究表明包括公司创始人在内的经理人很少拥有优秀的商业智慧。领导才能不应该混同于商业智慧，虽然人们常常混淆两者的概念。大多数公司认为他们发现了优秀的商业智慧，而那只是领导才能。事实上，好的管理者未必就有优秀的商业智慧。大多数具备领导才能的经理人都误以为自己有优秀的商业智慧。

这就是 2009 年华尔街崩塌的原因。我们发现那些拿着高薪原本优秀的经理人在事件来临时，根本没有什么商业智慧。虽然他们都自以为有。他们有的只是 MBA 或者博士这样的高级财务资格证书，甚至获得过诺贝尔奖，他们自己被这些证书蒙蔽了。

不可思议的是，越来越多行为经济学与财务中的规律表明，财务资格证书级别越高，商业智慧越低。这一现象源于过度自信，导致经理人所冒的风险比他们的处理能力要大。换句话说，对一个公司盈利能力来说最大的风险就是雇用了拥有高级财务资格的 CEO 或者管理团队。

因此，很可能一个公司认为其经理人或者创始人，又或者董事会成员的财务知识是公司最大的财富，其实是估值中最大的弱点。现代经济学、现代财务和现代估值分析都没有指出这一问题，关于应该如何改正也没有任何指导。这是现代估值分析法在真实案例中无法准确估值的最重要的原因。

>>> 管用和不管用的估值分析方法

有两种根本不管用的估值分析方法。第一种就是基本分析法。这是由本·格雷厄姆率先使用的，被认为是世界最成功的投资人沃伦·巴菲特使用的分析方法。

使用这种分析方法的投资者只关注一个公司的基本财务数据，尤其是盈利能力。令人惊讶的是本·格雷厄姆的方法根本没有提到领导能力和管理能力。基本分析法的问题在于它无法解释为什么盈利的公司会逐渐亏损，以及一个公司是如何被创建起来的。基本分析法假设管理层具备理性的管理能力，而现实往往令人失望。

第二种是技术分析法，依靠一系列技术财务指标来预测股票的价值。显然这种方法存在很大的问题，同时也没有考虑领导能力和商业智慧。所以，只有当各种条件不发生重大变化的时候，这种方法可能有用，而大部分的实际情况是，环境不断在变化。

还有第三种投资分析方法，不过从没有人正式介绍过它，这就是巴菲特分析法。巴菲特常常说他做投资决策时最看重的就是管理能力。

当然，这是巴菲特个人的方法，他从来没有详细地阐述过。因此很多投资者试图模仿他却无法取得成功。大多数投资者过于重视以纯数据分析为主的正统分析方法。巴菲特多年来发展出自己独有的领导能力和商业智慧分析方法。当然他不会将这些方法告诉他人。

很多成功的投资人也有秘而不宣的方法，他们不会拿自己的投资去冒险。基本上，他们的方法都是判断一个公司的 CEO 或者管理团队是否有商业智慧。他们知道这对公司能否盈利以及最终的估值有决定性的影响。

但是商学院并不教授有关商业智慧及其决定因素的知识，大多数投资者不知道如何使用也不具备独立使用的能力，因此也不会用这种方法。使用这种分析方法的人又不会公开这一秘技。在我看来，这就是专业或个人投资者成功与否最大的，也是唯一的原因。

这个问题也同样影响着对冲基金、私募公司、风险投资家和国有投资公司。所有的投资分析师学习、使用的是同样的股票分析方法和估值方法。

本质上说所有专业投资人都处于同一种分析体系中，使用同样的估值方法，在相同的时间犯着完全同样的错误。这就是一个国家以及全球大部分市场会相继发生同样的变化的原因，也是大多数专业投资人都会在同一时间投资失败的原因。

>>> 新的估值方法

新的行为经济学和财务规律开始提出新的估值方法。这些方法的基本观点是大多数领导者与管理者并不理性，只有了解他们有多不理性，才能了解他们有多少商业智慧。

包括我自己公司在内的一些公司提出评估衡量商业智慧的新方法。传统方法更多关注于用人际沟通技巧等某些管理特质去衡量管理者的管理能力，新方法不应该与之混为一谈。在商业智慧分析法与传统分析方法能够结合成新的分析方法前，传统投资人的成功率注定不会太高。

专业投资人、基金和股票分析师如果想与巴菲特那样的投资人抗衡，需要更关注一个公司创始人、CEO和管理团队的商业智慧。否则，他们的业绩只能像大多数个人股东一样平庸，这可不是什么值得夸耀的事。

例如，你可以试试以下的方法：

1. 使用正规的心理测试方法，如由美国佩斯领导力学院创立的估值方法。

2. 调查CEO的创始人的过往经历和背景，看其过去取得了哪些财务业绩。特别要了解这些业绩是由什么人带来的，是创始人个人，还是其高级管理团队，或者是其前任。

3. 询问任CEO的创始人的朋友和同事，得知他们过去的盈利情况如何。也要考量CEO的个人习惯，如：

a. 是否喜欢昂贵的汽车、饮食和用品；

b. 是否有能力开发出非常独特并可赚取高额利润的产品和服务。

这些信息对于评估他们的商业才能非常有用。

你可据此来分析一下自己的商业才能达到什么水平，还可以用这些信息判断你自己公司被估值的情况如何。如果你认为自己还需要为了解更多的信息而学习更多，你需要找一位导师来帮助你提升商业智慧，或者你直接找一位具有此能力的合伙人或董事会成员，并让他们来帮助你提升。

如果你提升了自己的商业才能，可有助于提高公司的估值，反之则不然。这正是巴菲特的估值方法。

第 29 章　想给企业融资，你得学会讲故事

我有个客户，曾想出一个做关于电脑软件和高科技教育课程电视系列片的点子，在许多年前人们对这类知识还知之甚少，尽管如此我仍然认为这个项目缺乏亮点，我建议我的客户至少应该做一个详尽的商业计划。他没听我的建议，而是直接去见了一个有钱的投资者。

没想到他花了 15 分钟给投资人讲商业规划，竟然得到了投资，于是开始创立公司。但正如我预测的一样，公司项目做得不怎么样，在大约一年后倒闭了。

我另外一个同事也创建了一家公司，主要提供计算机服务。他选的这个领域利润少、竞争却很激烈。他也没咨询我的意见，但他用 10 分钟说动了投资者给他投资。不过很遗憾，公司做得也不怎么样，最后同样关门大吉。

我还曾与一个公司的两位联合创始人一起共事过。他们的项目创意很好，与竞争者相比有很多差异化，还有详尽的商业计划。他们花了 20 分钟就从一位富有的投资者那里得到了投资，但一年之后公司还是倒闭了。

我想借此传递什么信息？实际上有两点。第一，即使你有很棒的创意，也许还能较为容易地获得投资，但在上面的三个案例中，公司最终还是失败了。虽然他们能讲出吸引人的故事，描述出一个可期待的远景，但项目本身在现实世界中还是无价值的。第二，初创公司很容易融到钱，并不代表未来就一定会成功。事实上，虽然创始人有好的项目创意，但对创意是否可行没有做详细的调查，也没有做好商业计划，这些可能会使其一意孤行，最终自尝苦果。

我曾写过许多关于创立公司的文章，也读过许多有关如何获得投资的故事。大多数故事非常无聊，他们会给你一份清单，上面列出获得融资需要执行的步骤，也会告诉你一些与获得融资相关的技术细节。但是，我现在不想写另外一篇无聊的、有关融资的文章，而是告诉你为企业融资所需的非技术层面的内容。

>>> 准备好你的故事

在试图寻找投资之前，必须准备好一个与公司相关的故事。当然，并不是要编造一个故事，而是一个有关企业真实本质的故事，讲述是什么让你和员工、合伙人以及客户对企业充满激情。这样的故事才会引人入胜，让潜在的投资者与你和企业联系。

只有激情才能驱动你的投资主动性。企业活力越高，你能获得的资金越多，获得资金的条件越简单。

对我而言，所有融资技术细节都来源于故事的力度。如果你有一个好故事，它将对你的价值产生有利的影响，同时，也会影响到你可以获得资金的数量。

因此，这个故事应该由支持你融资主动性的要素组成。相反，如果你想获得的资金相对较少，而你的故事主线不能支持你真正想获得的融资条款，那么，你将发现很难甚至无法融资，或者是不能以你想要的全额获得融资。

>>> 谁会投资你？

将一个专业投资者作为初创企业融资去拜访的第一位对象，是非常浪漫的想法。一千家企业中或许只有一家企业能够获得创业投资家的青睐，而这家企业很可能不是你的企业。

因为专业投资者对于你已拥有的收入、企业成长速度以及毛利都有着严格标准。向投资家递交商业计划书的企业中，有 95% 都会被拒绝。从统计学角度看，想从他们那里获得资金很难，至少当企业处于初级阶段时非常难。

在你第一轮融资时，最有可能支持你的是你的朋友和家人，95% 的初创企业都是从这里获得第一笔启动资金的。通常这些人并不是专业投资者，他们投资你的目的也与专业投资者有根本区别。

尽管创业者都要有一个很好的想法才能开始创业，但是，通常他们给你投资并不仅仅是你的想法。大多数情况下是因为你们是朋友或是家人。有时也可能是家人的朋友给你投资，他们认识你。在大多数案例中，那些可能给你投资的人都比较年长，因为大多数年轻人没有足够的资金帮助你，他们还没有积累好财富。

因此，年长且较为富有的人是最有可能的目标投资人。他们给你投资并不是认为你会成功，而是因为他们和你或你家人的关系。对于专业投资人，你需要准备大量分析数据和表格，而朋友或者家人则不会注重这些。这时就需要引入故事。一个有光明前景的故事对于这些人很必要。这个故事必须能够让他们激情高涨，比如能够帮助社会，尤其是投资人本身。

如果投资者年纪大了，他们通常会希望有机会参与一些事情，一些能够让他们的生活变得更加丰富多彩的事情，这些事情可以为他们提供一个全新的方向，重新点燃他们对生活的兴趣，而且看起来对他们的朋友和家人十分重要。他们已经做好了投资你公司的准备，尽管他们并不认为这件事能够成功。

因此，在撰写故事时，你必须清楚你的营销对象是谁。潜在投资者对什么感兴趣？他（她）的爱好、目标、行为、渴望是什么？你该如何将激动人心的故事与这些潜在投资者的兴趣、热情和行为相结合？ 我见过许多投资者为初创企业投资，虽然他们并不相信这个企业会成功，然而投资为他们的人生提供了一个增添意义、热情和激情的机会。他们从未通过这些初创企业赚取利益，也从未期待从中盈利。他们的回报来自于精神和情感，而不是金钱。如果你有许多钱，有时并不会介意损失掉其中一小部分，如果这可以改善你的生活质量和意义。

对于这类投资者，仅向他们展示你能回报他们多少盈利还远远不够。他们每天都在看商业计划书和企划案，而这些都向他们承诺着相同的事情。或许其中部分计划书或公司比你的企业更优秀。

因此，想要与众不同，就要向潜在投资者展示你将改变他们的生活，使其更有意义，让他们对你感兴趣，迎合他们的热情。

>>> 网站融资

网络再次改变了初创企业寻找资金的方法和途径。现在，你可以将想法放在网上，向个人投资者寻求一些小额投资。他们可以不是家人或朋友，可能完全与你素不相识。这种方式被称为“众筹”（Crowsourcing），是指利用网络人群来寻找想法和支持。在美国，一家名为 Kickstarter 的网站就为初创企业提供外包融资，目前已经广为人知。毫无疑问，越来越多的类似企业会开始兴起，它们会越来越专业化，可能将会按照行业、交易规模和地区分类。

网站融资有优势也有劣势。优势在于为企业无限扩大了潜在投资者群。劣势则在于潜在投资者是陌生人，可能会出现诚信问题，也或许仅仅是个性冲突问题。

对于这类投资者，你的故事会显得尤为重要。这些人对你完全不了解，因此，这个故事能够帮助他们了解你的一些情况。作为创业者，你没有任何成功的记录，他们也不会相信你的财务状况。

>>> 用故事影响交易条款

潜在投资者并非不看商业计划书或报表，即使他们不相信你的财务状况，也会愿意看的。当你开始融资后，有经验的投资者会考虑一个重要的财务问题，即你的边际收益。虽然大多数初创企业都不知道，但你应该尽快找出答案，因为边际收益是一个能够让投资者快速了解公司未来前景的方法。

当边际收益为60%甚至更多时，则意味着你比其他企业更优秀。如果边际收益只有大约10%—20%，这可能意味着你从事的事业并不太理想，你成功的机会甚至可能比想象中低。

如果你的边际收益非常低，那么你必须向投资人证明你在未来有能力盈利，因为你有成百上千万用户。向大多数投资者展示这一点很难，绝大多数投资者不会相信你。因此，你最好向他们展示即使没有数百万用户也能够盈利。

>>> 需要多少钱？

如果你拥有一个盈利良好的企业，那么你并不需要太多资金支持。然而，如果你同大多数初创企业一样，没有任何销售，而且在未来一年甚至更长时间内都可能没有销售，或者销售额不大，在这种情况下你就需要资金。

很可能没有人会对你投资，或者对你感兴趣的投资者非常少，或许他们会给你一个高价，但也会换取你大量股份。当你不需要钱时会有许多投资人找你，而当你需要资金时却可能一个投资者都找不到。

虽然媒体经常报道一些获得投资的初创企业，但事实上这种事并不常见。绝大多数需要资金支持的初创企业都无法获得资金，除非从朋友和家人那里获得。

这意味着你有两种选择。如果你很幸运地拥有一家增长迅速的初创企业，那么，应该以最低价格获得尽可能多的投资以防万一，即使并不需要钱。但如果你并没有那么幸运，那么，你就要向朋友和家人寻求帮助，尽量减少资金需求。他们或许已经准备好有所损失，但他们仍希望尽可能降低损失。

无论从哪类投资者获得资金，你需要清楚，获得资金越多意味着承受风险越大，最终，甚至可能会丧失你的位置。也许你会认为创始人不会被炒鱿鱼，但当公司越做越大、聘请员工越来越多时，你被替换掉的可能性也越大。如果你已经成功募集到许多资金，但投资者已经对你有所不满，比如你没有达到当初向他们承诺的目标，那么，他们可能会寻找一个替换你或者削弱你权力的方法。在这种情况下，你很可能会被迫离开。

总之，获得太多投资可能会威胁到你对公司的控制权。或许你可以考虑通过保持大多数投票权的方式来组织你的资本结构，就像马克·扎克伯格在脸谱网中所做的那样。

如果你的企业确实不太好，需要从投资者处获得大量资金，而代价是你必须离开公司或无法在公司担任高级职位，当你可能无法达到承诺目标时，获得少许资金是明智的做法。

当然，初创企业如今并不都是如此行事。在许多案例中，初创企业似乎可以融到许多钱，原因或许是因为他们所处的领域很热门。但是你要明白，获得融资的初创企业仅占所有企业的一小部分而已，而你不太可能（当然也并非不可能）成为其中一员，所以最明智的做法还是遵循大多数创始人的保守方式。

>>> 寻求投资他法

通常，初创企业因为风险太高而无法从银行获得贷款，但是，除了向家人和朋友寻求资金帮助外，还可以通过客户融资方式获得帮助。

或许你认为这对一个没有销售业绩或销售很少的企业而言几乎无法执行，然而，一个初创企业总要找到第一个客户，因为企业需要利用客户在现实社会中检验产品。

通常情况下，第一个客户会成为企业和其产品的拥护者，因为我已经看到许多初创企业从它们第一个客户那里获得了投资。

对于一个新产品，尽管消费者并未为其支付任何费用，但有时他们已经做好了以股权或贷款形式向这家企业提供资金支持的准备。

往往这种情况会最终结成一个伙伴关系，因为客户可以帮助企业设计和改善产品，使它更符合现实需求。同时，客户还可以扮演产品的证明人，从另一个角度帮助企业提高销售，增加产品可信度。因此，客户融资不仅有利于融资本身，也对提高产品质量及增长销售额起到积极作用。

>>> 如何评估企业?

在以融资为目的时，该如何评估你的企业？这时你的故事至关重要。不管你信不信,如果你有一个很棒的故事,即使大多数人可能认为你的想法不切实际，只要财务和数据能够显得貌似故事合理，那么你就有可能获得极高估值。

如果你拥有一家科技型企业，那么边际收益一定要高。如果不够高，那么费用数据必须与销售数据一致，销售成本要与员工数一致，其中包括员工福利。否则，潜在投资者将会发现你的故事不可信。

评估企业有四种方法。首先是收益率和收入。然而，绝大多数初创企业没有收入，因此，这仅是一个理论研究方法。

第二种方法是市销率。这个衡量标准以销售数量代替收入。但是，大多数初创企业没有销售或销售非常少，因此，这种方法也不太实用。

第三种方法比较通用，即边际收益法。首先，将边际收益与竞争者或同类企业比较，然后通过预测企业未来销售并与竞争者相比来评估企业价值。尽管通用，但这种方法非常粗糙，因为如果你只有一个客户，而边际收益也非常高，但亏损很严重，很难得出可信的销售数据。

第四种方法是使用销售增长。通过将销售增长与竞争者销售增长进行对比来得出企业估值。很明显销售增长越高，估值越高。但如果企业没有客户，这种方法就无法使用。

由此可见，所有评估方法都有着明显缺陷，因此好故事就显得尤为重要。你可以利用故事为企业估值增加支持。最终估值与信心有关，故事越好，潜在投资者信心就越高，那么，企业所获得的估值就越高。

所以，要想向投资人推销公司项目，首先得酝酿出一个能引发他们兴趣的故事，不是那种凭空想出的故事，得有相关的文件和资料作论据；讲故事时还要满怀激情与活力，更能让投资人信服。这些都是向投资人推销项目的基本要素。

第 30 章　寻找最佳商业模式

推特（Twitter）发生了什么事情?

我想你一定听说过推特。推特是一家美国社交网络及微博服务的网站，中国的微博在其后仿效推特成立，如今中国的微博用户规模已经超过了推特。

推特自 2006 年成立后，发展迅速，于 2013 年实现上市。截至 2017 年 8 月，推特的月活跃用户数是 3.28 亿。

尽管如此，推特仍然未实现盈利。投资人对此很不满意，长期担任 CEO 职位的迪克 • 科斯特洛被迫辞职。四名创始人之一的杰克 • 多西开始担任 CEO。

如许多初创公司一样，创始人总是能想出非常棒的产品创意，但是却不知如何从产品上赚到钱，所以他们仅是有一个产品而已，还谈不上商业模式。换句话说，从哪儿能产生收入，以及如何让收入的增长超过用户和费用的增长速度，这些关键点并不明晰。

在推特成立很久以后，推特团队才意识到公司应该从广告获得收入，这实际上说的正是推文。这的确是一个革命性的创意，也确实为公司带来了一些收入。但是没有人能预料到，推特的用户数增长乏力，新注册的用户并不能转化为有效活跃用户，这使得人们对推特的商业模式产生怀疑：公司的收入什么时候能覆盖成本?

这种疑虑造成了推特的股价暴跌。因为缺乏明显的商业模式，公众对推特的估值产生了怀疑，过去支持推特的投资人现在也有所动摇，尤其是他们认为推特的商业模式不值得推崇。而对于股东和投资人来说，推特的估值才是他们关心的唯一问题。

在推特的模式中，广告并不被用户待见。实际上在用户参与和广告行为之间总会产生许多矛盾，广告越多，不再使用该项服务的用户越多；而广告太少，收入会下降，就不能赚到足够的钱实现盈利。这种矛盾并非个例。

推特的事情告诉我们，这世界并没有一个定律说你创建一个新公司，吸引了许多用户后就能稳赚不赔了，事实上大部分公司都没能实现这样的目标。在许多案例中，创始人很少会考虑商业模式，或许因为新产品吸引的是新用户群，这些都是前人没有做过的事情，没人知道会发生什么事情，所以无法预测未来的情况。

但是不管怎样，你必须想出一个行之有效、切实可盈利的商业模式，如果你做不到，则不能胜任 CEO 的职位。所以对创始人和初创公司来说，理清商业模式是最为重要的事情，是未来公司得以估值的基础。

但这也并不是说你想出了一个商业模式就万事大吉了。市场环境随时都在变化，没准哪天用户会喜欢另一个公司的服务，你的公司或许会出现一个有着更好创意和商业模式的竞争对手。所以你要做的不仅仅是创建有效的商业模式，还需要根据公司的发展情况不断调整模式。

这些内容正是本章要讨论的。

要知道，商学院的课程并不教授商业模式。

创建一家新公司，最神秘的事情就是选择商业模式。当你看到朋友或者其他人新开了一个公司，并用独创性的方法运营时，你或许会好奇：他们如何知道这样做是可行的呢？即使你对想进入的行业或将要销售的产品类型了如指掌，又如何才能做到最好？这就是接下来我试图解释的事情，不过我必须要说这并不是一个简单的过程。

>>> 用商业模式做定位

商业模式对你来说意味着什么？换言之，你将如何向客户推销你的产品，如何能够让他们愿意付钱购买你的商品？想要实现这些目的有成千上万种方法，不过你首先要弄清楚一些问题。你将要出售给客户的产品是自己生产还是倒卖的？是否已经完成了产品背后的调研？你是直接将产品出售给消费者还是使用分销商？是独立创立公司还是利用外部投资？越来越多的公司开始采用基于互联网的商业模式。其中有很多公司都在尝试采用基于 Web 2.0 的模式，例如使用像微博这样的社交媒体。如果你以互联网为基础，那么这意味着你需要更多的资本来启动你的业务，因为在你能够占有足够的市场份额并能够吸引到足够的广告费用之前，你很可能没有任何收益。

如果你是基于社交媒体进行营销，那么你或许需要一大批注册用户，这样你才能成为一家能够吸引投资的企业。如果你的企业是基于互联网的，你可能永远都无法赚到很多钱，但这种模式很可能是非常有吸引力的。不要因为某项业务不能赚到很多钱就判定这不是一个好的行业。很多人看重自己的生活质量，那么这种类型的业务或许最适合他们。为了实现你的目标，或许你想要建立一支有经验的、能够给你提供一些建议的团队。在这方面，投资人可以给你很多帮助，不过还是要由公司的创始人来做出最终的决定。

>>> 用商业模式实现目标

到底应该采用怎样的商业模式？首先你一定要清楚，一个特殊的商业模式如何能够满足你的目标。这里包括很多个方面。在盈利方面，你需要清楚自己想要赚多少钱，这种模式实际上能够帮你赚到多少钱。从生活方式上考虑，运营这家公司是为了赚钱还是为了提高生活质量。从构架上来看，你是希望将这个企业做成家族企业还是一个上市企业？你是否需要为了能够赢得诸如创投机构、大企业或者外资企业的投资而将企业做成专业化的企业？在众多不同的商业模式中为企业进行选择之前，你需要面对诸如此类的问题，并且需要给出确定的答案。举个例子来说，你的家族一直以来都在从事着自己的业务，你的公司也将会是一个以家族为基础的企业，在这种情况之下，也许特许经营或者分销模式会更适合你。再举个例子，如果你想创立一家能够上市的企业，同时也希望赚取更多的利润，那么你或许更需要的是一些专业的投资者。所以说，你所选择的商业模式会对你的个人和生活目标产生很大的影响。

>>> 明确自己的能力

你还需要考虑自己的个人优势和劣势。你到底是一个内向的人还是外向的人？分析型还是社会型？空想家还是实践家？思考者还是实干家？弄清楚你自己的能力，将对你选择商业模式产生很大的影响。因为每个商业模式需要不同类型的力量和能力。即使一个领域非常火热，也不意味着你有足够的个人能力能够在这个领域取得成功。

举个例子来说，外向型的人更适合从事销售领域而不是产品研发领域。如果你是外向型的人，你会希望将更多的精力放在销售方面，做个销售商。如果你是内向型的人，你应该更加关注以自身产品发展为目标的商业模式。或许，你是一个受过高等教育的分析性人才，那你应该更适合那种以数据为驱动的业务，例如市场营销或免费增值服务。社会型人才或许更适合基于个人感受的业务类型，例如依靠事件驱动的社会媒体，因为在这里，深入地理解人们的个人动机比理解分析数据更为重要。如果你是一个喜欢梦想的人，你应该更适合在一家国企里工作。如果你是一个实践型人才，你就应该避免区域性的业务，尽管这类业务可能会让你的销售额快速增加，但是收益很低，而且这种企业很难吸引到大型的投资者。

将弱点变为优势。每个人都在某种程度上具有弱点。那些在企业初创阶段做得非常好的人并不一定是最聪明的。然而，他们通常非常有自知之明，他们很清楚自己的弱点和不足。他们能够理智地接受这些，并且找出如何应对这些弱点以及将这些弱点转化为商业优势的方法。

应对你弱点的第一种方法，是采取行动提高自己的能力，或者通过某种途径改变自己天生的行为或习惯。如果你是内向的产品开发者类型，或许应该接受一些销售或表演方面的训练,又或者是参加一些公开演讲和交流技能的课程。如果你是外向的销售型人才，或许你应该选择参加一些质量管理，甚至是一些金融学的课程,选择一些你天生不感兴趣的专业。如果你不想参加正式的培训,你可以找一个老师或者顾问。这些都是值得考虑的选择。

最常见的扬长避短的方法，就是找一个可以合作的个人。最常见的合伙关系往往出现在内向型和外向型的人之间，因为他们能够很自然地互补。另一种合作关系出现在社会型人才和分析型人才之间。在你选择特定的商业模式后，这种合作关系对于帮助你的企业走向成功能够起到非常重要的推动作用。同时，你还要确保你个性中的弱点不会影响到你企业的发展，即使你有许多其他有利于企业成功的个性特征，例如才智、决心、果断和正确的主意。在本章一开始介绍的案例中，你可能已经注意到推特有四位创始人；谷歌有两位；脸谱网则有多位创始人。

又或许，你可以与一个企业或投资者合作，他们可以弥补你的弱点。不过你要明确，你的目标是选择一个合作伙伴而不仅仅是投资资金，因此在选择一家企业当合作伙伴时，你应该考虑这家企业是否拥有一些能够补充你个人弱点的人或者企业特质。有时，或许你想成立一个属于自己的公司，最好的方法就是明确自己的弱点，然后与一个在这方面非常有能力的企业合作，这样你可以从中学到很多有关的知识，同时也有利于提高自己的能力。如果你是一个内向的人，同时在产品开发方面很有能力，但是在销售和市场营销方面却有所欠缺，那么你最好的选择，是在一个以销售为导向的公司工作一段时间，学习这个领域的知识，获取这方面的能力和经验。

然而，当你决定找办法来提高自己在某个领域的能力时，也需要考虑其他一些问题。例如，合作人是否值得信赖？你是否喜欢并且尊重他们？你能否长期与他们共事？你是真的了解这个人，还是仅仅看到了他光彩的一面？在与一个企业合作时，信任和道德规范则是你需要首先考虑的问题。此外，他们是否有能力从专业的角度帮助你发展？他们是否有能力带领你进入你自己无法单独进入的领域，例如洞察特定的市场、寻找特定的客户和开发特定的产品？

那么答案是什么？

通过上面这么多讨论，我们要明白，找到一个商业模式要比发明一个产品难多了。你得富有创造力，具有商业敏感度，不停去尝试各种可能性，才能最终找到合适的商业模式。

你或许想商业模式这事情，慢慢不就琢磨出来了，不用过于费心。那你就错了，这不仅直接关系到公司的估值，创始人和投资人日后的回报也要靠盈利的商业模式，更是公司成败与否的关键因素。

所以，你要不断去追寻那些驱动自己不断向前的力量，你也得明白自己有哪些优势和劣势。只有搞清楚这些问题，你才有可能想出些指引你找到适合市场方向的点子。

不过你也要记住，不存在什么规则手册可以教你如何建立商业模式，有许多比你聪明又有钱的人都失败过，你也不要太强求了。当然，保持头脑灵敏和自省的状态或许可以助你早日成功。

第 31 章　投资者关系是公司高估值的关键

如前文所说，我曾经运营过一家上市公司。这家软件公司位于波士顿 128 号公路区。在如今美国西部硅谷出现以前，这块区域也曾算得上美国东部的“硅谷”了。我曾是这家公司的主席和 CEO，我把这家软件公司运营得还相当不错。当时的互联网虽远不如现在这样发达，但我一样能在工作中感受到互联网的影响力，特别是对于购买了我们公司股票的人，互联网的作用更为明显。

与美国其他的上市公司一样，每个季度我们都需要召开股东会议。会议一般在波士顿我们公司的董事会会议室举行，通常只有几个股东来参加。在股东会召开前，我们一般会发布关于公司季度报告的新闻，而依据美国证监会的规定，在这个新闻发布之前我们不能透露任何报告信息。

和许多上市公司的首席执行官一样，我总是被互联网传播新闻的速度和影响力所深深震撼。当时我们有一家公司为我们处理投资者关系事宜，当新闻稿定案后，我们会告诉他们什么时候发出，通常时间会定在股东会召开的当天下午 2 点。我一般会在办公室打开电脑等着 2 点过后几秒钟去查看一下公司的股票信息。季度报告仅是公布几秒钟而已，公司的股价已经迅速出现起伏；股东和分析师对报告的意见也会造成股价涨跌。

互联网的威力还不仅仅如此。我一般会在办公室等上半个小时后就匆匆地赶往会议室去参加股东会议。尽管只有几个股东参加，但他们通常还是会问些问题。那个时候我们没有设置现场直播，而且我们也觉得公司用不着弄这些。但是每次我回答完股东们的提问后，网络上马上就会出现相关的内容，所以往往在股东会尾声时我就得匆匆赶回办公室，回答通过电话、邮件、分析师、记者等其他渠道发过来的各种问题。

上市公司的投资者关系管理是非常令人敬畏的工作体验。想想看，在一个国家甚至全球范围内，有着数以百万计的各类公司和企业，而且绝大多数都比你的公司规模大得多。尽管如此，你的企业还是会有受人关注的时候。突然有一天你的企业成为大家关注的焦点，人们开始关注你们这些管理者到底在想些什么。为什么？因为你的公司股票成为这些人个人财富管理，甚至是养老金计划的一部分。未来你的公司股票涨或跌，会直接影响到他们的财富增减，而这些都与他们的未来生活息息相关。

所以即使你想，你也不能忽视上述所提及的这些人。美国证监会的规定非常严格，你不能在报告发布之前透露任何相关信息，而在发布时又必须诚实、详尽地公告所有可发布的信息。你提交到美国证监会的财务报表会将公司的财务业绩向公众公布，没有什么信息可以隐藏。你的管理能力是好是坏，公众都会一目了然。所以人们或许会问你一些令你非常尴尬的问题，尽管你不想他们这么做，但他们确实有权利去提问。

上市公司的 CEO 并不是如我们所想象的那样总是处理着高大上的工作，上述我所描述的工作对于 CEO 们更像是一种惩戒性的经历，所以许多人难以适应，总是来来又走走的。我算是有毅力的，在这个岗位上坚持了6年，且受益匪浅。

我想说，担任CEO，与投资人及股东打交道的工作教会了我许多。第一，你应当尊重股东和投资人，不论他们来自公众公司还是私人企业。或许他们会问你一些难回答甚至令人难堪的问题，但这是他们的权利，他们有权得到答案。如果你在此事上过于敏感，那你并不太适合这个职位。

第二，在发布公司业绩报告和举行股东会议以前，这些工作也是CEO与股东充分沟通并培养他们对公司好感的过程。不论这些股东的观点是好是坏，他们的心态你掌控不了，所以你需要在报表发布之前对情况有所了解。当然你不能提前透露报表信息，但你可以告诉他们一些关于企业发展的战略、战术和愿景的情况，这样可以让他们理解公司到底在做哪些事情。更重要的是，这样的沟通可以让股东感到他们也是公司的一部分，从而愿意给予你支持，尤其在有时公司报表并未达到他们的预期时，这些沟通更为有用。

第三，这些工作让我感受到了现代传播的威力与速度。虽然当时互联网不如现在发达，但股东对于公司财务报告的反应却是相当迅速的，当然他们的观点是那种原生态式的表达。你不能只是坐在办公室，希望股东不会关注到最新发布的业绩不怎么样的季度报告。实际上你知道全世界都看得到这份报告，所以对于你最好的方式就是给股东一个听起来不错并很有说服力的解释。

种种经历都使我认识到与股东和投资人有效沟通是非常值得的，当然我指的是一直都要与他们沟通而不是偶尔如此，这包括还要回答他们通过打电话提出的问题，哪怕有时他们的电话来得不是时候。

当然，我也是后来才认识到CEO对股东和投资人的及时有效反馈对于一个公司的意义有多大。

当你和一个股东进行电话沟通时，或许他 / 她是在你不太方便的时候打进电话来，而且还会问一些令你难堪的问题。但你不要怠慢，他 / 她并不是一个人在和你对话。你对一个股东如何反馈，他 / 她实际上会将这种沟通结果告诉他 / 她身边的许多人，而这些人亦会向身边的人再次传播你们沟通的内容。所以千万不要对他们撒谎，一旦你打破这种信任关系，许多人都会立即有反应，他们或许不再买你的股票了。你永远不知道人们什么时候就不买你的股票了，所以你要永远和股东及投资人保持有效沟通，获得更多的支持。

上面说了这么多，我想强调的就是投资者关系的工作真是非常重要，不论你是上市公司、私人公司还是初创公司，重要性并无差别，原则也是一样的。你必须和投资人及股东保持有效沟通，获得他们的信任，或许这要花费你许多时间，但绝对值得。

投资人和股东的信任也是你的重要资产，这与你银行账户里的现金储备一样重要，甚至更重要。如果你赢得了这种信任，当你需要资金支持时，投资人和股东对你的支持无疑能让你顺利实现募资。也许你会说，你现在不缺钱，不在意与投资人和股东搞好关系 。但将来一旦你需要更多现金支持时，再从他们手里募到钱，估计会很难，或者不太可能。

如果你刚成立了一家新公司，碰巧可能有机会借助融资来帮助公司的启动以及扩张。在这种情况下你就需要考虑为公司引入一个投资者关系（IR）项目了。投资者关系往往容易与公共关系混淆。然而这两种关系是完全不同的。公共关系的目标群体是潜在的客户、现有的客户以及生意上的伙伴，而投资者关系的目标群体是潜在的投资者和股东。公共关系计划的主要关注点在于公司的产品和企业形象，而投资者关系项目则注重如何去展示企业对投资者的吸引力。与公共关系计划的针对群体不同，投资者关系活动的针对群体对公司的发展策略、财务前景、估值潜力以及决策能力更有兴趣。投资者关系项目的针对群体通常在这些领域都非常有经验，有些甚至比你自己更了解你的公司。相反，在公共关系计划中你总是比你的目标对象更了解你的产品。在公共关系计划里，企业占有优势。但在投资者关系计划中，投资者与股东占有优势，因为在通常情况下是你更需要他们，而不是他们需要你。

>>> 工作目标及原理

投资者关系计划的目标有三个：第一，向潜在的投资者和股东证明公司的发展潜力和在未来能获得的价值；第二，用企业的财务愿景和企业发展前景给他们留下深刻的印象；第三，使他们坚信你能为他们创造更大的财富。通常投资者关系计划的主要关注点在金融和预估价值，而不是企业的产品。大多数的投资者和潜在的股东都是生性好疑的。即使你的产品很好，他们仍要确认你能通过该产品为他们赚到很多的利润。他们看过很多与你的公司类似的企业，从表面上看，这些企业都拥有非常优良的产品，但这些企业都有巨大的亏损。

有很多咨询顾问会为你提供有偿的投资者关系服务，这项花费通常都很高昂。他们要帮你做的事情有撰写新闻稿，在社交网站上帮你打响名号，做广告，为你举办活动和会议，以及将你介绍给股票经纪、投资银行等其他领域的顾问。这些人对企业来说都是有益的，但领导投资者关系工作的最佳人选是创立公司的那个人，或者是请现任的 CEO 来担任这个职务。潜在的投资者和股东并不想与产品线上的生产人员或销售人员交谈，他们希望沟通的对象是这家公司的实际决策者。有经验的投资者知道一个成功的善于赚钱的人的特质是什么。他们要寻找的不仅仅是一个技术专家或者有经验的人，而是有胆量、有信念、判断力敏锐、果断、正直、灵活性和主动性强的人。他们知道对于引领企业走向成功来说，这些特质远远胜于教育与经验。

作为一个年轻的创业者你会遭遇很多问题，其中之一就是你或许知道投资者在寻找什么，但你或许不知道如何向他们传送正确的信息。如果你不是那么有经验，以前也没有担任过类似的职位，那么站在有经验的投资者面前，试图向他们展示你就是他们所要找的人似乎有些难度。或许你能够采取的最好的准备方法之一就是“表演”。这听起来有些愚蠢，但事实上许多创业者们就是这样做的。

>>> 构建良好的投资者关系

想要构建优秀的投资者关系是有一些秘诀的，甚至很多有经验的创始人和CEO也不知道这些秘诀。

第一，建立关系：好的投资者关系是建立在长期关系的基础上。在大多数情况下，你不能指望立即与潜在投资者建立密切关系并让他们马上投资。很多时候你需要建立一种能够维持一定时间的关系。通过那段时间，投资者可以了解你，并与你建立起一个稳固的关系。相比与很多投资者见面并期许在第一次会面中就能获得投资的想法来说，这种方法更具战略价值。

第二，与支持者之间建立非正式的关系网络：你应该建立人际关系网，这其中应该包括一些彼此之间已经建立起友谊和信任的人群。这样他们会对你的人际关系网起到很好的支持作用。这样你将获得一整个团队的支持，而不是相互之前没有关系的单独个人。因此而获得的支持是长期且有力的。

第三，非正式、可信赖的顾问团：你应该建立一个非正式的顾问团，向企业的战略和管理提出建议。几乎是所有人，尤其那些特别有经验的投资者，都喜欢别人向他们征求意见和建议。这对你来说有很多好处。首先他们会觉得你很有智慧，因为你希望借鉴他们的经验。其次他们会非常尊重你，因为他们认为你是一个很好的聆听者而不是一个独断专行的人。最后，这样做会使他们相信在他们投资你的公司之后你不会一意孤行，拒绝董事会成员或其他一些善意的人所提出的良好建议。

第四，虚拟股东：你应保证你的非正式智囊团能真正参与公司的业务。这种方法能够让他们觉得你把他们当成了自己人，而不仅仅当他们是有钱的潜在投资者。即使他们还没有对你的公司进行投资，你也应该像对待股东那样对待你的目标投资人和顾问。这样对待他们会为你的公司赢得更多的尊重和信任，也更有可能最终赢得他们的投资。

第五，经常联络：许多年轻的创业者或许已经建立了这样的支持团队，但并没有频繁与他们保持联系。这是一个错误。建立一个好的关系网络需要经常保持联络，这样才能使这些潜在投资者们相信你重视的是他们有价值的建议和经验，而不仅仅是金钱，只有这样才能建立良好持久的关系网。

第六，长远的眼光：你应该试图在需要资金之前就去建立这样一个非正式的关系网。这样的话在你日后需要融资的时候，你的关系网和良好的人际关系会助你一臂之力。也许，一个特定的人际网络中可能没有投资者会投资你的公司，但你仍需要和他们的联络和他们的人际网络，或许你的潜在投资者恰好就在那些非常信赖他们的朋友之中。

>>> 维护投资者关系的重要技巧

如果你正在融资，优秀的投资者关系计划是必须的。即使你在获得投资以后，这方面的努力仍然不可忽视，因为你可能需要开始募集新一轮的资金。如果你的公司上市了，你将需要投资者关系计划来支持你的股票的价格和交易量。这很重要，能够增强股票的流动性。做好投资者关系也是有技巧的。

顾问团：正如我们前面所讨论的那样，这是一个非正式团体。这里面不仅仅有你的朋友，也要有一些非常了解你的行业和产品的专家。投资银行家、猎头、大企业的 CEO、报纸杂志的主编、政党政府成员、一些与国有企业有紧密联系的人等等，他们都是顾问团成员的最佳人选。

定期报告：它要以书面报告的形式来完成，每月或每季度一份。潜在投资者很重视这个报告，因为它可以帮助他们了解企业的实时动向，同时可以证明企业的组织纪律性和工作透明度。

财务报表：近期这显得尤为重要。潜在投资者非常关心他们的钱是否会被挥霍、滥用。定期的财务方面的报告是 CEO 需要做的最重要的报告之一。通常情况下，你应该争取每个季度至少做一次。

在行业论坛中发表演讲：这是一个认识那些对你的公司或产品感兴趣的人的大好机会。虽然你不太可能直接遇到对你的公司感兴趣的投资者，但是你非常有机会见到一些媒体编辑们，他们可以帮你将信息传递给那些潜在投资者。

社交媒体：在当下这个时代，你毫无疑问地应该马上开始参与到社交媒体中去。通过在线网络关注所在的行业、竞争者、专家和技术。

行业分析师：他们也是非常重要的一个群体，尽管其他企业也在争相邀请这些人加入他们的顾问团或支持团体，你还是应该努力去结识他们。这些分析师往往对于行业发展方向有着很好的洞察力，他们知道产业链上哪里才是促进企业发展的最佳战略位置。

投资者关系顾问：你应该坚持聘请一家投资者关系公司或顾问公司。但你需要非常谨慎地选择。有些企业会跟你说他们会帮助你融资，但你必须付给他们一笔可观的费用或很大一部分股份。往往这种企业是在帮助他们自己而不是帮助你。如果你对股票和资产没什么经验的话，你很有可能会被这种企业欺骗。一般来说，好的投资者关系公司或顾问公司不会想要你的股份，或只要很少的一点。如果你选择的顾问公司想要你很多的股份，这就是一个消极的信号。

风险投资家：如果你能够邀请到风险投资家加入公司的顾问团，那将是一件非常好的事情。然而这也有可能是件坏事。如果你把他们看作是潜在投资者，你也许会允许他们看一些会影响他们对你评价的东西。如果你的公司是市场大热门，这或许是一个不错的战略。如果公司只是个普通公司，这很可能无法给你带来任何帮助。

在此还要强调一下个人因素在良好的投资者关系中的重要作用。如果你正在融资，你必须表现出你是可信、可靠的。然而，如果你觉得在这方面并不擅长，那该怎样做？这时你必须让自己擅长以下三点：

演讲能力、有感染力的性格，以及庄重的举止。演讲对大多数寻求资本的创业者来说是非常重要的能力。如果你在这方面并不擅长，就应该对外寻求帮助。你应该尽快成为一名出色的演讲者。有感染力是另一个要素。这一点很难去定义或实施，但这对融资来说至关重要。如果你没有这个能力，你要做的就是尽快去接受训练。庄重的举止可以增强你的说服力，这是一门艺术。表演训练会在这方面给你很大的帮助，因此也是一个你必须努力掌握的重要方面。

投资者关系的真正目标是要提升投资者对于你本人、公司团队以及公司的信任度。如果投资者关系搞得好，即使在市场条件不景气的时候也能融到钱。因为投资者信任你，一般不会在公司业绩不好的情况下出售股票一走了之，你公司的估值自会比其他同类公司高很多。

相比许多开展投资者关系的公司，如果你不开展这项工作，就会处于劣势。而你若持续做好投资者关系，则会开发出许多新的股东，他们会成为你的支持者，有些会是永远的支持者。

在硅谷，公司创始人与投资人所建立的这种信任，不仅是一种公司资产，更是一种个人资产。这种信任也是一个成功的、可信赖的创业者个人声誉中重要的组成部分，不论其未来创立什么公司，都会有投资人愿意倾囊相助。在你运营公司期间，如果公司的估值得到很大提升，无疑会为你个人增添不少附加值。

当然，投资者关系搞得好，创始人获得的信任越多，公司估值也就会越高。而拥有这种能力的创始人，正是开创中国新硅谷的关键所在。

第32章　上市并非终点，而是新起点

>>> 两个IPO故事

我曾在美国一家上市公司任CEO，也曾在两家公司的董事会任职，并经历了这两家公司上市的过程。这两家公司都是软件公司，各由一位出色的CEO领导，且让我称它们为Toolset和Manuper；Toolset离硅谷很近，Manuper位于纽约。

在许多方面这两家公司的CEO都挺相像：都是软件工程师背景、30多岁、富于主动性，总能想出许多创新点子，也有实干的决心；他们是那种绝顶聪明、又很有创新能力的人，总能从一个全新的视角来审视他们所处的软件行业。

这两位CEO在其企业上市的过程中扮演着不同的角色。Manuper的CEO叫曼弗雷德，作为公司的创始人，他也是推动公司上市的关键人物。Toolset的CEO叫罗杰，他算不上是创始人，真正的创始人是公司的董事长。董事长是个投资银行家，他非常了解罗杰，力劝罗杰成立一家公司并出任 CEO。所以推动 Toolset 实现上市的关键人物是这位投资银行家，但他在公司并不是全职工作。

两家公司的 CEO 还是有许多不同之处。曼弗雷德魅力超凡、性格外向，与人打交道很有种社交范儿。他是一位出色的管理人员和行动家，很能鼓舞员工的士气，不过他也有点不可捉摸、反复无常，而且有时显得不太靠谱。曼弗雷德花销惊人，喜欢豪华汽车和美食。

罗杰和曼弗雷德则是完全不一样的人。罗杰性格内向，很理智，是个思想家，当然也不迷人。他并非一个好的管理人员，也不是一个会激励人的领导，但是他很可靠、明智，善于琢磨。当然他不喜欢乱花钱，事实上非常节俭。

两家公司启动上市后，两位 CEO 有着不同的经历。曼弗雷德是个天生的公关，他喜欢与投资人和媒体沟通，对于推动建立稳健的投资者关系很是在行。所以 Manuper 上市之初，股价就实现了飙升。

然而 Toolset 的上市表现却不怎么样。罗杰不喜欢和投资人打交道，也没有做投资者关系工作。实际上大部分投资人是通过董事长了解并投资公司的，而董事长本人对投资者关系也不在行。所以 Toolset 上市后股价下跌了很多，至少从股价上会让人感觉这家公司实力较弱。

上市之后，罗杰沉浸到他的软件工作中，对管理工作几乎没任何兴趣。他将公司的全部财务管理工作都托付给公司的 CFO，也不和投资人们进行任何沟通。罗杰花费了比预期中更多的时间来开发新的软件，所以上市之后 Toolset 的第一个季度报告发布后，股东发现公司业绩并不好，股价继续下降。不过值得庆幸的是，尽管罗杰用光了投资，但董事长依然看好他，并决定投资更多资金进来。罗杰很幸运，一般情况下，应该由他来找投资人融资，但他根本不懂投资者关系，与投资人也没有任何沟通；现在虽然董事长的股份占比更多了，但罗杰不用再费心去融资了。

曼弗雷德在开发软件方面也遇到了问题，花光了投资，计划表也一再拖延。股东从公司的季度报告中知晓了实情。但由于曼弗雷德与投资者和股东们经常沟通并大献殷勤，后者决定支持他，于是曼弗雷德很快又融到了一笔钱，虽然他的股份在此次融资中被稀释了不少。

在都融到钱的表面之下，两家公司的发展情况都并不好。先说 Toolset，罗杰是那种袖手旁观的管理风格，他根本不知道公司的财务状况，更不知道公司有多少资金。一个董事会成员对公司财务有些疑心，发起了一次快速审计，大家才发现公司的 CFO 一直在挪用公司财产。但当公司发现时，CFO 早已逃之夭夭了。

事到如今，董事长只能投入更多的钱，并找另一个人担任 CEO，罗杰被降级成了首席技术官。不过很遗憾，公司没有从这次事件中恢复过来，最终在几年后宣告破产。

曼弗雷德的 Manuper 运营得也不怎么样。虽然得益于曼弗雷德的融资技巧，公司存活得时间还算长一些，但曼弗雷德总是铺张浪费，最终用完了所有的钱，又没有能够及时融资，所以 Manuper 最后也破产了。

这两家公司都有非常不错的创意和过硬的软件技术，也有很好的发展前景；两家公司都成功实现了上市，在一定阶段也有充足的发展资金，但最终都走向了失败。

不可否认，两家公司都存在致命弱点。罗杰并不是一位称职的管理者，根本不管公司的财务；曼弗雷德挥霍无度，尽管他有能力一次次为公司募资，但他的魅力再大也不足以说服投资人永远为他投资。

能把公司运作上市，那种感觉真是太棒了。不过对于公司长远发展来看，上市仅是一个开始而已，要想长久地运营成功的上市公司，你要考虑的问题可是有许多呢。上面例子中的罗杰或他的董事长，又或是曼弗雷德，显然都没有好好思考这些问题。所以当公司真的走到非常艰难的境地时，他们都不知道该如何来挽救。

我说这些并不是危言耸听，许多公司创始人都会遇到上面所说的这些情况，特别是初次创业的创始人更是如此。如果你是一位公司创始人，你当然希望能把公司带去上市。但是要是等公司真的上市了，你才去思考如何管理一家上市公司，那时候真的会太晚了。你应该未雨绸缪，早做考虑和安排，否则你的结局或许会和罗杰以及曼弗雷德一样。

>>> 大部分企业未有上市规划

公司在创始之初不可能立即开始筹备上市，因为毕竟谁都不知道公司将来是否能够盈利，更不用说获得足以策划上市的实力了。但是，大多数的公司领导人对公司上市之事一无所知，直到那一天即将变成事实。

大多数公司只要确定有上市的可能，都会迅速付诸行动。公司通常在作出决策后就狂乱地投入到上市前无数的筹备事务中，包括法律、财务和其他众多事务，这些程序和事务太过繁杂，往往会导致公司被这些事务牵绊住了脚步，因而扰乱了正在进行的核心业务，这有时甚至导致原本打算上市的公司半途而废。决定上市之前先做一番思考和准备很有必要。

我并不是主张你完成本文所列的每一项准备工作。但是，如果你已意识到这些问题，就会在公司创始之初以零成本解决它们，而无需日后再付出大量的时间和金钱来矫正它们。此外，完成下面这些工作后，即使你的公司不打算上市，这些工作也会使你的公司运营变得更好、更健康，并且在股东和客户眼中也会变得更有价值。这是因为，只要不走极端，造就优秀上市公司的工作方法，同样能造就优秀的私有公司。

※ **明确公司开支与个人开支。**两者混淆不清，也许是令很多公司上市计划失败的最大原因。一个最典型的例子是公司创始人用公司的资产购买房地产，然后公司才决定上市（或出售公司）。这不仅会引发众多财务和法律问题，而且会令潜在承销商怀疑公司在其他方面也存在公私资产不分的问题。

※ **财务数据证明。**上市公司需要每年由独立审计师事务所进行财务审计，费用高昂。年度审计对小型私有公司而言，更是繁重的负担。因此，可以选择替代方式，每年由独立会计师事务所出具财务数据证明。这种方式的工作量远低于年度审计，但能在承销商、投资者和未来股东面前增加公司的信用度。

※ **费用的标准财务指标。**在发展和扩大过程中，公司的花费和它们与收入的比例关系会经历几个明确的阶段。超出这些比例关系则会使公司在潜在投资者和承销商面前亮起警示灯。除非超出（或达不到）比例的理由非常充分，否则公司就需要尽力将比例控制在限度之内。

※ **财务控制。**公司需要有内部财务控制制度，证明公司没有滥用职权或财务欺诈的情况发生。具体措施包括：支票双重签字确认，按照级别和职务设定

开支限额，以及保证财务数据准确反映真实情况的财务监督制度。该制度尤其要包括采取各种控制措施，以防止或至少准确监控关联交易，即公司与公司管理层或董事会成员参股的公司或实体之间的财务交易。

※ **权责发生制与现金核算制。**上市公司与私有公司之间的一个主要区别是，前者按照规定必须采用权责发生制记账法，而后者绝大多数采用现金核算法。一般而言，新成立的公司最好采用现金核算法，因为这种方法能更为清晰地反映公司的生存前景。公司发展到一定水平后，就应当转为权责发生制，因为这种方法能更好地向投资者和股东展示公司未来的商业前景。如果由于任何原因而无法执行权责发生制，公司也可以继续使用现金核算法，但财务人员应当按照权责发生制为管理层准备另一套财务数据，使管理层可以从承销商和投资者的角度审视公司。借助现代电脑会计系统，这种办法很容易实现。

※ **会计做法。**在会计做法方面，上市公司与私有公司之间还有很多重要差异，其中一点是收入确认，另一点是花费核算。收入确认是上市公司的关键财务问题。对于私有公司而言，在收入确认方面尽早采用上市公司的做法也是明智之举,这样会以更好的信用度吸引投资者和承销商。这种做法在本质上意味着，只有在销售确实发生并不可逆转的情况下,才可以确认收入。费用核算规则规定，各项费用必须与发生费用的活动相匹配，以防止费用前后转移，使公司的财务业绩看似强于（或弱于）实际情况。费用匹配在任何情况下都是上市前的必要准备工作。

※ **管理层与董事会的关系。**至少在美国，人们对于家族成员在同一管理团队或同一董事会持怀疑态度。因为中国的大多数公司都是家族企业，情况也许有所不同。但对于上市公司，所有投资者和股东都希望了解各董事会成员之间的关系。如果存在家族成员关系，至少应当公开使人们知情。有些管理层中存

在的特殊关系要引起警惕，比如首席执行官与财务总监是夫妻或者是近亲。如果这种关系无法避免，那么最佳的措施就是公开这种关系并制订相关制度，确保投资者和股东的投资和股份不会因为潜在交易而遭受损失。

※ **合规流程。**合规流程需要耗费大量劳动，因此除非公开发行股票已近在咫尺，否则公司不会愿意发起合规委员会这一类的行动。但即使尚未制订正式的合规政策和流程，也必须有合规意识。实现合规意识的最佳办法是任命一名专职负责合规的高管。该职位的主要职责是防范利益冲突和可能威胁公司未来发展的高风险流程，并监督组织机构内财务流程的完整性。承销商和投资者，尤其是海外承销商和投资者，始终会谨慎观察首席执行官和董事会对合规流程的承诺态度，因为合规流程能降低公司风险，保护投资项目。

※ **制订人事守则。**制订人事守则规范企业的人事政策和规定，是西方公司的标准做法。这类手册规定的领域包括员工行为准则与职业道德，招聘、晋升与解雇规则，以及公司每个职位的岗位职责性质。人事守则的理念是保护员工，使其免受不公正的劳务规则的伤害，也避免公司的生存和继续发展遭到威胁。但是，实现人事守则的主要问题是，很多人对守则往往是流于形式，只规定不遵循；它的主要挑战是建立一套框架，并使人理解该框架的执行是有效、灵活而实际的。

※ **成立独立董事会。**投资者与承销商希望公司有一个独立的董事会，即董事会中没有或最多只有一位家族成员。对于很多公司创始人和首席执行官来说，学习如何与独立董事会相处，本身就是一项能力，也会帮助他们成为更优秀的高管。因此，即使公司不打算上市，高管们也需要学习这种能力；而如果要上市，这就是必 备能力，也必须成立董事会。

※ **定期举办董事会议。**仅仅成立董事会是不够的。很多公司的董事会每年

只召开一次会议，而承销商所期望的是每月召开一次并生成正规的会议纪要。他们希望看到董事会真正发挥作用，而不只是在首席执行官、其他内部人员或影响力不为投资者和股东所知的外部组织作出决策后，充当一枚橡皮印章。

※ **股票期权计划。**很多公司已开始制订期权计划，但承销商希望看到有正式的董事会流程同意期权授予。他们要求有正式的股票期权计划，对期权授予方式、期权归属期和行使方式等问题作出明确规定，尤其要求有防止控股者将大量股份套现的限制性规定，通常是限制股票交易额。对于公司早期，承销商要求规定公开发行后的锁定期条款，以防止公司内部人士先于自己的股票客户抛出股票。

※ **注意投资者关系。**上市公司习惯于甚至是经常聘请外来的投资者关系管理公司处理与持股股东的沟通事宜。但公司与股东的沟通大可不必等到公开发行才开始，也无需聘请外部公司。对于包括私有公司在内的任何公司而言，定期（如每三个月一次）向主要股东通报公司运营业绩、财务业绩等重大事件是很好的做法。良好的投资者关系计划不仅有利于股东和投资者，也利于公司争取股东和投资者的支持、增加投资者对公司管理的参与感，也能为日后的多轮融资铺平道路。如此一来，当公司真正上市的时候，就已经培养了能支持股市的最关键因素：强有力的投资者关系。投资者关系计划也有助于培养股东忠诚度，使股东不会在听到有关公司的任何负面消息后迅速撤出。公司应当将投资者关系计划视作持股人和投资者忠诚度计划，就这点而言，它是筹备上市的一项关键内容。

※ **提前选择承销商。**提前着手选择潜在承销商也同样重要。大多数公司只有在即将上市时才选择承销商，这种情况下经常会出现所谓的“选美”场面：召集多家承销商前来面谈，再从中选择胜出者。最好在出现实际需求的前几年

就开始接触承销商，这样可以通过长期观察确定他们各自的优劣势。所选择的承销商的规模和名气不一定是业内顶尖。潜在承销商一旦承担你公司股票的公开发行，它便会成为公司的投资者和股东，因此可以将他们当作潜在投资者和股东来对待，并纳入投资者关系计划。

※ **明确经营计划。**经营计划包含潜在上市公司的各项业务目标。首先，它能说明公司已有关于未来战略的考虑流程以及实现战略与绩效目标的最佳方式。这对维护投资者关系、激励潜在承销商信心都非常重要。其次，作为董事会和高管层的工作文件，它能明确公司发展方向并为战略方案的商议提供框架。经营计划不应一成不变，每年至少应更新一次；应当是工作文件，而不是最终指令。这样就能够督促董事会和管理层展开讨论，从讨论中激发创造性想法。再次，经营计划是形成上市招股说明书的基础。因为招股说明书的编制虽然可以由外部人士提供支持，但无法依赖外部人士编制。很多公司因为用几个月时间编制一份可信的招股说明书而推迟上市。而如果有现成的经营计划为招股说明书作基础，便可直接交给外部顾问加工成招股说明书。

※ **多规划未来，而不只是按部就班。**对于一名新上任或现任的首席执行官而言，以上的工作内容看似繁重。但即使是不打算上市的私有公司，也应当完成其中的大部分工作。理想的上市公司并不仅限于制订更多的规章制度，而是有完善的流程来改善管理，提高效率。这不仅针对想要上市的公司，对任何公司而言都是必要条件。如果公司的确计划上市，就应当认真考虑所有这些问题，有时还应当立即或更早就开始着手准备。只有这样，在时机到来时，才会进展迅速，而不会像很多公司那样，因为未能以符合市场环境的速度做好准备而错失良机。市场竞争的赢家只属于反应最敏捷的公司。只要正确准备，你也可以在上市竞赛中成为最敏捷、最成功的那一个。

>>> 再谈谈最佳估值

在前文中,我们曾讨论过公司如何获得较高或最佳估值的问题。这是投资人、承销商和股东都想要的结果，当然肯定也是你想要的。

作为一个有远见的创始人，你应该提早思考公司上市以后要面对的问题，并知道如何尽早搭建公司可以长久发展的基石，这样或许可让公司得到最佳估值。

在本章最初，你也看到了两家公司所遇到的问题。运营一家上市公司要处理许多无聊的细节工作，也需要比你预期多得多的资金来研发产品。世界并非像你所想象的那样运转，正如 Toolset 和 Manuper 这两家公司，许多公司刚开始看起来运转得都很不错，结果却慢慢走向倒闭。如果你不把关于产品的事情做通盘考虑，你很难把公司估值最优化，甚至得不到一个好的估值。

但硅谷并非只是聚焦于研发好的产品上，硅谷一直致力于打造一种企业基础建设的生态圈，从而使得任何一个公司可以在这种环境中实现更好的发展，如研发明星产品，实现爆发式发展等。一个创始人不应该仅仅是生产出几款明星产品，而是要创建伟大的公司。硅谷也不只是生产一堆明星产品，而是伟大公司的聚集地。你创建自己的公司，不正也是为了这一伟大的目标吗?

第33章　怎样把公司卖个好价钱？

>>> 两个公司：两种完全不同的定价模式

多年以前我任一家美国公司的CEO时，曾收购了两家公司。这两家公司都是做计算机软件服务的，为了方便起见，我们称其分别为Coder和Aries。Coder总部位于纽约，在全美都有分公司；Aries位于芝加哥。

这两家公司有许多有趣的相似之处：两家公司都各由两位创始人创立，并一同管理，两位合伙人一起担任联合CEO职位；两家公司均运营了近20年时间；几位合伙人都是50多岁，都计划要退休；两家公司的两个合伙人，都是一个外向一个内向，这倒是在合伙关系中较为常见。

但是这些相似之处仅是表面现象，实际上两家公司有更多的不同之处。

Coder是完全销售导向型的公司。所有分公司的领导都是那种外向型性格，非常注重销售，其他部门的领导也是秉承同样的观念。

Coder 销售的是电脑商用软件，产品售价很低，当然利润也不会高，且有许多竞争者。不客气地说，Coder 的产品服务质量也不怎么好，他们更关心的是销售数量而不是产品质量，更关心市场份额而不是销售利润。不论是对员工的专业认证还是其所提供的软件服务，Coder 都没有制订任何标准。这样也决定了其必然处于低端市场水平，虽成本不高，但利润也很低，竞争力较低。

Aries 则是截然相反的一家公司。Aries 的产品在计算机服务市场处于高端领域，所有高级管理人员都是那种内向型性格，公司里销售人员不被重视。Aries 主要是在检测和质量领域提供计算机服务，服务收费价格比较高。Aries 要求不同工种的技术人员必须持有相应的证书，对其服务的质量和交付也制订了相应的评判标准。

看了两个公司的介绍，你也就不会惊讶我们收购两个公司的花费了：收购 Coders 支付得非常少；而 Aries 则花了我们一大笔资金。虽然原因完全不同，但这两家公司的收购都让我们处于尴尬境地。

收购 Coders 的尴尬之处在于我们花了特别少的资金，少得甚至连和别人介绍时都不好意思说有多“少”，因为这样的价格也从另一方面反映了 Coders 产品的低劣质量，因为低质才低价，别人一眼就明白。

收购 Aries 的尴尬之处是我们出价太高了。当然我们也有理由说因为当时 Aries 还在和另一家谈并购，所以我们要高价竞标。但事实证明我们确实付得太多了，Aries 确实是个高品质的公司，但我们对其过高估值，以致收购花了大价钱。

被并购后，这两家公司的发展如何？幸运的是经过长期发展，它们都坚持了下来。Coders 的表现始终不温不火，我们很庆幸当时花费不多，Coders 只值那个价格。Aries 则一直表现相当好，但是其收入还远远不够偿还我们收购 Aries 贷款的利息支出。

我讲这两个公司的故事想要告诉你们什么呢？作为一个创始人，你或许想有一天卖掉你创立的公司。我想你肯定不想像 Coder 那样，只卖了那么便宜的价钱。Coder 的两位创始人都不懂世故，尽管他们苦心经营公司多年，但对于怎样出售公司、如何最大化公司估值根本不了解,所以对他们来说结局并不圆满。

我确信你希望以 Aries 的方式卖掉自己的公司。Aries 的创始人努力寻找能将公司卖到超过自身价值的途径，至少对我们来说，他们实现了这个目标。对于两位创始人来说，他们要向他们的投资人和股东们有所交待，他们必须想尽办法使公司估值最大化，即使是为他们自己也应该如此做，毕竟公司也是他们苦心经营了许多年的成果。这些也是作为创始人应该学会去做的事情。

Aries 的创始人做了几件有效提高公司估值的事情，我会在这一章详细说说是哪几件。相较之下，Coders 对这些方法丝毫不懂，所以根本也不可能做出可以提高其估值的事情。

不论你是创立了一家公司，还是把一家公司运营到一定阶段，当你准备出售公司时，你一定希望尽可能卖出一个好的价格。

抬高公司的价格有很多种出人意料的方法，但这些方法往往不被金融专家们所推崇。事实上，想要把公司卖个好价钱，最好的方法是利用你的想象力而不是金融手段。

我将重点介绍一下提供高科技产品和服务的初创企业如何卖掉公司，而对于那些处于成熟或消费类市场的中等规模企业的读者，这些原理从本质上来说也是相同的。如果你想将公司卖到一个好价格但却事与愿违时，首先需要查看你的财务是不是出了问题，这是一个恒久不变的真理。

>>> 对企业估值

如何对一项业务估值？什么是估值？专家会告诉你，对企业进行估值主要是通过公司的某些营业额或利润的倍数来计算。但如果你没有任何收入或销售额时应该怎么办？这时你又该如何对你的企业估值？

你要记住，对于企业的估值并没有什么魔法公式。当然，估值过程中存在一些公式，但通常使用这些公式来计算，往往会给你一个比较低的估值，因为这些都是基于实际营业额和利润来进行估算。换句话说，估算出的结果也就是企业实际能够达到的业绩。但如果你对企业有很高的期望，而现在还不能从收入或销售额上体现出来，你又该怎么办？

首先，你必须意识到要最大化企业的价值，而这个价值又在收购者实际愿意支付的范围之内。收购者实际支付的价格取决于他们如何感知和评价你的业务和企业的前景。因此，估值的大部分依据并不是仅仅依赖于你的财务状况，更依赖于你传递给投资者的企业形象，以及如何从他们的感知上来定位企业的前景。

实际上你可以使用两种方法来评估，一个是财务或现金价值，而另一个我将之称为“愿景价值”。首先，让我们来看看财务价值。通常情况下，专家都会建议你使用这种方法对企业估值。这种估值方法需要利用公式，举例来说，如果在企业已经有盈利的情况下会使用利润的倍数，如果企业没有利润就使用销售额的倍数。有些收购者常常通过这种方法对企业估值，我们将这种类型的收购者称之为财务收购者。

财务收购者对企业未来的发展没什么兴趣，他们只关注企业当下所做的业务。他们不相信任何有关扩充财务的前景展望。绝大多数收购者都是这种类型的财务收购者，是你应该避开的收购者，尤其在你拥有一项前景广阔的新技术，但目前却没有利润甚至是营业额的情况下。

采用愿景价值所估算出的价值要比财务估值高得多。但要达到这个价格你必须正确地定位你的企业，向收购者展示你如何能够达到这个愿景，这样才能获得高价格的愿景估值。你必须展示你的产品如何在未来成功发展起来，公司未来的财务状况会有多么喜人。

当然，其他的企业也会做相同的展示，那么你就必须比它们做得更好。许多做到这一点的企业都以高出财务估值好几倍的价格将公司成功出售。

如何做才能达到愿景估值？我认为其中有几个要点。首先，你要拥有一个引人注目的、有魅力的、有据可依的关于企业创始人和公司的故事；第二，你需要做出一份关于产品或服务如何改变行业、市场甚至世界的有利陈述；第三，你应该拥有一些有着知名品牌的客户；第四，你要找到一个愿意与你的潜在收购者交流的客户，他会告诉收购者们你的产品对他们的业务是何等重要。此外，你还需要准备好商业计划和销售说明。

你可能发现了我并没有将良好的财务状况列入上述清单。为什么？

假设一家企业已经开始实现销售，但同时也出现了巨大亏损，大多数收购者会使用财务估值对企业评估，给出一个非常低的价格。然而，如果你现在并没有实现销售，自然也就没有任何证明可以显示你一旦开始销售就会有很差的销售额或者收益会很低。

换句话说，如果你一旦开始销售而销售表现又不是很好，收购者会对你进行财务估值，结果自然不会如你所愿。如果你并没有任何销售但有一个非常好的愿景，那么收购者无法用财务估值法来对你的公司进行估算。如果他们对你的企业感兴趣，会赞成使用愿景估值法。

你可能会觉得这种销售企业的方法很疯狂。但我见过许多财务状况非常糟糕的企业，由于使用了愿景估值的方式，它们卖出了非常好的价格。有时候，不成熟的财务状况在一家企业出售的过程中是非常不利的因素，因为它显示了你的盈利性不足，从而进一步减少了你的企业的价值。

我并不建议企业家不去进行任何销售，我所说的是，如果由于你还处于创业初期，在企业的财务状况并不是很好的情况下，你应该从愿景的角度来宣传公司，以吸引收购者并取得比较高的价格。

>>> 唤醒一个成熟的业务

如果你现在有一家现成的公司，也拥有一个常规性的产品或服务，就意味着如果你想要得到一个好价钱，就得将公司重新定位以实现愿景估值。更确切地说，你必须将现有公司从一家维持生计（甚至令人厌烦）的公司转型成为一个有抱负、又引人入胜的公司。

这就要求公司里要有不同的观念思维。首先，这意味着你必须有一些不同的人来帮助你将公司卖给收购者，你至少得有一名可以为收购者做演讲推介的人，他需要充满想象力，有战略眼光、有抱负、有灵感。这类企业还需要创作一个引人入胜的故事，正如我在前面提到的那样。这需要一些像我前文中所提到的那种有灵感的描述、表达和材料。

因此，即便是一个较成熟的公司也可以通过愿景估值的价格来出售，这样公司就可以逃脱以财务估值转让的厄运了。但这并不容易，公司需要改变一些企业固有的基因，这样才可以表现得不像一个有一定销售额、陈旧的、没有新意的公司。

此外，你不可以因为不需要一个好的被收购价格就不将财务规划做好。拥有一个健全的、可靠的财务规划至关重要，这种财务规划非常专业，在未来必然会对你的愿景估值有帮助。

也就是说，关于员工的水平、严谨性、可靠性的规划等费用常常被排除在企业的财务规划外，但这能够使财务规划更加好看。我建议企业家不要把诸如税务、保险、收益、奖金、红利等要素排除在外，包含这些因素的财务规划看起来才更加真实。

>>> 财务价值最大化

我曾说过不要专注于你的财务价值，但这并不意味着你不需要去关注一些特定类型的财务指标。这些指标中有一些非常重要，它们对于建立一个更高的愿景价值至关重要。这些在财务规划中极为重要的指标有几个方面。

第一是总利润。总利润很重要，即使你现在亏损了很多，但如果你的总利润高于你的竞争对手，那么你的公司就会被看作是一个高价值企业。首先，你要展示你的总利润；其次，你要证明你的利润在不断增加；再次，要向收购方展示出你与竞争者的不同之处。

第二，不要把公司费用和私人花销混为一谈。即使你是家族企业，也不要把个人花销与企业费用混在一起。如果你想让投资者对你的公司感兴趣，那就千万不要这样做，这会令投资者非常反感。如果你的目标是用财务指标来为企业估值，也不要这样做，因为外资企业和财务专业人员会认为你不够专业，对你和公司财务失去信心，因此他们不会相信财务报表中的数据。这将意味着无论从财务角度还是愿景角度去估值，你都将获得较低的估值。

第三，善于利用销售增长率。如果你的销售额在不断增加，一定要特别凸显这一点。向收购方展示出你的销售增长率，并与同类公司进行比较，这将提高你的股价营收比，同时提高企业的估值。

第四，清理资产负债表。巨额债务、不同类型的债务、每笔债务偿还的时间，这种复杂的资产负债表最让投资人厌烦。因此，最好在你决定出售公司之前，把这些烦人的数据清理干净。

第五，注重对比的重要性。愿景收购者和财务收购者都喜欢将企业与类似的公司进行比较。如果你目前正处于亏损状态，而你又想通过愿景描述来提高企业的估值，这就显得更为重要。你需要非常谨慎地挑选对比者，以确保该公司可以体现你的价值而不暴露你的弱点。正确地选择对比对象是一种非常有利的、提升企业价值的方式。

>>> 理想的收购者

一般来说，业内以两种收购者为主，即财务收购者和愿景收购者。财务收购者通常是与你拥有相同业务的公司。

尽管投资者往往希望以愿景估值来出售他们所拥有的公司，但在收购时都希望以财务估值来收购，因此你应该把他们看作是一个财务收购者，除非你是一个独角兽公司。如果你真的是独角兽公司，那你则面临完全不同的局面。不过，那就不是一章内容能说得清了，我得另写一本书来说。

通常情况下，小规模的企业基本上都属于财务收购者。因此，除非你找不到愿景收购者，否则你肯定不想和这种小企业或者创投机构打交道。

在某些特定的情况下，投资者也可以成为愿景收购者，例如当某种特别的产品或服务在时下非常流行时。如今手机应用非常时髦，而在过去的几年里，社交网络曾经风靡一时，不过很快便失去了吸引力。当某个产品或服务极为流行时，那些更像财务收购者的收购者也有可能变成一个愿景收购者，而且会准备好支付高于他们平时给出的收购价格数倍的资金。

如果你的公司拥有一个非常流行的产品或服务，你可以展示它的愿景价值，然后你必须采取特殊方式来宣传产品或服务。在这种情况下，投资机构往往会给出一个很高的收购价格。

愿景收购者往往是大型企业，这种企业与你同处一个行业。他们希望通过收购得到你的产品，使他们获得创新，并借此开发自己的产品。大型企业通常情况下都是愿景收购者，因为他们的收购资金并不是收购者个人的资金而是公司的资金，他们更看重企业的未来价值。

事实上，他们非常愿意收购具有未来价值的企业。因为如果这是一个时下非常热门的企业，购买你的公司将有助于他们的企业发展，至少在你的产品或服务不再流行之前，这次收购业绩对他们而言都是一个不错的经验。因此，大型企业是非常好的愿景收购者。

富有的人也可能是个不错的愿景收购者，即使他们往往非常节俭和谨慎。这些人都是靠自己敏锐的商业嗅觉赚到了财富，而不是靠发明新产品。这类个人通常是财务收购者，他们一直在寻找一个在他们的职业生涯中没有达成的业务，在这种情况下他们往往会给出非常高的估值，因为这对他们而言实在太新奇了。

事实上，这些富有的人一直都在试图突破财务估值的束缚。如果你能够很好地定位公司，他们可能会是非常好的收购者。如果他们不能百分之百地收购你的公司，他们也将是非常好的合作伙伴，因为他们有着敏锐的商业嗅觉和精明的财务头脑，而这些正是许多创业者和 CEO 所欠缺的。

>>> 为企业做好广告

想要出售公司，你首先要让人们知道你正在出售你的公司。或许你可以告诉你的员工、朋友和家人。但是事实上还有许多别的方法。到目前为止，最流行的方法是寻找一位代理人。互联网也是一个经常被使用的媒介。

如果使用代理人，你需要确定他们拥有丰富的企业销售经验。许多代理人都非常业余，他们没有什么转让企业的经验，这类人非常不可靠。

经纪人都要收取佣金。你必须清楚地意识到他们的佣金取决于许多因素，包括企业的销售难度、你所做的准备工作、你所在行业的情况等。你不能单纯地认为你的朋友在转让他的公司时支付了转让价 1% 的费用作为佣金，你的企业所需要的佣金也是同一比率。因为你的企业可能比你朋友的企业更难出售，那么你所要支付的佣金就会高很多。

在有些情况下，想要转让你的公司非常不现实。如果你处于一个非常早期的阶段，处于一个风险很高的行业。这种情况下你需要换种思维方式。比如，找一个合伙人、管理者或股权投资人，他们在进入时仅获取公司一小部分股权，然后再增加他们所持有的股份直至成为企业真正的所有者。又或者允许其他个人或公司做你的加盟商，授权他们销售或使用你的产品或服务，这些人可能最终会成为你的潜在的收购者。

>>> 在互联网上售卖公司

现在许多创始人都倾向于在互联网上做公司广告，互联网广告与传统广告相比有完全不同的规则；还有些公司专门通过网络售卖私营公司的股权。你可以把公司的部分股权进行私募，并根据私募的情况为公司设定相应的估值。如果股权私募做得好，可以有效提升公司的估值。

你可以在诸如 Kickstarter 的众筹网站上为公司设定一个估值，出让一定的公司股权来向个人募资。不过通常情况下，菜鸟肯定会比专业人士付出更高的价格，毕竟他们对行业还了解不深。

怎么设定最佳估值？

我们知道，事物之间必有联系。公司想要得到高估值并不容易，你得是个能干的创始人，还要把公司运营得好，让产品竞争力强。当然，还得有一群像你一样踏实能干的员工；给公司设置好股权架构，争取最高的估值，这是身为创始人责无旁贷的工作。

当然，你不能指望成立一家公司就能运营得好，然后就得到个高估值，事情没有那么简单。你必须从一开始就做好长远规划，从一开始就要为可能的结果多考虑，而不仅仅是毫无准备地开始。要知道，未雨绸缪可以事半功倍。

如果你把上面我说的都听进去了，而且也保证都能做到，那你的公司会有一个很好的开始，且会有一个很好的发展。或许不一定会成为一家独角兽公司，但公司未来估值一定不会差。

好好享受创业路上的风景吧，在这个过程中你会学到许多东西。

创业愉快！

第 34 章　当创业者遭遇熊市

我本人曾三次在熊市期间经营公司，这并不好玩，但能从中学到很多东西。如果你学会了让一家公司在熊市里生存下去的技巧，再遇到这种局面基本上就能畅行无阻了。当然，也会有很多公司，尤其是大部分初创企业，遇到熊市会难以为继。因为它们处在企业发展的早期，缺乏支撑它们继续维持的资产、资金、客户以及相应的经验。

20 世纪 90 年代早期，我第一次在管理公司期间遇到了熊市。我在纽约运营的那家计算机服务公司的业务遍及全美，尽管公司的主要投资人是一家全球知名的大型企业，但当时它差点儿破产。

2000 年的互联网泡沫破裂是我遇到的第二次熊市，当时我运营的那家初创公司没能维持下去。其实公司倒闭的主要原因不是遭遇熊市，而是技术模型出了问题。没等技术模型调整正常，公司就被熊市干掉了，熊市期间这种事很常见。

我遇到的第三次熊市是 2008 年全球金融危机，我从 2001 年创办起来的公司险些因此被扼杀，好在它最终冲出了重围。过程当然非常艰辛，这可能是我遇到过的最糟糕的熊市，但幸运的是这已经是我第三次面对，有了更多的经验。

可以肯定的是，如果这是我第一次面对熊市的话，我的公司肯定会像大量美国创业公司一样以倒闭告终。

>>> 市场周期

萎靡不振的市场会给创业公司带来很大影响。市场繁荣的时候，初创企业很有可能以高额估值上市，公司的投资人、股东以及高管们会赚到大钱。一旦市场大幅衰退，来得快的钱也就去得快。市场衰退的时候很难挣钱，这会伤害到几乎所有的初创企业以及还未开始盈利的早期阶段企业。

市场周期的循环是一个大浪淘沙的过程。经济上升时很容易赚钱，随便什么人讲一个好故事就能筹到钱，至于项目本身好不好并不重要，因此市场会吸纳很多劣质公司以及低素质的经理人和管理团队。当市场走低的时候，其过滤功能会发挥作用，劣质公司会被淘汰出局。

中国的资本市场目前正处于清洗过滤的过程，虽然局面可能不好看，但最终会留下一些高素质的公司。同时，这还能帮投资者以更便宜的价格找到更有质量和发展前景的公司。在这个清洗的过程中，市场会辨别出哪些企业有可能成功，哪些企业失败几成定局。所有初创及早期阶段企业都要尽快弄清楚自己属于其中哪一类。

有些通用的法则同时适用于以上这两种企业，也有一些特殊的法则同时适用于优质企业和劣质企业。眼下正是好好温习这些法则的时候，以便在市场大清洗到来的时候增加存活几率，并且为长期的坚守做好准备。

>>> 成败之间

说来有些残酷，熊市里只会有两种公司：成功的和失败的。出于种种原因，不存在第三种可能，而且大多数公司会成为失败者。

那么，成败的区别何在？拥有或者正在创制真正具有独特性的产品的公司会成为成功者，因为它们具有明显的差异性，完全没有竞争对手。无论客户还是投资者，都会不离不弃地围绕在这类公司的周围，因为他们别无选择。但这种成功的公司也会面临一个问题，那就是外人看不懂它那独特的产品。因此，在没有竞争对手的同时，它们可能也缺乏支持者。这也是很少有人想到的创业公司应当注意的一个问题：你要有独特的东西，但不能过于超前以致没有人能看懂你的产品。

至于失败者，就是那些本质上是靠山寨别人产品为生的公司。这种情况是新近出现的，很多企业都存在这个问题，我们通常称其产品为“更好的捕鼠器”。它们声称自己创制出了更好的产品，实际上，虽然它的产品可能确实比原版产品稍微好一些，但并没有好到能让所有人喜新厌旧的程度。

在熊市里，往往是那些生产“更好的捕鼠器”的公司最先倒闭。原因在于，竞争者太多，它们无法垄断市场。投资者看到竞争如此激烈，也不会再向这样的公司投入更多的钱。在客户方面，要么在大量同质产品面前举棋不定，要么会选择那些最强公司的产品，因为他们认识到，熊市里只有最强的公司才能生存下来。一般来说，拥有原创产品的公司才会是最强的公司。

为了简化地分析问题，本文中将拥有独特的原创产品的公司（原创公司）设定为成功者，将生产山寨产品的公司（山寨公司）设定为失败者。

>>> 未雨绸缪

所有公司其实都只面临两个问题：价值和成本。每个公司的目标都是实现产品价值的最大化，这也意味着成本能降到最低。

在权衡成本与收益的时候，原创企业和山寨企业都要遵循同样的战略。这战略说起来很简单：未雨绸缪，尽可能砍去成本大树上不必要的枝杈。你要做好连续三年将非必要成本保持在零点或者最低水平线上的准备。

在压低成本方面，首要一点是公司的创始人或 CEO 要设法在没有薪水的情况下渡过难关。如果创始人有搭档，两人中的一个必须去其他公司找个工作，并将自己赚到的薪水与在创业公司留守的搭档共享。这种做法可谓一举两得：一是可以压缩开支；二是可以让公司投资者感觉好一些。他们看到你放弃了领薪水，会感到你为了维持公司运转已经做出了所有必要的牺牲。这样，他们更有可能会给公司投入更多资金，因为他们知道你不会用他们的钱给自己发工资。

通过给自己停薪或者降薪，你还能获得给其他员工降薪或压缩其他开支的主动性。你自己没有领薪水，这是给员工和投资者的一个正确示范。他们会由此意识到，你在管理公司方面也会崇尚节俭原则。

一旦做到给自己减薪或者降薪，你还会以正确的心态来处理其他开支。此时处理开支的原则就是，凡不能获得或是留住客户的开支都应当被彻底去除。这种确定开支的方法被称为“零基预算法”，其基本原则是“没有任何开支是固定不变的”。公司开始新的财年或是新的发展阶段时，所有的开支都要清零，都要被重新调整。比如说，以前公司为员工提供的福利包括健身俱乐部会员卡，此时就要完全停掉，其他方面也如是。

对于小公司来说，第二项主要的固定开支是办公场地租赁费用。你应该立刻将公司搬到租金低廉的办公楼里，也不要再设独立办公室，要是能与其他公司分享办公空间和同一套办公设施也不错。

做到上述两点之后，当账目上的数据显示公司的微薄收益已能维持未来三年的开支时，你就可以松一口气了。

>>> 调整估值

在熊市里，市场对创业公司的估值会变得很理性：原创公司还是会得到非常高的估值，山寨公司则会估值很低或是根本没有价值。

原创者即创新者，他们往往拥有远大理想。在熊市里，对一个原创者来说最困难的事就是放弃这些理想，因为他们所有的计划和故事都源于此，也凭借这些理想吸引到了投资者。这些理想，很可能已经成为他们生活中最重要的信仰，但熊市不相信远大理想。

当然，也有在熊市里最终依然实现理想的人，这样的人也能挣到很多钱。但总体来说，对于一个处在凶险熊市中的创业公司来说，即便是支持你和你的理想的投资者也会变得非常多虑。因此，原创公司在这个时候必须尽快变得更现实一些。

这并不意味着要放弃远大理想，而是要将它分成几个步骤来实现，让每一步都能走得相对更容易并让成本更低。原创公司的创始人思考问题通常都很理想化，现在他们必须改变自己的行为和形象，让自己看上去更加实际，而且懂得常识，懂得“计划要切实可行”“无钱寸步难行”这些道理。

山寨公司的情况就完全不同了，它们最典型的特点就是没有理想，只想拿来别人的成果。投资者对此心明眼亮，因此山寨公司也不得不强调理想和价值，否则就没有机会获得更多的投资和新客户。

典型的山寨公司创始人没什么理想，他通常或者是一个技术基础比较扎实的技术人员，或者是一个会把故事讲得天花乱坠但不懂产品的销售人员。这样的人并不相信理想的作用，但为了公司的生存，他不得不将公司和他自己朝着这个方向推进。通常他唯一的选择就是给自己找一个搭档或是给公司找一个新的 CEO，但这两件事对他来说都很难，但要是不这么做的话就必定要失败。要是能做到的话，就能获得一个更好的生存机会，虽然这条路也未必能走得通，但毕竟是有了机会。

>>> 新的起点

对于很多创业者来说，一旦创业失败就会放弃这条路。他们会得出结论认为创业太难，自己没有合适的能力或技术，或许也会认为创业太有挑战性，自己再怎么辛勤工作也敌不过源源不断涌现的问题。

这些都是创业者在熊市里的正常反应。创业不容易，有很多人会失败并且没有翻盘的机会。但这只意味着你这次创业失败了，或是这次创业生涯宣告结束，从这段经历中其实还能生发出无限可能，比如以下几点：

1．可以利用创业获得的经验或是客户来单独做些事，比如办个一人公司提供顾问服务或是到其他公司担任顾问。也可以承揽其他公司的外包业务，这样也能独立做事。

2．可以找份工作，存些钱之后再办一家公司，很多人都是这么做的。现在你有了更多经验，下一次创业就会做得更好。

3．可以找份工作踏踏实实地干下去，再也不想自己办公司的事。曾经创业并担任 CEO 的经历会让你在工作时拥有很多优势，因为你拥有一般人所不具备的责任心和经验。

4．可以休息一段时间，利用这段时间去度假，思考问题，或是学些技术，这能帮你开启全新的事业生涯。

5．可以创办一个非营利机构，致力于以某种方式帮助弱势群体。

6．可以加盟他人创办的创业公司，此时你个人面对的财务压力会小很多。

不管怎么说，创业经历会给你带来很多价值和宝贵经验，不管创业公司最后能走多远，你已经在这个过程中有所收获，请善用这份财富。

>>> 第五部分

打造中国新硅谷

第 35 章　“创业者高考”：打造中国版硅谷的独家妙招

不久之前，我曾帮一个客户遴选创业者，看谁真正具备研发突破性产品的潜力。我选中一个 25 岁女孩，她曾在一家全球知名的大企业工作。在那样的机构中，得有一点儿年纪才能担任高层职务，所以她问我：“你会不会觉得我做这个项目有些太年轻了？”我回答她说：“其实我更担心你不够那么年轻了。”要知道，马克•扎克伯格创建脸谱网时只有 19 岁，谢尔盖•布林和拉里•佩奇启动谷歌项目时 25 岁。

在本书之前的章节中我曾提到，成功的创业者都不是特别年轻，一般都得 30 多岁。但在此需要指出的是，他们大多是在很年轻的时候就创立了堪称革命性的创业企业。这种事很常见，原因在于年轻人有闯劲，他们是初生牛犊不怕虎，不大会去预想创业道路上将要遭遇的险阻。他们只是埋头向前，不会瞻前顾后。

>>> 发展之中有不足

飞速发展的中国拥有先进的技术和一些高水平的大学，北京、深圳等地还涌现出新兴的高科技产业集群，这正是理查德·佛罗里达所说的“超级聪明的创新者形成的超级创意阶层”。这些地方社会开明，不乏创意专业人士，这也是后工业城市实现转型必须的因素。随着法律法规的修订完善，现在创办一家新公司也比以前容易多了。

不过，在促进创业创新方面，现在中国还有一些可以继续完善之处，比如需要进一步加强知识产权保护，考虑鼓励外国人移民中国等，后者正是美国高科技产业集群成功发展的重要原因之一。当然，还有必要改变一些传统观念，比如认为创办企业失败是一种耻辱等等。

我相信，随着时间的积累，中国能够解决上述问题。中国政府希望国家在技术领域获得竞争力，中国的发展水平也确实在不断提高。未来的某一天，中国会拥有能与美国形成竞争的高科技产业集群的。

现在的问题在于，有些中国人总想通过山寨美国的一些技术和产品来与美国竞争。虽然复制的技术和产品本身也不错，也很有创意，但那毕竟是山寨来的。我认为中国并不打算通过这种方式在竞争中战胜美国，而且中国本来就能用更好的方式参与竞争，它不会甘愿只是成为一个成功的复制品，而是自主地去做到最好。

这就要求中国要走属于自己的创新之路。除此之外别无他途，而且全世界都在关注着中国的成败。

>>> 孕育环境是正途

怎样才能达成这个目标呢？很多中国人和政府部门的回答是：建设一个比美国硅谷更强大的高科技产业集群。但这个方法是不对的，因为中国太大了，只建设一个硅谷起不到太大的带动作用，就算在北京建起了一个，那也仅此而已，不能完全代表中国的整体发展，也不能带动更多的中国人。所以，正确的做法是为高科技产业集群的自然生长创建良好的社会基础。

中国的人口和城市众多，到处藏龙卧虎，超级创意核心和创意专业人士数不胜数。既然他们能在北京发展得很好，我认为只要条件具备，在其他城市也可以做到。在我看来，中国有必要在全国发展10—20个高科技产业集群，虽然无法预言其中哪些将最为成功，但可以肯定的是，总会有一个或多个做得非常出色。总之，只要政策到位，社会基础具备，中国一定能建成具有全球竞争力的高科技集群。

还有一点要强调的是，政府的任务是制定政策，为高科技产业集群的自然生成提供社会条件，而不能出面指定在哪个城市建设这种集群。还有就是，简单地把美国硅谷复制到中国是行不通的，很多国家曾试图这样做，但无一例外都失败了。

在提出一个建造中国版硅谷可能的模型之前，我想先说几点建设多个高科技产业集群时共同的原则，主要包括以下几点：

从年轻人中遴选具备创业潜质的人，最好是从十几岁的孩子中选拔。等他们年纪再大些就来不及了，因为那时候他们要忙着买房、结婚、生子、照顾老人等等，就没有勇气去冒险了。所以，得在他们进入这个人生阶段之前开始选拔。

选拔出的年轻人中至少要有一部分精通计算机技术。虽然不要求创业者个个都是程序员，但少了他们确实不行。20 岁之后再开始学计算机技术就太晚了，这和学数学一样，都是年轻时最容易出成绩，20 岁之后就开始走下坡路了。

要专门教授这些选拔出的年轻人如何大胆想象，要敢于提出保守的年长者想不到的疯狂创意，这是打造独角兽企业的途径之一。如果不这样做，而是任由孩子们自己发展，他们就会淹没在传统教育的海洋里，跟着老师的指挥棒团团转，使得自己的创新激情被逐渐扼杀。

要教授他们一些与行业及市场运作有关的商业知识，只有这样，他们才敢于向重要行业和大公司发起创新性挑战。平时大多数孩子都不会有意识地接触这些领域的知识，而等他们到 30 多岁时再学这些都太晚了。

这些孩子们必须学会面对失败，这是人生关键一课，学会了这个才能勇于尝试那些看似不可能的事。学校通常不教这些东西，只能单独教授给这些孩子。

要为这些孩子创造与外国同龄人交流的机会，这样能够接触不同的思维，吸收新的观点和文化，帮他们学会用不同的方式思考问题。毕竟要研发世界级的创新性产品和服务，是需要了解外国人的思维习惯和需求的。

允许一些年轻人从大学退学创业。应当允许这些孩子打破常规，不走寻常的教育之路，其中也包括鼓励他们从大学退学。有不少辍学生做出了巨大创新的例子，马克•扎克伯格、比尔•盖茨、彼得•泰尔就是其中的佼佼者。

要教这些年轻人如何创办新公司，其中最基本的原则是，要让他们知道，人们对他们创业寄予着期望。

他们要学习如何团队作战。在这个过程中，还要学习如何识别身边的人，以便从中挑选适合与自己一道创业的团队成员。

>>> 教育体系存短板

中国教育体系的质量在全世界名列前茅，尤其是中学教育的很多方面要优于美国。大量研究表明，中国孩子在阅读和数学方面的学习水平要高于美国的同龄人。中国的工业化发展速度在全球首屈一指，这是人类历史中前所未有的壮举，在这个过程中，高质量的基础教育可谓贡献巨大。

绝大多数中国的高中生都会参加高考，高考也成为中国实现工业化战略目标的一个重要工具。中国的高考以严谨、严苛著称，考生们必须全力以赴。孩子们通过高考的选拔进入不同的大学、不同的专业深造，这是让中国的经济发展保持动力并越来越好的基础。

但高考并不是每个孩子的最优选择，在美国也是如此，很多孩子的在校成绩并不好，他们更适合通过非学院派的野路子学习，更适合通过街头智慧来丰富学识，而不是待在象牙塔里。高考显然不是为这种孩子准备的，他们的高考成绩也不会太好。

对于那些擅长应试的中国考生来说，这种程式化选拔方式也不是为标新立异准备的。尝试创新，尝试疯狂的想法，并通过这种方式创造出全新的产品和服务，这些都与高考这种形式相去甚远，原因在于高考命题者是教师和教育专家，他们一般不会接触创新等等的事，对此也不感兴趣。总之，高考不是为识别创新者准备的，它在创造革命性新产品、颠覆市场运转、改变人类生活方式这些事上无能为力。

所以对某些孩子来说，传统的正规教育可能会耽误他们的成长，以至于耽误他们的一生。这些孩子中的很多人都有创业潜质，但他们自己并不知道，因为高考失利影响了他们未来的职业道路和社会角色塑造，其实他们中的很多人原本有能力引发行业和市场的变革。

有的孩子在学校的考试成绩可能会很差，但他有很强甚至颠覆性的创新能力。在美国，这样的孩子即便退学也能找到其他的提升能力的渠道，比如换个专业再读或是回家通过网络学习，他们的成绩同样得到社会的认可，中国也需要建立一个能识别出这种孩子并使其获得发展的系统。

具有高度创新力的孩子往往比较内向孤独，他们会表现得不合群，社交能力较差，因此也不大容易被他人了解，会被误解为是一群异类。但其实他们最具创新性，最有研发新产品、新服务的热情和效率。

>>> 另类“高考”巧识人

为了让中国产生全球最佳的创新力，打造出一系列硅谷式的高科技集群，我的建议是，在正常的高考之外，单独设立一个“创业者高考”制度，专门选拔那些具有高度创新潜力的孩子。参加“创业者高考”之前，有志于创业的高中生们可以就此进入特别开办的学校或是普通高中的特别班级里学习，安排专门的老师用专门的方法来讲授专门的课程。最重要的一点在于，他们不是死学书本知识，大多数课程都面向实用，也有很多实践类课程。他们中的很多人应该是已经开始了创业实践，这些企业的创始人只是偶尔回校上课。因此从某种意义上说，这种特别开办的学校以及普通高中里的特别班级就像是个创新孵化器。

在本书第 1 章“特立独行的创业者们”中，我曾指出创业者与普通人的一些不同。那个比较分析稍显粗略，实际中的差异还会更多一些，识别创新者的全面标准还有待于创业者及有过创业创新经历的商业人士和心理学家来补充。

需要强调的是，确定这一标准的人自己应当有创业创新经历，没有这种经历的大企业高管、小企业老板、教师、心理学家、政府官员都是不行的。不是说他们不够聪明，实际上他们的智商普遍很高，但创新者、企业创始人与普通人的认知模式差异比较大，没有切身体会或者连这样的人都不认识的话，是难以真正了解这种差异的。

当然，在识别年轻的潜在创新者的时候，高中老师也能发挥重要作用。心理测试还是具有一定的参考价值，我的公司就研究出了一些专门的心理测试方法。在中学里，初中生年纪尚小，无法保证测试的准确度，高中生则可以在老师的指导下完成测试，以识别哪些孩子适合参加“创业者高考”。除了考试，考生还需要参加一场面试，在面试之前还需要接受一些关于面试统一程序的培训，即便已经在创业的考生也是如此，这样才能保证面试效果的准确。如果很好地按照以上程序行动，你就能招到一班未来的创新之星了，下一个马云、扎克伯格即将在你的班里诞生。之前我曾说过，创新者是根本，有了他们，建设中国版的硅谷就有了保障。

这些学习创业的孩子需要专门的老师，或者说创业导师，其实后者自己大多数也是创业者。在本书的第 10 章曾谈到，企业的创始人应当发挥老师的作用，他们应当拿出专门的时间培训自己公司的员工，教大家如何思考创新问题并付诸行动，与此同时，创始人也应当去学校给那些想创业的孩子们讲讲课。这样的情况在美国很多，也很正常，比如我本人，除了管理公司之外，也在佛罗里达大学带研究生，教他们如何创业，同时还兼很多创业者的导师。

最近几年，美国出现了一个在高中里培训创业精神的趋势，这和这里所说的“创业者高考”有相同之处。学生们可以从创业导师那里学到第一手经验，比学习书本知识效果更好，顺利创业的可能性因此大大加强。中国在这方面也取得了一些成绩，未来几年还应更加努力，以便尽快在这方面赶上美国。要知道，这是成功建设高科技产业集群的重要途径。

那么，“创业者高考”应当考些什么呢？这绝不是那种靠死记硬背就能通过的考试，它是对现实世界中一个创业者的真正考验。考生需要虚拟一个项目或创业公司，向考官展示自己，展示自己创办公司或管理公司及团队的方法，等等。

通过“创业者高考”的考生下一步能做哪些事呢？大概有以下这些：

进入孵化器，着手执行自己在“创业者高考”中虚拟的那个项目。

加盟创业导师开办的公司，去那里积累创业经验。

去硅谷或其他的海外创业公司实习，然后回中国创办自己的公司，把学到的经验付诸实践。

在学习创业课程的同时，到大学去读一个计算机或工程学的学位，然后将所学用于自己的创业实践。

到大公司工作一段时间，积累一些经验再出来自己创业。

让我们想象一下，一旦这种“创业者高考”制度得以推行，中国每年会有多少考生开始这方面的学习？积累十年之后，能催生出多少创业企业，从中又能发展出多少独角兽公司，形成多少硅谷式的高科技创业集群？显然，数量将是巨大的。

身为一个企业创始人，我觉得以上设想完全可行。树立了正确的目标，制订了正确的计划，去执行就是了，然后必将有所收获，大批创业者、独角兽公司以及中国版硅谷都将由此诞生！

第36章 塑造软实力：奥林匹克全球创新竞赛

这一章我们来谈谈软实力。

中国如何在全球创新竞争中与美国匹敌，甚至赶超美国，正是这本书的主题。软实力是目前国家间竞争力的一种新的表现形式，中国要想在与美国的这场关于创新的竞争中获胜，必须有效增强软实力。

要想增强软实力，中国需要建造一系列新硅谷，持续不断地培育创新企业，并将这种创新模式对外输出。不只是对美国，还要对其他国家输出，要知道世界上不只是美国和中国两个国家，中国想要全世界认可这种软实力，需要更多努力。

创新能力是全球竞争力的最新形式，不仅颇具权威性，也有很普遍的接受度，通过输出这种创新模式，中国可以有效提升国家形象。尽管许多外国人并不太了解，但中国近些年来在创业创新方面进展很快。虽然美国在该领域仍然占据鳌头，但中国凭借其独特的历史和环境，正不断采取新方式来提升创新能力。

我认为中国可以发起一种新的竞争形式——奥林匹克全球创新竞赛，并通过这种方式来不断增强创新能力。

我们都知道美国的硅谷模式。硅谷在法律、税务等相关环节已经有一整套规范模式，形成了非常成熟的创业创新环境。在硅谷，启动创业很容易；各类融资方式如风险投资、众筹、天使投资也在不断创新融资模式；形成了独特的快速失败法则和税收机制，也有可以接受失败的文化。在创新及商业化应用方面，美国已经形成了独特的生态系统，这也是构成其软实力的重要组成。

中国的创新体系催生了像阿里巴巴和小米这样的企业。在中国及其他国家，网络销售、精益产品设计与制造、初创企业与大型企业之间的创新合作领域，都有许多独特的创新之处。所以我设想，能否有一种方式，在某些领域，由创新能力强的一方（国）来指导创新能力相对不足的另一方（国），这样的方式可以迅速提升另一方的创新能力。正如奥林匹克比赛所采取的训练和比赛方式一样。

随着新生态体系形成所建立起的这些中国新兴企业，未来或许会登陆美国和欧洲的资本市场，同样许多美国初创公司也会有机会来中国上市。双边机会都会推动两国资本市场的发展，也会为未来全球的初创企业提供资本募集机会。

在输出创新生态系统方面，中国或许会有一些不愿分享的秘密。不过如果中国真的愿意分享，将非常有助于促进中国的经济增长，也将在许多方面帮助提振美国和全球经济。

所研发的新产品和促生的新行业，返过来也会引领全球经济和贸易的增长，不只是在中美之间，而是全球范围内都会产生如此的效应。

这种模式还可以复制到全球其他国家中去，从而可以在全球迅速搭建起创新生态体系来。如果这种方式能奏效，能促进这些国家经济繁荣和社会发展，惠及许多国家的数以亿计的人民（特别是非洲、拉丁美洲和中东地区的人民），这将是一种促进全球发展的新方式。

国家间传统意义上的外交，无不交织着武力、军事或经济威胁。而上面我们所说的基于创业创新的沟通模式，将是有力促进全球外交的新形式，是在国家之间建立一种非常有实效的连接。

其实一国发展软实力，最终也希望能改善外交，软实力外交也确有这个实力。大家也许感觉这听起来有点理想主义，有点像乌托邦或堂吉诃德的空想主义。不过，我想到了一个方法可以确保成功实施。那就是开展奥林匹克全球创新竞赛，具体可以有下面几个方面：

1. 中美两国各设立一个双边协会，来负责大赛事宜；

2. 每个国家设立一个奥林匹克创新孵化器，聘请另一国的专家担任创业创新的负责人。比如，在中国设立的孵化器，其多数董事会成员须是美国人，同样，在美国设立的孵化器，其多数董事会成员须是中国人；

3. 中美两国建立的孵化器，要尽可能多地培育初创企业，并引导其走向成功；

4. 设定一个比赛期限，看看在两国分别设立的孵化器哪个可以孵化出最多的成功企业；

5. 最后得胜利者将获得奖赏。评奖委员会将由知名经济学家、科学家和社会科学家组成，如可以邀请著名经济学家托马斯·皮克迪这类人物。不妨设置两个奖项，一是根据传统评价指标看营收和用户谁最多，二是看在某些特定领域，如减少收入差距、应对气候变化、减少空气和水污染、改善全球公共卫生等方面谁做出最多贡献；

6. 大约经历两年时间，待中美两国的奥林匹克创新孵化器和奥林匹克创新协会的运行模式都比较成熟以后，可以邀请另外几个国家加入其中来。同样，每个国家设立一个奥林匹克创新孵化器，聘请其他国家的专家担任创业创新的负责人，同样也设立相应的奖项，各国来角逐全球最佳创业公司奖项；

7. 再过一些年，奥林匹克创新孵化器的模式可以推广到更多的国家中去，孵化器和专家的设置与中美两国的方式一样；

8. 按照如上方式，全球将形成一个奥林匹克创新网络，里面有世界上最成功的创新者、企业、金融专家和政府代表。这个创新网络将成为推动全球社会和经济发展的新力量，帮助和促进国际间相互了解，成为传统外交方式的有力支持和补充。

通过奥林匹克创新竞赛，参与各国可以展开相互竞争，将有力于刺激各国经济发展，推动全球经济和社会进步。我相信各国政府和人民都会乐见这种竞争形式。而这也是中国创建自己国家硅谷的终极目标。

图书在版编目（CIP）数据

赢在中国 ：中国新硅谷创客训练营 / （美）泰德 · 普林斯著 ；廖云峰，左勤程，柳文译 . -- 北京 ：新世界出版社，2018.6

ISBN 978-7-5104-6543-7

Ⅰ . ①赢… Ⅱ . ①泰… ②廖… ③左… ④柳… Ⅲ . ①高技术企业－企业管理－研究－中国 Ⅳ . ①F279.244.4

中国版本图书馆CIP数据核字(2018)第104052号

赢在中国：中国新硅谷创客训练营

作　　者：[美]泰德 · 普林斯
译　　者：廖云峰 左勤程 柳　文
责任编辑：李晨曦 严匡正
装帧设计：北京维诺传媒文化有限公司
责任印制：王宝根
出版发行：新世界出版社
社　　址：北京西城区百万庄大街24号(100037)
发 行 部：(010)6899 5968　(010)6899 8705（传真）
总 编 室：(010)6899 5424　(010)6832 6679（传真）
http://www.nwp.cn
http://www.nwp.com.cn
版 权 部：+8610 6899 6306
版权部电子信箱：nwpcd@sina.com
印　　刷：三河市骏杰印刷有限公司
经　　销：新华书店
开　　本：710mm × 1000mm　1/16
字　　数：250千字　印张：21.25
版　　次：2018年6月第1版　2018年6月北京第1次印刷
书　　号：ISBN 978-7-5104-6543-7
定　　价：48.00元